“会展策划与实务”岗位资格考试系列教材
上海紧缺人才培训工程

会展基础知识

ABCs of Event Industry

“会展策划与实务”岗位资格考试系列教材编委会　编

主　编　卢　晓
副主编　傅国林
编　写　（按姓氏笔画排列）
丁　蓉　卢　晓
李　萌　傅国林

旅游教育出版社
·北京·

序

上海市旅游事业管理委员会主任　道书明

随着全球经济一体化步伐的加快,旅游会展业以其迅猛的发展势头为世界所瞩目,得到了越来越多国家和政府的重视。

上海作为中国的经济中心之一,旅游会展业发展理应走在全国前列。1999年上海“财富”论坛的举办,2001年APEC会议的召开,2008年北京“奥运会”和2010年上海“世博会”的成功申办,使上海跃入了世界知名的旅游会展城市之列。市政府已将旅游会展业列为上海加快发展现代服务业的六大重点领域之一。上海旅游会展业依托大都市的资源优势,依靠政府的大力扶持,将在“十一五”期间发展成为新兴的支柱产业。

按照世界旅游组织(UNWTO)、国际会议协会(ICCA)和国际展览联盟(UFI)的排名,我国与旅游会展强国还有一定差距,形成这种局面的原因,一是我国旅游会展业起步较晚,基础较薄弱;二是缺乏高素质的人才。据统计,到2010年世博会期间,上海将需要二十多万旅游会展专业人才。由此可见,抓紧培养旅游会展人才,尤其是中高级旅游会展人才已成当务之急。

为了加快我国旅游会展的发展,尽快赶上世界强国,我们在吸收国外先进经验的同时,更要十分注重专业人才的培养。可以说,没有高素质的专业人才,旅游会展业就谈不上进一步发展。为了缓解上海旅游会展人才紧缺的问题,上海市旅游事业管理委员会会同市有关部门设立了上海紧缺人才培训工程“会展策划与实务”岗位资格证书考试项目,受到广泛好评,这是一件实事和好事。

希望通过努力,为正在蓬勃发展的旅游会展产业,为2010年上海世博会,培养输送一大批旅游会展行业紧缺的策划、规划、管理、营销、接待、设计和技术等方面的专门人才,齐心协力打造上海旅游会展人才高地。

前　言

会展有经济发展和社会进步的“助推器”之称。随着中国经济的快速发展，对外开放的扩大和申奥、申博成功，会展业以年平均20%的增幅迅猛发展，并开始逐步走向国际化、专业化、规模化和品牌化。据有关方面预测，中国上海对于吸引旅游者，特别是参加各种国际会议和展览的客人具有极大的潜力，将成为21世纪亚太地区的重要会展中心。会展经济已成为上海经济的新亮点。与会展业高速发展所不相适应的是高素质专业会展人才奇缺，专业会展人才紧缺已成为制约会展业进一步发展的“瓶颈”。为此，根据《上海紧缺人才培训工程》的要求，由上海市旅游事业管理委员会牵头，会同有关部门，设立了“会展策划与实务”岗位资格考试项目。本书正是顺应该项目的需要而编写的。

作为会展学科的入门教材，本书借鉴了发达国家的理论和经验，融合了中外会展业发展的最新信息，在结构上分为基础知识、产业支撑和项目运作三个部分，在内容上详细阐述了会展业最基本的概念、内涵以及会展业的整体发展过程。本书既可作为广大会展从业和管理人员的必备参考书，也可作为高等院校会展管理专业的入门教材，还可作为会展、旅游等专业培训机构的参考用书。

本书共分八章，编写分工如下：第一章、第二章由卢晓编写，第三章、第四章由丁蓉编写，第五章、第七章由李萌编写，第六章、第八章由傅国林编写。在编写过程中，参考了众多国内外专家、学者的有关论著，在此向他们表示衷心的感谢！

本书在编写过程中，曾与上海会展的诸多同行与专家学者进行了多次的沟通、交流，感谢这些专家学者在本书的编写结构和框架体系等方面提出的建设性的建议和意见。在本书编写中，付坤女士和马晓蓉女士做了大量工作，在此一并表示感谢！

由于时间仓促和编写水平有限，本书难免有疏漏和不足之处，恳请各位专家和广大读者批评指正。

编者

前 言

目 录

第一章 绪论

◆学习目标◆

1. 掌握会展的定义与内涵
2. 了解会展业的内涵与属性
3. 掌握发展会展业所具备的基本条件
4. 了解会议与展览的起源与发展
5. 了解欧美近现代的会展活动概况
6. 了解我国近现代会展业的发展历程
7. 熟悉现代会展业的发展特点
8. 掌握节事活动的有关概念与内容
9. 掌握奖励旅游的有关概念与内容

会展业如今已经成为“朝阳产业”，它与旅游业、房地产业一起并称为新世纪“三大无烟产业”。会展业所具有的强大产业带动效应，不仅能给城市带来场租费、搭建费、广告费、运输费等直接收入，还能创造住宿、餐饮、通信、旅游、购物、贸易等相关收入。“如果在一个城市开一次国际会议，就好比有一架飞机在城市上空撒钱”，一位世界展览业巨头如此评说会展经济的重要性。

在我国，会展业以每年20%左右的速度持续增长，创造了巨大的经济效益和社会效益，已成为国民经济新的增长点，正在被越来越多的人所熟悉和关注，具有广阔的发展前景。会展被称为“信息冲浪”、“知识会餐”，更获得了“财富平台”、“城市的面包”、“城市经济的拉力器”等美誉。本章将从会展的定义与内涵入手，探讨会展的功能、特性、起源与发展以及会展业和旅游业的关系。

第一节　会展与会展业

随着会展热潮的兴起，会展一词成为热门话题。有人说：会展是经济发展、产品走势的风向标、晴雨表；有人说：会展是最经济、最实惠、最有效的立体营销广告；有人说：会展是各种信息交流、碰撞、传递与嬗变的信息加工器；有人说：会展是一种新型的信息与产品传播的服务载体。那么，究竟什么是会展呢？如何定义会展呢？

一、会展的概念

（一）会展的定义与内涵

1. 会展的定义

会展是一种旨在促进营销的，在特定的空间、时间内多人集聚，围绕特定主题定期或不定期所进行的集体性的物质、文化、信息交流活动。

有不少人士认为会展就是“会议展览”的简称，其实不然。从上述定义来看，会展的内涵非常丰富，只要是在一定地域空间，由多人集聚在一起，定期或者不定期的交流活动，都属于会展活动的范畴。广义的会展是会议、展览、展销、节庆、盛典及赛事等活动的统称，它包括各种类型的大型会议、展览展销活动、体育竞技活动、大型文化活动、节庆仪式、商业赞助等。展览会、博览会、交易会、展销会、大型体育赛事以及国际会议等是会展活动的基本形式，其中世界博览会、奥运会为特大型会展活动。

2. 会展活动的内涵

综上所述，会展活动包括会议、展览、节事活动和奖励旅游四大部分。

（1）会议。在一定的时间和空间范围内，为了达到一定的目的所进行的有组织、有主题的议事活动，均可以称为会议。会议主要分为公司会议和协会会议两类。

（2）展览。展览指个体或组织通过一定的场所陈列其产品或服务，借以达到形象宣传、商业交流、促成交易等目的的一种营销方式。展览具有主题明确、场所固定、时间集中短暂等三大特点。

狭义的会展可以仅指展览和会议，在本书中主要介绍和探讨的是狭义的会展，即以会议、展览为主。关于节事活动和奖励旅游的有关内容，请参阅本章附录1和附录2。

（3）节事活动。节事活动指能对人们产生吸引，并有可能被用来规划开发成消费对象的各类庆典和活动的总称，包括节庆（Festival）、特殊事件（Special

Event)和各类活动(Event),诸如体育赛事、舞会、狂欢节、旅游文化节、颁奖典礼、纪念仪式、商业促销等。

(4)奖励旅游。根据国际奖励旅游协会(SITE)的定义,奖励旅游(Incentive Tour)是现代企业管理的法宝,目的是协助企业达到特定的目标,并对实现该目标的参与人士,给予一个尽情享受、难以忘怀的旅游假期作为奖励。有时也是大公司安排的以旅游为一种诱因,以开发市场为最终目的的客户邀请团。其种类包括:企业年度会议(商务会议旅游)、海外教育训练、奖励对公司运营及业绩增长有功的人员。一般来说,奖励旅游包含会议、旅游、颁奖典礼、主题晚宴或晚会等部分,企业首脑人物会出席作陪,与受奖者共商公司发展大计,因此它不仅有利于增强参与员工的荣誉感,也有利于促进企业团队建设、塑造企业文化、提高组织的亲和力和凝聚力。

美国奖励旅游执行者协会现任主席保罗·弗拉基认为,奖励旅游与会议旅游已由过去的泾渭分明,转向了相互间的交融,且半数以上的奖励旅游中包括各种会议。其实,会展业发展到今天,已经表现出一个非常明显的特征,即“展中有会,会中有展,节中有会,节中有展,奖励旅游与会议相结合”。会议、展览、节事活动和奖励旅游四个会展的组成部分有着密切的联系,已经形成“你中有我,我中有你”的紧密结合的局面。

(二)会展的基本功能

1. 经济功能

制造业要生存和提升国际竞争力,会展先行在西方国家已是普遍理念。各地第一产业和第三产业的发展,需要相关服务行业的支持。除了金融、保险、运输外,会展是一项极其重要的服务内容。大型和专业性会展往往是产品或技术市场占有率及盈利前景的晴雨表,金融合作机构也往往会根据会展第一线的精确反应来决定相关的融资力度。而且会展有助于中心城市增强面向周边地区的辐射力和影响力,增强对周边地区的服务功能。

会展经济的发展,将直接刺激外贸、旅游、宾馆、交通、运输、保险、金融、房地产、零售等行业,从而有力推动当地第三产业的发展。据有关专家估计,展览业的产业带动系数为1:9,即展览场馆收入1元,相关收入为9元,为展览业服务配套的服务业、旅游业、广告业、餐饮业、通信业等行业将因此受益。另有介绍说,每增加1 000平方米展览面积,可创造近百个就业机会,1996年汉诺威世博会就创造了10万个就业机会。

2. 传播功能

会展从本质上说,是为信息交流而进行的传播活动。会展过程中人们将信息变独有为共有,通过信息的相互作用,传播思想、传播实践、传播技术。传播的各种形态，如跨文化传播、发展传播、新闻、舆论、宣传、广告、公关、营销等在会展中都有体现。会展传播效果是参展者（与会者）发出的信息经会展媒介传至观众（其他与会者），导致人们思想观念、行为方式产生变化，进而产生教育宣传效果。

大量人流、物流、信息流和资金流汇聚在一起，为国内外企事业单位、各种消费者以及社会团体之间提供沟通与交流，促进各种新知识、新观念、新技术、新理念的传播。会展活动是实施信息传播的大平台，从传播对象看，它面向全社会不同层次和不同性别、年龄、职业、文化水平、习俗的各种人群，围绕不同主题开展理论研讨、专业切磋、新产品发布与展示等多种活动，从而促进国际性、国家性或区域性的沟通与交流。

3. 教育功能

就会议而言，各类会议都渗透着思想上的互相交流、互相启发，因此也就包含着某种思想教育的意义。通过会议本身的形式、声势、口号、报告及宣言等可以显示会议组织者、参与者的政治取向、价值取向和情感取向。就知识性的展览而言，科技馆、博物馆被公认为"活生生的课堂"、"生活的百科全书"。"百闻不如一见"，亲眼所见的事物比耳朵听来的更为可靠、有效。观众在展览中"见"到的艺术形象直接逼真，"见"来的知识比较可信且更有时效。

4. 营销功能

会展不仅具有广告、促销、直销、公共关系等一般营销工具的沟通特点，它还起到展示品牌和形象的作用。它为宣传产品、打造国优品牌创造了机会，尤其对新产品上市作用更为明显。展览是生产商、批发商、分销商交流沟通贸易的汇集点，也是调查有关信息的场所。能够帮助参展商、客商准确把握行业发展趋势，制订符合实际的生产、经营战略、策略和计划，它是低成本的营销中介体。据有关资料介绍，就寻找一个客户的平均费用而言，它与推销员推销、公关推销、广告推销等手段相比是1:6。显然优于其他手段。以上这些功能，是参展商、客商青睐展会的客观基础，也是办展商办好展会的立足点。此外，它常常被用来展示城市、行业等方面的成就、形象、环境，作为宣传、招商引资的一种有效手段。在当今的经济生活中，展览会发挥着为大量的买家和卖家提供面对面接触机会的作用，是当今唯一能够让人们发挥视觉、听觉、味觉、触觉、嗅觉作用而进行面对面交流的营销媒介。

二、会展业

会展业是高收入、高赢利的产业，其利润大约是20%～25%。而且，会展活动的开展对社会经济发展、文化交流有着巨大的作用。

（一）会展业的内涵与属性

1. 会展业的内涵

虽然目前对会展业的内涵还没有统一和权威的界定，但是不管如何定义，专业人士都认可会展业是一种确实存在的产业，而且是一种综合性强的产业，它对经济效益和社会效益的带动作用都非常巨大。有专家指出，所谓会展业，是指现代城市以必要的会展企业和会展场馆为核心，以完善的基础设施和配套服务为支撑，通过举办各种形式的会议或展览活动，吸引大批与会人员、参展商及一般公众前来进行经贸洽谈、文化交流或旅游观光，以此带动城市相关产业发展的一种综合性产业。

会展业，广义说包括会议业、展览业和奖励旅游业等所有活动业，狭义的概念是会议业和展览业的总称，隶属于服务业。根据国际展览业权威人士估算，国际展览业的产值约占全世界各国 GDP 总和的 1%，如果加上相关行业从展览中的获益，展览业对全球经济的贡献则达到 8% 的水平。国际会议同样是一个巨大的市场，根据国际会议协会（ICCA）的统计，每年国际会议的产值约为2 800亿美元。在美国、德国等会展业发达的国家和地区，会展业对经济的带动作用达到 1:9 的水平。

2. 会展业的属性

从本质上说，会展业属于第三产业，属于服务业的范畴。即通过举办各种形式的会议和展览，包括大型国际博览会、展览会、交易会、运动会、招商会、经济研讨会等，吸引大量商务客和游客，促进产品市场的开拓、技术和信息交流、对外贸易和旅游观光，并以此带动交通、住宿、商业、餐饮、购物等多项相关产业的发展，被称为“无烟工业”。会展业经过一个多世纪的发展，其形式、内容、功能和举办方式都发生了巨大变化，会展已表现为一种经济形式，成为各国经济结构中不可缺少的组成部分。

3. 会展业的产业特性

（1）经济效益显著。会展业在其自身创造经济效益的同时，还在创造就业机会、改变产业结构、带动相关产业发展、推动城市基础设施建设、加强信息沟通等方面发挥着日益重要的作用，带来了巨大的社会效益。据有关数据显示，会展业利润率可高达 25% 左右，属于高收入、高盈利、前景广阔的朝阳产业。1999 年以来，香港每年参观展览的人数达 407 万人次，展览业本身收益为 15 亿港元，酒店业收益高达 126 亿港元，占第三产业总收入的 59%，餐饮业收益 635 亿港元，参观展览的人士在香港的商店总消费达 27 亿港元，占零售业总收入的 12%。

（2）高度相关性。欧美近百年的会展活动历史表明，会展活动的举办给举办地（城市）带来了相关产业的连锁效应，也称会展效应。包括花卉种植业、印刷业、酒店业、餐饮业、零售业、旅游业、通信业、交通运输业、广告业、航空业、仓储邮政业、信息传输业、计算机服务和软件业、批发与零售业等第一、第二、第三产业的相关产业，其中与第三产业关系最为紧密。德国著名经济研究院——IFO研究院曾经对慕尼黑展览业所引起的直接和间接经济效益进行调查，研究院通过调查1998年和2001年参展商和参观者在慕尼黑参展的总支出，对城市就业、税收和产业带来的效益进行分析并核算其年平均值。最后得出如下结论：如果展览活动的收益为1，那么会展活动的经济效益就为9。这也就是会展经济拉动（带动）系数1:9的由来。但这种拉动系数只是一个平均值，具体还要取决于这个展览活动的结构、规模等因素。国际化强的海外观众、参展者多的展会拉动系数相对较大，而国内、本地区性展会拉动系数相对较小，在我国，有人曾对大连某一本地性展会的拉动系数进行调研，得出1:8.5～1:9结论；上海会展业的直接经济拉动系数为1:6，间接拉动系数达到1:9。会展拉动系数或会展的经济效益引发了众多城市看好会展这个相关性强、边际辐射性强的朝阳产业。大量的会展活动的举办给城市带来了巨额的利润。法国每年的展会营业额达85亿法郎，美国每年举办200多个商业展览会，带来了38亿美元的收入，香港每年的会展收入达75亿港元，1999年我国昆明世博会期间，仅云南省旅游收入就达到174亿元人民币。会展活动给所在地区（城市）带来了可观的经济效益的同时，也在促进城市功能合理化、产业结构调整和市民文明素质提高等方面产生深远的影响。

（3）综合性强。任何一个成功的会展都离不开主办机构、承办机构、赞助商等组织机构和企业，需要各种场馆和设施及其配套专业服务，需要住宿、餐饮、交通、游览、娱乐、购物等各种生活接待服务部门的通力协作，从会展业提供的服务产品可以看出，会展业是一个综合性很强的行业。

（二）会展业的作用

1. 高度开放的展示窗口

会展业常被称作“都市名片”，它是现代都市展示形象、塑造城市品牌的窗口，是信息沟通、技术交流、经济合作、文化往来的重要桥梁，也是体现都市风光、风貌的最大的、最有特色的“软广告”。通过各种会议或展览，能够向国内外参会参展人员宣传一个城市的经济实力、科技发展水平，展示城市的风采和形象，提高城市在国际和国内的知名度和美誉度，扩大城市影响，打造城市的无形资产。

2. 城市建设的加速器

在国际上，一个城市召开国际会议和举办国际展览的数量和规模，已成为衡量这个城市能否跻身于国际知名城市行列的一个重要标志。一旦一个城市获得了大型展会的举办权,当地政府都会积极进行综合性、全方位的城市建设和城市基础设施改造,如改善交通条件、铺设通信网络、兴建现代化的大型会展场馆、提高会展住宿娱乐等接待设施能力、加强城市环保、美化城市环境、营造城市人文环境等,从而最终推动城市的发展。如1996年德国汉诺威举办的世界博览会,德国政府为此拨款70亿马克进行基础设施建设,大大改善了基础设施环境;1999年昆明世界园艺博览会在开幕之前完成18项重点配套工程,在城市基础设施建设方面投资40亿元人民币,这些基础设施的强化涉及道路交通、生态环保、管理信息等,使昆明的城市基础设施建设整整提前了10年;2004年雅典奥运会对雅典的城市建设和人民生活是一个很大的推动,其城市建设水平提前了20年。

3. 高效灵活的交易中心

大型会展为买卖双方搭建了交易的平台。作为中国会展“大哥大”的广交会,堪称中国历史最长、规模最大、商品种类最全、到会客商最多、成交效果最好的综合性国际贸易盛会,透过广交会这个窗口,给众多中外企业创造了交流信息、洽谈业务、推介品牌、采购产品的机遇。广交会每届成交额数百亿美元,2006年全年的成交额高达662.8亿美元,比上年增长了13%。许多民营企业通过广交会走向了世界,中国驰名品牌“长城陶瓷”进入广交会后,在省政府、广东团和大会的支持下,展位不断扩大,既展示了企业形象,又结交了大批客户,成交量也逐届增加;湖南一家民营企业也是在这里实现了海外销售零的突破。几年前这家企业还名不见经传,现在是国家300家重点扶持的民营企业之一。这家企业生产的厨具、日用品远销日、美、法、德、韩、俄等40多个国家和地区,出口能力位居湖南省民营企业前10名;工具业作为镇江市参展企业中特色最鲜明的行业,通过广交会实现了四大转变:由国内市场向国际市场转变,由间接出口向直接出口转变,产品由低档向高档转变,从生产传统产品转向注重发展品牌。作为广交会孪生兄弟的“网上广交”也发展神速,仅2006年的百届广交会,网上意向成交额就高达4.4亿美元,堪称中国第一大网上交易会。广交会已经成为企业成长的“加速器”。

4. 经济与社会发展的助推器和晴雨表

会展经济的发展与经济发展水平有着密切的关系,它是随着世界经济的发展而不断发展的。然而,值得注意的是,会展对经济波动具有较强的抵御能力。在世界经济经历的四次经济大危机中,会展经济也经历创伤,但同其他营销方式相比,它对经济波动的承受能力更强。根据《美国贸易展览周刊》(Tradeshow Week)统计资料显示,在全球经济发展缓慢的情况下,贸易展览一直以良好的势头发展，其发展速度大大快于 GDP 的增长，这也是会展业成为举世瞩目的一大产业的原因之一。

从全球各国会展经济发展状况来看，由于各国经济实力、经济总体规模和发展水平不同，各国会展经济的发展也不均衡。举办展览会的数量和规模，与主办国的经济实力和科技水平密切相关。一些发达国家凭借其在科技、交通、通信、服务业等方面的优势，在世界会展经济发展过程中处于主导地位，并占有绝对的优势。当前，欧洲的德国、法国、意大利、英国，北美的美国都是世界级的会展业大国，在全球会展市场上占有较大的份额。而发展中国家由于受经济体制、技术发展水平的制约以及观念的影响，会展经济的发展水平明显落后于发达国家。

(三)会展业的发展条件

综观国际会展业发达的国家、城市或地区，它们基本上都具有以下条件。

1. 优越的地理位置

会展是商品、资金、技术等物流和信息流的交换与集聚，涉及参展商品、客商以及观众的运送和传输，因此举办会展的城市地理位置和交通状况至关重要。目前，全世界发达的会展城市，或居于所在国家或地区的中心位置，或地处港口，或濒临江海，或为交通枢纽，四通八达，地理位置优越。中国香港位居东南亚各国中心，自香港开埠以来，就确立了其重要港口和转口港的作用，拥有 18 万余家贸易公司，其中跨国公司逾 800 家。同时香港是一个面向内地的门户，随着 CEPA 的签署与实施，香港与内地的经贸合作日趋深入。此外，香港还处于世界时区中心，又地处欧亚大陆东南部、南海与台湾海峡之交，是亚洲及世界的航道要冲，与伦敦、纽约构成全球全天候运作的金融市场，这些天然的优势为香港会展经济提供了最低成本交易。它凭借其优越的地理位置以及产业优势造就了以消费品商展为主的知名展会，吸引了大量的国内外参展商和买家。我国的主要会展城市除北京、上海、香港、大连等地理位置优越外，逐渐崛起的东北和中西部会展经济带的中心城市也以各自的省会城市为主，都在本地区处于中心地位，并发挥着枢纽作用。

2. 便捷的交通

一个城市的对外交通运输是促使这个城市产生发展的重要条件，交通运输对城市的会展业发展也起着决定性作用。香港地面道路发达，公共交通服务种类繁多，地铁、巴士、的士线路遍布全港，智能运输系统使港内交通运输系统更安全可靠、更具效率和有利于环保。香港拥有设备完善的现代化深水港，是华南海上贸易活动的枢纽，2006 年处理货柜 2 350 万个标准箱，是华南地区最大的货柜港，亦是最繁忙的港口之一。香港是主要的国际和区域航空中心，至

2006年年底，共有85家航空公司每周提供约5 400班来往香港与全球超过150个城市的定期航班，全年客运量4 445万人次，飞机起降量280 508架次，航空货运量358万吨，货运总值17 450亿元港币。香港国际机场的国际货运量为全球之最，客运量位列世界第五。

3. 先进的会议展览中心及完善的配套设施设备

德国著名会展城市汉诺威并不是一线城市，不沿边也不靠海，60年前，人们对德国的了解仅限于法兰克福、柏林等城市，没有太多人知道汉诺威。汉诺威展览这个品牌是从1947年开始建立的。那年，英国作为二战的战胜国，在其占领区倡议举办第一届汉诺威博览会，50多年来，汉诺威靠其先进的会议展览中心及完善的配套设施设备的强大吸引力以及世界最大的工业博览会——汉诺威国际博览会这个品牌展会而闻名世界。

4. 档次齐全、种类丰富的酒店、餐饮、购物、娱乐等服务设施

香港服务业长期以来一直是整体经济增长的主要动力，过去5年，整体服务业增长39%，受惠于访港旅客的增多和会展业发展，饮食及酒店业显著增长，约占本地生产总值的29%。香港旅游发展局备案的拥有会议场地的星级酒店就有近百家，会议面积逾25 000平方米，客房数近45 000间。优质高效的现代服务业催生的旅游业成为香港经济主要支柱之一，2006年访港旅客达到2 525万人次，其中来自内地的旅客1 359万人次，酒店平均入住率87%，酒店房间总数年增长幅度7.4%。发达的服务业与旅游产业，使香港会议及展览活动频繁，2006年约有218项会议及78项展览活动在港举行，吸引逾779 000名来自世界各地的旅客。

5. 具有健全的金融、货运、保险、房地产业等为会展业配套的产业

会展业是一项涉及多产业的服务性行业，需要大力发展商务办公、餐饮、宾馆、购物、娱乐等会展商务活动的配套服务机构，重视金融、法律、信息、技术标准检测等专业性服务机构的发展。会展业发达的国家或城市往往重视建设会展行业信息化的公共服务平台，积极提供有效的信息服务，为参展商服务。

6. 现代化的通信设施

现代化的通信设施必不可少，尤其在如今这个技术迅速发展、信息瞬息万变的时代。综观会展业发达的国家或城市，它们的通信设施都非常发达。德国著名的新慕尼黑展览中心在场馆的入口处、展厅以及国际会议中心均配备终端技术和多媒体技术，每个展厅有300个远程通信接口、300个电脑接口和80个宽带电缆接口，用高速信息网络来传输声音、图像和信息，以实现参展商在馆内和对外的通信联系。在电话系统方面，每个参展商都可获得一个电话号码，并且可以在慕尼黑不同的展览会上使用。

7. 政府支持

会展业需要政府的支持。在德国,政府将展览业作为支柱产业加以扶持,不仅兴建了规模庞大的展馆,还出台一系列鼓励措施和优惠政策,吸引展会组织者和参展商。在场馆建设上,德国的展览面积总计将近700万平方米,仅汉诺威一城就拥有40多万平方米,相当于上海展览面积的3倍多。在汉诺威,地铁票和会展门票实现“一票通”,从中可见政府的支持力度。

8. 具有独特的自然及人文旅游景观

世界著名的会议城市大多或拥有优美的自然景观或拥有丰富的历史文化遗迹。被誉为“世界之都”的日内瓦是瑞士境内国际化程度最高的城市,一直是世界排名前十位的主要国际会议举办城市。它位于西欧最大的湖泊——美丽的日内瓦湖之畔,临近法拉山和阿尔卑斯山,拥有许多名胜古迹,如著名的宗教改革国际纪念碑、圣-皮埃尔大教堂、大剧院、艺术与历史博物馆、日内瓦大学等。在日内瓦众多的博物馆内,收藏了很多中国、日本、希腊及罗马等古国的珍贵文物,在钟表博物馆(Watch Museum)内可找到人们为寻求时间的认知所作出努力的历史。

9. 拥有一批高素质的会展业人才

与其他行业一样,会展业健康快速发展的关键也是人才问题。无论一个城市具备多高的知名度、拥有多发达的会展基础设施,如果没有一批高素质的会展组织管理人才,其会展业很难生存发展下去。因此可以说,人才是会展业的根本。许多发达国家都非常重视会展人才的培养,发达的会展业也已经形成了成熟的会展经理人市场。尤其在德国和美国,不仅建立了一套完善的会展人才教育培训体系,而且还建立了专门的会展专业人才认证制度。德国会展业工作人员专业素质相当高,一些大型的展览公司每年的营业额可达到2~5亿德国马克,拥有数百名专业员工,各个博览会都是由熟悉本专业且经验丰富的组织者承办的。

知识链接1—1:

新加坡会展业的竞争优势

新加坡应该说是个“袖珍”的国家,资源不多,但精致到了极点。国土总面积不过60多平方公里,其中还有不少是填海造田的。虽然自然资源奇缺,但智力资源却是无限的。各种国际会议和展览对新加坡的经济起到了重要的促进作用。

据一些媒体统计,新加坡的国际展会规模及次数居亚洲第一位,在世界居第5~6位。据新加坡旅游局展览会议署林慧华经理介绍，仅2000年在新加坡举行的各种国际会议、展览及奖励旅游就达5 000次，前来参加这些会议、展览的人数多达40多万人次，每年前往新加坡旅游观光及参加各种国际会议、展览的人数比新加坡的总人口还多。毫无疑问，旅游、会展对新加坡的经济发展起到了重要的促进作用。

地利优势占几何?

国内现在有不少城市也非常重视会议、展览对本地经济的促进作用，但地理环境是首先要考虑的问题，并非所有城市都适合搞会展。

新加坡搞国际会展的地理位置十分优越。在以新加坡为中心的三小时飞行距离内，有2.5亿人口活动，每年仅中转旅客就达250多万，新加坡正处在这样一个枢纽的位置。而且新加坡的出入境十分方便，新加坡机场被一些媒体称为世界上最好的机场之一。当地人称，旅客下飞机后，十分钟内就可以拿到托运的行李。樟宜机场曾11次被媒体评为国际上最好的机场。多家媒体曾将新加坡评为最适宜举办国际会展的城市之一。目前，新加坡有64家国际航空公司的航线，可直飞50个国家的154个城市，这样非常适合搞国际性的会展。

政府能起什么作用?

现在国内一些地方政府以“政府搭台，企业唱戏”的形式搞了许多会议和展览。有一些确有效果，但也还存在一些问题，如有些会议、展览带有点摊派性质，有些会展并不符合市场需要等。

新加坡旅游局的展览会议署建于1974年，主要任务是协助、配合会展公司开展工作，向国际上介绍新加坡搞国际会展的优越条件，对在新加坡举办的各种会展进行促销。新加坡旅游局展览会议署不是管理部门，只是协调配合，而且不向新加坡的会展公司收取任何费用。在新加坡举办会展没有任何管理法规，举办展会也不需要任何审批手续。

在促进会展经济发展中，政府的主要作用是促进活跃经济和加强基础设施建设。比如新加坡旅游局展览会议署每年都有计划地向世界各地介绍新加坡旅游会展方面的情况，如上半年去欧洲，下半年就去美国，并且在世界各地举办新加坡会展经济方面的研讨会，让各国都了解新加坡在这方面的优势。

基础设施必不可少

发展会展经济，展馆建设是首要条件之一。新加坡政府每在展会基础设施方面投入1元钱，就会产生10元钱的效益。

新加坡博览中心就是由有政府背景的新加坡港务集团投资建立的。博览中心展览面积达6万平方米。一家德国公司称，这里是除日本之外在亚洲最好的展馆，顶棚高，无柱子，很适合举办大型机械展览。这里有地铁站，有三条高速公路相通，有大型停车场；还有新加坡第二大的厨房（第一大的厨房在机场），可同时提供一万人不同档次的商务用餐。这与国内展览参展商常常只能蹲在地上吃盒饭大不一样。每年场地出租率达45%。另一处非常有特色的展览会场是新加坡国际会议与展览中心（新达城），是20世纪80年代由11位香港商业巨子向李光耀总理提议建立的。新加坡深受汉文化影响，风水学盛行，这个建筑群是典型风水学的体现，4座45层和一座18层的大楼环立，象征人的五指，中间是一座世界上最大的喷泉，寓财源滚滚之意。所有建筑物的雨水都汇集起来用作灌溉花草和洗车之用，既环保又有象征肥水不外流之意。据了解，新达城建成的第二年就卖出了两栋楼，收回了投资。该中心总面积10万平方米，新加坡最大的无支柱会议大厅就建在这里，可容纳1.2万名会议代表，还配备了先进的翻译、通信、传播系统。每年在这里举办的各种会议、展览等活动有1 200多个，许多国际高峰会议都在这里举行，由于该中心是非上市公司，不披露财务情况，但该中心有出租写字楼、大型商场、展览场、会议馆、停车场等多项收入，效益应该相当不错。

成熟的经验和理念

说到这里，好像新加坡搞会展经济全凭得天独厚的地理位置和硬件条件，但在亚洲，与新加坡条件相近的国家和城市并不少，为什么新加坡能搞得这么有声有色呢？这与新加坡有着比较成熟的市场经验和经营理念不无关系。

一、展会也要创品牌。国际上最大的会展公司励展集团亚洲总部就设在新加坡。新加坡展览人士认为，办展会也要创品牌，如果展会有了自己的品牌，就能吸引参展商来参加，就可一届一届地办下去。一个展会如果只办一次的话是肯定要赔钱的，必须创出品牌，一届一届办下去，才可能盈利。

二、针对市场需求办展览。新加坡的会展公司一般都有自己的市场调研部门或人员。针对市场需求确定会展项目。所谓展会市场就是一边是有参展需求的厂商，一边是有参观了解这方面展会的人群，而形成的市场，能将这两者结合起来的就是会展公司。励展集团每年举办的大型国际展览超过440个，每年举办的这些会展为来自全球的十五六万多家参展厂商及超过900万家买家创造商机。并由此形成了一大批长期客户，现在许多参展厂商已经习惯于跟着会展走，想要开拓一个国家或地区的市场时，先通过会展公司举办展览，以展览会的形式开拓市场。

三、竞争并不一定就是价格战。新加坡只是弹丸之地,但有数十家有一定规模的会展公司,这是否会引起价格竞争,如降低场租、参展费等,事实上几乎所有公司都还没有出现这类现象。如励展集团曾想搞家具展,可后来一调查发现已有别的公司搞过这类展览,就放弃了这个项目。新加坡展览服务私人有限公司也曾想搞一个建筑业方面的展览,后来发现别的公司已做过这方面较好的展览,也就不做了。这与我国国内时常出现的一个展览做成功,后面就会出现许多类似的展览,直到把这个市场做滥的习惯大不一样。新加坡多数展会公司都是强调服务取胜。最主要的是提高展会的质量。它们认为,展会参观者的数量并不是最主要的,关键是看参观者的质量,即是不是参展商希望见到的专业人士。通常是向参观者发放调查表,以了解参观者的基本情况,最重要的是能让参展商做成生意。励展集团每次展览后 3 至 6 个月内都要进行一次调查,了解一下参展商通过展览捕捉到了多少商业机会。

中国市场很重要

大多数新加坡的会展公司在中国都开展了一些业务,并且非常重视中国市场,认为中国展会市场的潜力巨大。但它们普遍认为目前中国市场的展会太多且滥,真正形成规模和品牌的展会还不多。而且在中国办展会还要申请批准,所以必须在国内找一个合作伙伴才能办展览,这样会增加一大块成本。而且国内的展览常常是两种价格,即国外参展商一种价格,国内参展商一种价格,比较复杂。另外,国内厂商出国参展也比较麻烦,有的公司统计,一次会展大约有40%的中国厂商因为出国手续方面的原因不能成行。但新加坡很多会展公司仍然认为中国会展市场前景会越来越好,而且开展了很多具体的合作项目,多数新加坡会展公司也在中国开展了各种活动。

(资料来源:www. XINHUANET. com　2006 年 02 月 07 日　来源:国际商报)

第二节　会展的起源与发展

一、会展的起源与发展

会议和展览都具有十分悠久的历史,目前在世界发达国家,会议展览业已经发展得相当成熟,发展中国家的会展活动也方兴未艾。

(一)会议的起源与发展

会议是自有人类以来就存在的一种社会现象。据我国西安半坡氏族聚落点遗迹的考古发现,每个氏族都有自己开会议事和进行公共活动的大房子。传说在尧舜禹时代，凡有紧急事情就举行会议。《书·周官》记载："议事之制，政乃不迷"。

随着生产力发展，人类会议活动逐渐增多。阶级和国家出现之后，不同形式、不同层次的会议逐渐增多，处理国家内部和国际事务的会议也相继产生，并且会议的组织工作也有一定模式。如东周列国时代诸侯之间的集会，公元前651年，齐桓公曾同宋、鲁、卫、吴等国诸侯会盟于葵丘，至公元前546年，多年争霸的晋楚两国，在宋都商丘召开了评兵大会。这是一次和会，与会国有14个。在西方，公元前8世纪出现的《荷马》史诗亦记载了希腊各邦之间举行会议讨论战争或媾和问题。国际会议的雏形首先在中国和希腊出现。

考古学家在考察古代文化的时候，发现了许多古代人用来讨论诸如狩猎、战争事宜，和平谈判以及部落庆典的场所。在那时，城市已成为人们相互交流和进行商贸活动的中心场所。位于市中心的罗马广场，就是用来进行公共讨论和审判的地方；当时政治家们的辩论和演说则主要在古罗马的演讲台上进行。今天会展业的许多专业用语都来源于拉丁文，如"Conference"来源于中世纪的"Conferential"一词，其原意是把"大家带到一起来"；"Auditorium"来源于"Auditorius"，原意是"听的地方"。

据史学家意见，具有现代意义的国际会议当推1648年的威斯特伐利亚会议。会议签订了和约，结束了欧洲国家间的30余年的宗教战争。这个会议先由战争双方，即天主教公国和新教公国代表，分别举行平行的会议，然后构成一个大会，历经4年的讨论达成协议。它开创了通过国际会议解决争端的先例。中世纪时罗马教皇也曾召开万国宗教会议，参加者不仅有僧侣代表，还有世俗国君的代表，但讨论的是宗教世俗问题，具有浓厚的宗教特色。具有历史意义的欧洲第一个政治性的国际会议应是1814年9月至1815年6月的维也纳会议。拿破仑战争结束之后，相互敌对多年的6个欧洲君主举行了会议，重新调整欧洲各国的疆界，达成了新的"力量平衡"，使欧洲强国的均势得以持续30余年。19世纪，国际会议日趋频繁，成为国际生活的重要组成部分，以至有人称19世纪为"国际会议的世纪"。

今天，历史进入了信息时代。尽管借助于各种现代通信设备，人与人信息交流已经非常便捷，但这并不能取代人与人之间面对面的会议。相反，会议的数量在增加，会议借助现代信息技术手段，组织工作更加科学化、规范化，会议正成为一个不容小觑的产业在世界各国蓬勃发展。古代的会议多在政治领域，如今，商务会议已经是会议产业的主角。会议活动作为人与人之间传播信息、交流思想、解决问题的有效手段，将伴随人类的全部生存与发展史。

（二）展览的起源与发展

1. 展览活动的形成条件

（1）物物交换

第一次社会大分工促进了生产力的发展，导致了剩余产品的出现，产生交换剩余产品的需要，并开始出现交换活动。

原始的物物交换是一种偶然的交易，时间和地点都不固定，规模也很小。这种形式包含了展览的基本原理，即通过展示来达到交换的目的，但显然与现代展览差别很大，仅仅是具备了展览的一些特征，因而我们称这是展览的原始阶段，也是展览的原始形式。

（2）集市、庙会

①我国古代的集市和庙会。随着生产力的发展，剩余产品的种类和数量急剧增加，交换的次数也随之增多，交换的规模和产品范围也在不断扩大，偶然的、时间和地点不固定的物物交换逐渐演变成在相对固定的时间和地点进行的集市贸易。

庙会最初是一种宗教活动。在宗教节日，许多信徒从四面八方赶到寺庙或祭祀场所求神拜佛，一些小生产者、小商贩趁机兜售商品。久而久之在寺庙或祭祀场所附近自然而然形成了集市。这样的集市是因宗教活动引发并在宗教场所附近进行，因此这样的集市称为庙会，也称庙市。寺庙、祭祀场所大多在城镇，所以庙会大多发生在中心城镇。与农村的集市相比，城镇的庙会内容更加丰富多彩，除了商品交易外，还有宗教、文化、娱乐活动。

我国古代的集市和庙会已具备了展览会的一些基本特征，但它只是松散的展览形式，规模还是很小，并具有浓厚的农业社会特征，还处于展览的初级阶段。因此，我们可视集市和庙会为展览的古老形式。

②欧洲的古代集市。欧洲古代集市的产生时间比中国稍晚，但它在发展过程中表现出明显的规模性和规范性。一方面，欧洲的集市在规模上相对集中，举办周期较长，且功能相对齐全，包括零售、批发甚至国际贸易、文化娱乐等；另一方面，各国政府先后制定了集市管理的法规。有关管理集市的最早法规是罗马人制定的，法国人则在 11 世纪制定出一部比较完善的管理法规。英国的法律规定，每个臣民从家步行不超过三分之一天的时间便可到达一个集市；若两个集市有冲突，历史久者优先，历史短者必须搬至距前者 20 英里（32.18 千米）之外。由于欧洲的商业发展相对迟缓，集市成了欧洲商品交换的主要形式。

有一些西方学者认为，欧洲集市起源于古希腊的奴隶市场以及后来的奥林匹克大会和城邦代表大会，在召开会议的同时举办集市，由此也可见，会展中的展、会是相互促进、互为因果的。

到中世纪，德国、法国等国家出现了众多由官府管理的、颇具规模的集市，其中一些还有货币兑换、交易仲裁等功能。到了17世纪，欧洲的一些集市开始向专业化方向发展，侧重突出某方面功能。工业革命后，集市的作用逐渐变小，一些集市为适应工业发展的需要而转变成样品博览会，这便是现代贸易展览会的雏形。

生产力不断发展，劳动分工越来越细，任何个人和组织都不可能实现完全的自给自足，而需要进行交流和交换，这就形成了最原始的会展形式。随着社会的进步，会展也在不断发展，在经历了古代阶段和近代阶段后，会展活动在19世纪末进入了现代阶段，并形成一个完整的体系。在欧美展览经济带动下，全球展览经济呈现出全方位、多格局、高增长的发展格局，会展业已经发展成为一个比较成熟的行业。

2. 展览的形成

顾名思义，展就是展示，览即观看，与此同时会穿插一些交流活动。因此，展览是参展商在固定的场所、日期进行物品展示，实现宣传、交流、推介、交易、教育的目的和功能的活动。

展览是一种古老的市场形式，是一种既有市场性又有展示性的经济交换形式。它起源于古代的集市、庙会。几千年来，它始终伴随着人类经济发展而发展，展览的发展与市场经济的发展相互促进，相得益彰。西方学者施密德（Schmidt）提出：贸易展览会是能够提供经济发展趋势有关数据的唯一市场媒介。所以，人类的展览历史也是一部人类进行展览活动，促进经济发展的历史。

原始社会的物物交换是一种原始的偶然交易，这是人类展览活动最原始的阶段。随着社会经济的发展，出现了具有一定规模和相对固定的场所和时间的集市、庙会，这被认为是展览活动的古代阶段。中世纪时代，欧洲一些城市就定期或不定期地在人口集中、商业较为发达的市区举行贸易集市，这就是展览会的前身。但那时的集市规模不大，往往是在教堂的周围举行。如电影《巴黎圣母院》中多次出现的圣母院广场和熙熙攘攘的市场场面那样。当地和邻近地区或国家的商人、手工作坊业主、农民和艺人聚集在一起进行商品交换。

15世纪末和16世纪初，“地理大发现”使得世界各大洲便于航行的地区之间的经济及文化交流很快密切起来，形成了连接大西洋、太平洋、印度洋的国际市场。作为促销工具的展览会也不再局限于一地区或一国范围，只要哪里有市场的需要，展览会就出现在哪里。17世纪的英国工业革命以及后来的法国、美国、德国发生的产业革命，推动了世界科学技术的迅猛发展，特别是先进的通信和运输工具得到应用，展览会不再以旧的贸易集市方式进行。当时较有名气的城市，如莱比锡、法兰克福、米兰、巴黎、阿姆斯特丹、伦敦、维也纳等，纷纷将其贸易集市发展成为具有较大规模的国际展览会或博览会，并花巨资建造常设的展览场馆。工业革命推动了欧洲经济的发展，并影响全球工业经济的发展，同时也带来了展览业的变革，宣传性的工业展览会产生了，展览会进入了近代阶段。

世界展览会的现代阶段表现为展览会的市场性和展示性相结合，贸易展览会和博览会应运而生，并成为产品流通的主要渠道之一，这一阶段的标志是1894年莱比锡举办的第一届国际样品博览会。这届博览会不仅规模空前，吸引了来自各地的大批展览者和观众，更重要的是对展览方式和宣传手段等方面进行了改革和创新。如按国别和专业划分展台，从而便于贸易谈判与成交。这种方式引起了展览界的重视，欧洲各地的展览会纷纷效仿，展览业从此进入了全新的发展阶段。

二、欧美的近现代会展活动

（一）欧洲

17～19世纪，在工业革命的推动下，欧洲出现了工业展览会。工业展览会有着工业社会的特征，这种新形式的展览会不仅有着严密的组织体系，而且将展览的规模从地方扩大到国家，并最终扩大到世界。

工业革命极大地改变了全球经济活动的内容和形式，与此同时，会展活动成为重要的经济活动之一。工业革命使英国成为当时的“世界工厂”，为了炫耀自己的强大，英国1851年在伦敦举办了“万国工业博览会”，即第一届世界博览会。来自世界各地（包括中国）的1.7万多个参展商参加了展览。该博览会以其壮观的由玻璃、铁架、木头等材料建成的面积达7.4万平方米的“水晶宫”展馆，标志着旧贸易集市向标准的国际展览会与博览会过渡。此后，法国、奥地利、荷兰、瑞士、意大利、美国也都曾相继举办过这种大规模的博览会。

第一次世界大战破坏了国际自由贸易环境，影响了很多国家的经济运行，于是这些国家依靠国内和盟国市场，发展以内向型为主的经济以维持生存。作为促进经济发展的一个重要手段，综合性贸易展览会因此获得了很大发展。

1916年，法国里昂举办了第一届里昂国际博览会。这次博览会欢迎所有行业的企业参展，并欢迎盟国参展者，展场按行业划分区域。共有1 342个参展商参加了本次博览会，其中来自瑞士、意大利和英国的国外参展商为143个。1917年第二届里昂国际博览会参展商达到2 169个，其中国外参展商424个。当时尽管一战仍在进行，但展览却获得了巨大成功。一战后，里昂于1919年举办了第三届国际博览会，有4 700个参展商，国外参展商为1 500个。

里昂国际博览会的成功举办促使其他国家纷纷效仿，于是贸易展会便以非常快的速度在欧洲迅速普及。仅德国，从1919年到1924年，贸易展览会的数量从10个迅速增加到112个。1924年，国际商会在巴黎召开国际展览会议。在此基础上，国际博览会联盟(UFI)在意大利米兰成立。

第二次世界大战后，技术进步和社会经济加速发展，社会分工更加细密，新产品层出不穷，这使得原先包罗万象的综合贸易展览会无法容纳品种繁多的产品，而且庞大的综合展览会不仅使组织工作变得非常困难，而且参展商和观众也感到十分不便。于是，综合贸易展览会开始朝专业化方向发展。到20世纪60年代，专业展已成为欧洲展览业的主导形式。

近代在欧洲举办的会议(主要是政治会议和学术会议)数量少，影响不大。19世纪末20世纪初，欧洲会议业获得迅猛发展。20世纪70年代以来，会议(尤其是商务型会议)市场以其广泛的影响、高额的利润和巨大的潜力，引起了越来越多国家和地区的注意，市场竞争也越来越激烈。欧洲很多城市以其良好的会议目的地形象招徕了很多会议，涌现出一大批"会议之都"。国际会议协会(ICCA)和国际协会联盟(UIA)的统计表明，巴黎和伦敦是举办国际会议最多的城市，其次是布鲁塞尔、马德里、维也纳等。

(二)美国

一般认为，美国的会展活动开始于18世纪，是直接从欧洲传过去的，这些会展活动刚开始主要集中在早期的殖民地城市波士顿。1765年，美国的第一个展览会在温索尔市诞生。

美国的展览会起源于专业协会的年度会议。起初，展览只是作为年度会议的一项辅助活动，而且只是一种信息发布和形象性展示，展览会的贸易成交和市场营销功能曾在很长一段时间里不为企业所重视。

20世纪初，美国的会展业开始发展起来，并创造了贸易市场和贸易中心两种新的展览形式。贸易市场可视为常年设置的展览，在贸易市场中，制造商、批发商、进口商可用比较低的成本接触较多的零售商，而不必派营销人员到处推销，而零售商也可以在同一地点接触到较多的供应商，通过比较商品，了解商情，以低廉的成本采购货物。美国最早的贸易市场是1915年在旧金山建立的西部商品市场；1928年芝加哥建立了历史上最大的贸易市场，1 000个参展者代表4 300个制造商，展品多达200万种。贸易中心是美国政府在其他国家设立的长期展。从1962年开始，美国先后在法兰克福、伦敦、东京、曼谷、米兰、斯德哥尔摩、巴黎、墨西哥城等城市设立了美国贸易中心。设立贸易中心的主要目的是帮助出国展览经验缺乏的中小企业开拓海外市场。

19世纪末20世纪初，美国成立了很多会议局做会议的推广和服务。1896

年,底特律首先成立了世界上第一个会议局。当时全国的行业协会、学会以及社团组织都非常希望能够定期地把它们分布在全国各地的会员聚集在一起召开会议。最初,饭店业为招徕会议生意,需要对外宣传它们的设施和服务,同时,也会顺带宣传饭店所在的城市和地区。会展业为举办地所带来的经济效益逐渐被各个城市所认知,于是,各个城市都开始竞相争取会议业务。在这种背景之下,1896 年,底特律的商人们聚集在一起成立了世界上第一个会议局,雇用了一个专职的销售人员,专门对外推销本地的会议设施与服务。结果表明,这一方法非常有效,于是,其他各个城市纷纷效仿。1904 年,克里夫兰成立了会议局;1908 年,大西洋城成立了会议局;1909 年,丹佛和圣路易斯成立了会议局;1910 年,洛杉矶成立了会议局。刚开始,会议局只从事会议的推广和服务,后来也推广"旅游",于是在名称中又加入了"旅游"一词,变成会议与旅游局(简称 CVB)。1914 年,美国成立了国际会议局协会(IACB),主要目的是便于各个会议局之间相互交流会展业的信息,提高会展业的招揽和服务水平。1974 年国际会议局协会的名称中加入了"旅游"一词,更名为国际会议与旅游局协会(简称 IACVB)并一直沿用至今。如今,CVB 的主要职责依然是宣传和促销当地的会议设施与服务,而 IACVB 的主要宗旨依然是帮助成员提高专业水平,改善形象。

三、我国近现代会展业的发展历程

近代,我国的社会、经济和科技发展明显落后于欧洲,会展业也不例外。虽然我国很早就出现了集市、庙会,但现代会展业并没有在我国产生,它和其他工业文明一样,也是舶来品。关于我国近现代会展发展历程,还没有非常科学合理的阶段划分,在这里,我们把它划分为三个阶段,即明末清初到建国前、建国后到改革开放前、改革开放后至今。

(一)第一阶段:明末清初到建国前

明末清初,随着资本主义萌芽的出现,我国也开始举办一定规模的具有现代特征的博览会和贸易展览会。从明末清初到建国前举办的会展活动都有一个共同的特征,即"官办",几乎所有的会展活动都是由政府举办,政治色彩和宣传气氛比较浓厚。在这一时期,近代形式的会展活动对经济发展起到一些促进作用,但在商品流通领域的作用是微不足道的。

清光绪三十一年(1905 年),清政府在北京设立劝工陈列所。清宣统元年(1909 年),当时的政府在武昌、南京举办了商品陈列所,也称物品展览会,用以展示国货。宣统元年的 9 月至 10 月,武汉劝业奖进会在武昌平湖举办,这是中国近代史上的第一个博览会。

1910 年的南洋劝业会是我国有史以来的第一次全国性博览会,并初具世博会的性质。南洋劝业会会场占地700亩，设省展览馆30余个，并设参考馆分别展出英、美、日、德等国展品，还有暨南馆一所，展示南洋华侨展品，会期5个月，参观人数达到20余万人。但南洋劝业会仅举办了一次。

1915年，北洋军阀政府农商部所属劝业委员会设立商品陈列所。一些大城市也相继举办了类似的展览会，如1926年的上海中华国货展览会。

1929年6月6日至10月10日，浙江省政府在杭州举办西湖博览会。参会的有一些省、区和东南亚国家。西湖博览会设革命纪念馆、博物馆、艺术馆、农业馆、教育馆、卫生馆、丝绸馆、工业馆、特种馆陈列所、参军陈列所，展品约15万件，观众达2 000万人次。1935年11月28日到1936年3月7日，中国艺术国际展览会在伦敦举办，这是中国第一次出国办展。

抗战期间，国共两党分别在各自控制地区举办了多次会展活动，目的是展示成就、鼓舞士气、促进经济发展，以抵抗日本侵略。这些会展活动宣传性质非常明显，但在规模和展示手段上比较落后。例如分别于1939年、1940年、1943年在陕甘宁边区举办的三届农工业展，也称生产展，比较全面地反映了解放区的生产建设成就。

虽然自20世纪初以来，会展活动开始缓慢发展，但因为国力虚弱，政局动荡，战争频繁，始终没能与世界会展活动发展同步。只是到了新中国成立，特别是改革开放以后，会展活动才获得了迅猛发展，并极大地改变了社会经济生活的内容和形势。

（二）第二阶段：建国后到改革开放前

从1949年建国到改革开放前，我国举办了少数类似近代欧洲国家工业展的展览会，如上海工业展览会、全国农业成就展等由政府安排的、不讲究回报的宣传展。广州中国出口商品交易会是例外情况，广交会是在特殊时代背景下由我国政府举办的现代国际贸易展览会。

由于国际政治、经济环境的制约，这一时期的会展活动无论是从其功能、形式，还是运作方式上，都与现代意义上的商业会展活动大相径庭。会展，在全国范围内还远没有发展成为一个产业。

（三）第三阶段：改革开放后至今

改革开放以后，我国的会展经济从无到有，从小到大，从单一到多样，从综合到专业，以年均20%左右的高速度递增，并开始走向世界。

中国的会展活动经过20多年的国内外竞争，一批专业的展览会逐渐形成全球知名的展览会，例如北京的机床展、印刷展，上海的汽车展、家具展等，这些展览会在展览规模、服务水平等方面都已接近国际水准，有能力参与全球竞争。

目前，我国的会展业已初具规模，这使得近年来各种区域性、以城市为特色的博览会、交流会和贸易洽谈会此起彼伏。除传统的“广交会”之外，“深圳高新技术商品交易会”、“杭州西湖博览会”、“青岛国际啤酒节”、“大连国际服装节”、“义乌国际小商品博览会”、“潍坊国际风筝节”、“昆明商品交易会”、“华东商品交易会”、“合肥高新技术项目－资本对接会”等都定期举行。从内在品质看，我国举办的展览会的层次正在不断提升，对经济发展的带动作用也在不断加大。

在展览取得飞速发展的同时，我国的会议业也取得了突破性发展。一些高规格的会议，如上海的“’99《财富》全球论坛”、2001 年的“APEC 会议”，北京的“世界妇女大会”，武汉的“高新技术与国际资本市场论坛”，以及“博鳌亚洲论坛”等，大大改善了我国很多城市作为会议目的地的形象，提升了我国的办会能力和水平，我国的会议业也迎来了发展的契机。

随着改革开放的深入和经济发展从东部沿海地区向中西部地区的扩散，如今，从北部边关黑河到南部海岛海南，从东方明珠上海到西域宝地乌鲁木齐，从祖国首都北京到雪域之城拉萨，越来越多的城市都在举办规模大小不一的会展活动，使我国的会展业出现了空前的大好局面。在一些地区和城市，会展业甚至成为地区经济发展的支柱产业。尤其是经过我国政府和全国人民的共同努力，我们已经取得了 2008 年奥运会和 2010 年世博会的举办权，给我国会展业的发展创造了前所未有的机遇和美好的发展前景。

四、现代会展业的发展特点

（一）市场化

市场化运作是现代会展业的特点，也是会展业自身发展的需要。会展业在发展的初期离不开政府的培育和扶持，比如会展场馆设施等基础设施建设，由于投资大，收效慢，且属于社会公益设施，一般应由政府投资建设。当会展业发展起来后，政府的职能应体现在：加强宏观规划和指导，避免造成重复建设和资源浪费；加强与会展相配套的城市交通、运输、通信、广告、旅游、住宿、餐饮等行业的发展；加强对会展业和会展公司资质进行评估和认证工作；加强对主办、承办机构的办会、办展活动的管理和监督。会展活动的具体运作主要依靠各类会展公司、专业协会等，不论是国有、民营、股份制企业，还是外资公司，只要符合经营会展的条件，都可以办展会。但必须走市场化运作道路，用市场的方法去经营会展，才能使各种会展在市场竞争中不断提升水平。

（二）品牌化

品牌会展是指具有一定规模，能代表这个行业的发展动态，能反映这个行业的发展趋势，对该行业具有指导意义并具有较强影响力的会议或展览。显然,会展的品牌化特点蕴涵了专业化和规模化。

会展品牌化的主要标志是:

1. 权威协会和代表企业的强力支持

在国际上,政府一般不干预企业办展、办会,会展活动的成功与否,多取决于整个行业和企业对办展企业的认可程度。会展公司若能获得权威行业协会和该行业内主要企业的支持与合作,无形中就增加了其会展活动的声誉和可信度,这对于整个展览(或会议)的招展(会)、宣传和组织都会有极大好处。同时,由于权威行业协会的参与,协会与会展公司之间可以优势互补,以保证会展活动的质量。

2. 规模效应

品牌会展活动的另一个明显特征就是其规模。在短短几天的会展活动期间,整个行业似乎浓缩、聚集在一个屋檐下。德国之所以能成为世界展览大国,主要原因就是世界上绝大多数大规模的展览会都在德国举行。中国品牌会展活动不多,但说起广交会、高交会、汽车展、航空展几乎无人不知,正是因为其规模大,才带来了巨大的宣传效果和影响力。

3. 代表行业的发展方向

代表行业的发展方向是品牌会展活动的重要标志,因为它体现了展会的专业性和前瞻性。能代表行业发展方向的会议或展览有明确的目标客户和目标市场,能提供几乎涵盖这个专业市场的所有信息。会议或展览提供的信息越是全面,越是专业,企业和专业人士参会或参展的积极性就越高。这种会展活动不再追求外表的轰轰烈烈,而是注意与会者或参展商和专业观众的交流。

4. 提供专业的会展服务

会展服务是否专业化也是品牌会展活动的一个重要标志。专业的会展服务囊括会展公司的整个运作过程,如市场调研、题目立项、营销手段、观众组织、会议安排等,甚至包括会展公司的所有对外文件、信件的格式化、标准化。专业的会展服务还要求现场服务迅速高效,服务内容应有尽有。

5. 媒体的支持和不断更新的数据库

新闻媒体宣传是打品牌战的一个重要环节,一个好的会展活动应在行业内有一定的知名度,频繁的新闻报道和适当的“炒作”更能促进会展活动的宣传,从而形成良性互动,使会展活动更具感召力。

品牌会展活动与一般会展活动的另一个区别还在于拥有一个完整的并不断更新的数据库,即随时跟踪行业内企业的变化,不断保持与新老客户的联系,提供翔实全面的数据资料。

6. 长远规划，不急功近利

培育一个品牌化的会议或展览并不容易，企业要想通过举办一两次会议或展览就能达到目的是不现实的。会展公司必须要有长远眼光，要敢于投资，敢于承担风险，精心呵护，耐心培育，急功近利只能适得其反。

（三）国际化

随着经济全球化进程的加快，国际化经营已经成为许多会展企业的必然选择，会展活动的国际化趋势日益突出。会展企业的国际化运作主要体现在三个方面：一是品牌项目的跨国"移植"；二是会展项目的出售和收购；三是会展企业的兼并与合作。

1. 品牌展会的跨国"移植"

当前，会展"移植"之风越刮越盛。一些世界顶尖的会展公司凭借其丰富的办会办展经验和雄厚的经济实力，纷纷实行海外扩张战略。它们利用广泛的业务网络，将一些国际名牌的会展项目移植到国外举办。如英国励展集团目前已经在30多个国家举办了440多个展会，横跨49个行业；德国汉诺威展览公司把国际信息和通信技术领域最大的CeBIT展览会移植到上海举办等。

2. 会展项目的出售和收购

进入21世纪后，世界会展项目的收购潮一浪高过一浪，著名的展览公司博闻集团以12.6亿美元的高价将其在美国和拉丁美洲约40个大型贸易展览会和相关刊物出售给了卡尔顿通信公司。

国际会展业的一些跨国巨头也在收购我国的一些展览项目，如汉诺威展览公司直接收购了上海企龙展览公司的地板展览会，将其并入了自己的地面装饰展览会。

3. 会展企业的兼并与合作

与其群雄纷争，不如强强联手、合作经营；与其四面出击，不如集中资源、发展自己的核心优势项目，这是未来会展运作国际化的新动向。近年来，一些大型会展公司往往以兼并与合作的方式建立战略联盟，进行国际化运作。德国会展业的三大巨头汉诺威、杜塞尔多夫、慕尼黑展览公司联手进军中国市场，投资建设了上海新国际博览中心，抢占中国会展市场。

（四）网络化

以信息技术为核心的新一轮科学技术革命使世界市场各个组成部分的时空差距大大缩小，为全球贸易、投资和金融业务的开展提供了更为便捷的手段。随着现代信息技术及其他相关技术的迅速发展，阻碍电子商务发展的外部困难正被迅速克服，一个越来越大的互联网应用群体正快速形成，电子商务日益普及。

省时、高效、低投入的网上会议或展览能不能逐步取代现有的会展形式？美国国际展览协会曾在其成员中进行了一个名为“信息技术对展览业未来影响”的专题调查，其调查结果是：86%的被调查公司表示讨论过高科技和互联网对展览的影响，14%没有；66%的公司表示曾有过书面陈述，34%没有；有趣的是100%的被调查公司都认为不管网络将来如何发展，它都是对现有会展形式的补充，是用来与客户联系的另一种工具。网上的虚拟会展活动永远不会对现有的会展活动造成生存威胁，永远都不可能取代人与人之间的面对面的交流。

因而，会展企业要正视电子商务带来的挑战和机遇，把网络技术与现有的会展活动形式结合起来，使其发挥各自优势，相得益彰。

本章附录1

节事活动按不同的分类方法可以分为多种类型。根据规模和重要性可以分为特大型、标志型、重要型和中小型活动。特大型节事活动指那些规模庞大以至于影响整个经济，并对参与者和媒体尤其是国际媒体有着强烈的吸引力并引起反响的活动。如奥运会、世界博览会、世界杯是当之无愧的特大活动。标志型活动指那种在一地重复举办的，大多是一年一次的，并随着活动的发展和成熟，与当地融为一体，成为该地的代名词的活动。如西班牙的斗牛节、爱丁堡文化节、慕尼黑啤酒节、意大利威尼斯狂欢节及我国的大连服装节、潍坊国际风筝节等。重要型是指那些能吸引大量观众、媒体报道并能带来经济利益的活动。如财富论坛、大师杯网球公开赛等。各类会议、庆典、颁奖仪式或企业、政府的社交活动大多属于中小型节事活动。节事活动按主题可以分为宗教性、文化性、商业性、体育性、政治性等类，按组织者还可以分为 政府性、民间性和企业性三类。

节事活动具有地方性。节事活动举办地在漫长的历史过程中，通过文化的创造、交流和融合逐渐形成各具特色的节事传统，这种独特的地方文化或传统是节事活动举办地具有旅游目的地吸引力的源泉。随着旅游的发展，有些已经成为反映旅游地形象的指代物。如广州的广交会是在国际市场推广广州形象的重要节事，而每年一度与中国传统佳节春节相连的广州花会，则是体现花城广州的地方特色的节事活动。广州国际美食节则体现了闻名海内外的“食在广州”美誉，从1987年起，广州旅游部门每年在秋交会前后，都要组织一次“广州国际美食节”活动。美食节期间，广州各类酒家、饭店都拿出自家的名牌产品参加评选，每届美食节都评选出各类名菜、名点、名小食或创新菜式百余款，不断为繁荣的广州饮食业添加新品种。广州国际美食节原在各大宾馆饭店举行，后移师荔湾广场设摆摊档展示，从1998年起，则固定在每年9月在气势宏伟的天河体育中心举行，一连数天，以吸引更多的海内外游客前来观光，招徕更多的国内外同行前来切磋烹饪技艺。每届都吸引了来自30多个省市自治区的1 000多家著名企业近20万的专业人士参展、参赛和观摩各项活动，活动期间群众参与人数超过150万人次。现在广州国际美食节不仅是中国餐饮业最具规模的盛会，也已经成为一个具有国际性的民间节庆活动。泼水节总是和傣族的形象联系在一起，那达慕大会也总是代表着内蒙古的形象。节事活动还具有参与性、短期性和多样性的特点。越来越多的节事组织者想方设法拉近活动与消费者的距离，把服饰、饮食、游艺竞技、民间工艺等有机结合起来，丰富活动的内容，促进当地旅游资源综合开发，使活动更为综合性和多样化。

举办节事活动不仅可以吸引旅游者、消费者、赞助商、承包商等参与者，而且在成功举办后可给所在地带来多种牵动效应。一方面推动当地经济的发展，带来物质文明方面的经济效益，另一方面为当地文化的定位奠定了基础，带来了精神文明方面的社会效益。尤其是大型节事活动，对国家或地区或城市会产生难以估量的推动作用。这些作用包括促进目的地旅游发展，削弱淡旺季差别，增加旅游收益；促进相关产业的发展和当地基础设施的建设，提高就业率；塑造主办城市形象，提升其知名度；弘扬传统文化，展现现代文化内涵，推进精神文明建设等。

如今，节事活动已经成为国际旅游业的重要组成部分，世界各国政府非常重视节事旅游的发展。由于节庆和重大活动影响着全世界，许多国家的大城市都纷纷争夺大型活动的举办权，如奥运会、世界杯；众多协会也争相举办各种大型活动，如节日庆典、花车游行、庆祝、周年纪念、慈善义演等活动。美国的玫瑰花节、意大利的狂欢节、马来西亚的国际风筝节等都对本国节事旅游业的发展起到了不可代替的作用。

赞助商和志愿者也是节事活动取得成功的必不可少的重要因素。没有赞助，地方、国家乃至国际活动都将难以维持。活动赞助对于活动组织者和企业来说是一项双赢的举措，大型活动渴望得到赞助，有些活动甚至完全依赖捐赠。因为举办活动往往需要大笔的资金，来自企业的赞助是活动资金流的关键部分，是其得以启动和顺利开展的基础。赞助有着比广告更真实的特点，可以提升赞助企业的形象、提高产品销售和品牌知名度，赞助活动是品牌深化与提升的加速器。通过活动所营造的愉快的、积极的理想环境，把品牌带给公众或消费者，使他们自然接受产品信息，更为重要的是通过活动现场的魅力，促使他们产生消费冲动，马上购买或网上消费。许多商家通过赞助公众喜爱的活动，运用标志、促销手册和媒体策略等手段，向尽可能多的潜在的消费者宣传企业或品牌，提高产品销售量，获得更多的商机和利润。“超级女声酸酸乳”作为中国整合营销的奇迹，大大提高了蒙牛酸酸乳的销售量和蒙牛品牌的知名度。据AC尼尔森的调查结果表明，2005年6月蒙牛酸酸乳在广州、上海、北京、成都四城市的销量是前一年同期的5倍。同年8月，蒙牛乳业在香港发布了其2005年上半年的财务报告，公司上半年营业额由去年同期的34.73亿元人民币上升至47.54亿元人民币。除了销量飙升，蒙牛在品牌美誉度方面也尝到甜头。央视索福瑞对主要品牌乳酸饮料的调查报告表明，当年5月蒙牛酸酸乳的品牌第一提及率跃升为18.3%，反超竞争对手伊利优酸乳3.8个百分点，无论是从品牌力还是从市场占有率看，蒙牛酸酸乳都已经成为当年乳饮料方面的第一品牌。由于节事活动的举办过程需要大量的服务者，志愿者就成为活动取得成功的关键因素。没有志愿者，大多数大型活动将无法进行。志愿者是指自愿贡献个人时间和精力，在不计物质报酬的前提下，为推动人类发展、社会进步和社会福利事业而提供服务的人员。志愿服务是公众参与社会生活的一种重要方式。志愿者来自各行各业：商人、学生、教师、家庭主妇、医生、律师、教授、老人和青少年，以及体育爱好者，简而言之，包括来自全世界、全国和各行各业的男人、女人和年轻人。志愿者项目已经成为了奥运会组织工作的基本组成部分。一份作为1992年巴塞罗那奥运会官方报告组成部分的奥运会术语汇编第一次给出了奥运志愿者的清晰定义：“奥运志愿者是一个在奥运会这个组织里，对集体作出个人和利他承诺的人，他(她)承诺将尽其所能完成交与他(她)的任务，并且不接受金钱或奖品等类似性质的奖赏。”在洛杉矶奥运会时，有近约30 000名志愿者经过统一和有组织的安排，从事着各类工作：赛场支持，医疗卫生，媒体，陪同代表团和个人，公共关系，鉴定服务，技术和通信，运输，赛场的入口控制，餐饮，财政，行政管理等。同时，有一支特别的志愿者在奥运会下设的25个分委员会中工作。奥运会志愿者的人数也从1984年洛杉矶奥运会的28 742人、1988年汉城奥运会的27 221人、1992年巴塞罗那奥运会34 548人增加到1996亚特兰大奥运会60 422人、2000年悉尼奥运会的46 967人。北京第29届奥运会与第13届残奥会预计各招募7万和3万名共10万名志愿者，主要从事礼宾接待、语言翻译、交通运输、安全保卫、医疗卫生、观众指引、物品分发、沟通联络、竞赛组织支持、场馆运行支持、新闻运行支持、文化活动组织支持等工作。中国政府非常重视奥运会志愿者的招募工作，制订了“北京奥运会志愿者行动计划”，在海内外广泛宣传，接受港澳同胞、台湾同胞、华侨华人和外国人有志之士的报名。此计划包括“迎奥运”志愿服务项目、奥运会赛会志愿者项目、残奥会赛会志愿者项目、奥组委前期志愿者项目等四个项目。以坚持以人为本、坚持大众参与、坚持奥运规则、坚持科学高效、坚持中国特色为志愿者行动准则，以促进全民广泛参与、促进志愿服务事业发展、促进志愿者全面发展、促进中外文化交流为志愿者行动方向，并提出：“奥运志愿者的微笑就是北京最好的名片”。

由于节事活动数量在不断扩大，不仅为活动提供服务的工作人员及志愿者不断增加，而且节事活动管理机构也正在脱颖而出。人们逐步运用现代化的手段进行活动的促销和组织，使得节事活动管理走向职业化，出现了职业协会，如国际特殊活动协会（ISES）、国际节日和活动协会（IFEA）、新南威尔士节日和活动协会（NSWFEA，组织行业会议）、澳大利亚会议协会（MIAA，为行业提供培训）等；还出现了专门的教育和培训计划、职业资格认证，如 CSEP（注册大型活动专业组织者）、CFEE（注册节庆师）、CMP（注册会议专业组织者）、CMM（会议管理师证书）、CME（注册展览经理人）、CHA（注册饭店管理人）等。

据国际节庆协会（IFEA）总裁兼首席执行长官史蒂文的介绍，目前，全球常规性的节庆活动已逾 100 万次，创造的收益达 250 亿美元。节庆作为一个新兴的产业正在全世界范围内蓬勃发展。根据有关方面的统计，中国各类民族传统节日和现代节庆活动总数已达5 000余个。从传统的端午节、中秋节、清明节到现代的哈尔滨国际冰雪节、上海国际艺术节、吴桥国际杂技艺术节，诸如此类的节庆活动层出不穷，内容包罗万象。我国节事活动的发展经历了数量由少到多，规模从小到大，内容从单一到多样，方式从旁观到参与，组织层次从初级向高级发展的过程，已经成为了国际节庆活动的大国。但我国节事活动还存在不少问题，如数量众多，呈现普遍开花的趋势，但品牌知名度高、走向国际化的节事活动比较少；地域分布不均衡，东部多，西部少；主题选择上撞车现象比较多，特色活动较少；政府干预过多，往往政府部门牵头主办，较少考虑企业承办，造成活动成本高，财政负担过重，市场作用未发挥，节事绩效不显著；经济文化结合力度不够，很多活动单纯追求经济效益，而忽视了人的情感需求和精神文化追求，公众参与不理想，文化内涵尚有待于挖掘。随着我国节事活动业的发展，对节事活动的组织和管理也正逐步走向正规。一些创办比较久、有一定历史的品牌活动正在逐渐向市场化的运作模式转变，青岛国际啤酒节就是其中比较成功的一例，走出了一条从政府主办到民办公助再到以节养节的路子，实行“管办分离”，啤酒节办公室的身份不再既是承办者也是管理者，而是腾出更多的精力做好规划、管理、协调、服务和保障等工作，具体活动由企业承办，使各项活动更加专业化、市场化、规范化，从而实现与国际通行的重大节庆活动承办方式的有机接轨。

本章附录2

奖励旅游20世纪60年代起源于美国，当时不少公司发现由公司支付费用表彰和奖励那些工作成绩突出的销售人员及其配偶到有异国情调的旅游目的地去旅行，能成为非常有用的激励手段，后来逐步被全世界许多国家采用。目前美国一半企业都采取奖励旅游的办法激励员工。在英国，企业五分之二的奖励资金是以旅游的方式支付的。在法国和德国，也有超过半数企业实行奖励旅游方式。在东南亚一些国家和地区如新加坡等，奖励旅游非常流行，已成为企业奖励员工的主要方式。而在我国，尽管奖励旅游市场的开发刚刚起步，但已表现出巨大的潜力和强劲的发展势头。

参加奖励旅游的对象不仅包括企业员工，而且包括企业外部的企业产品供应商、经销商、企业品牌的忠实消费者，他们共同构成了参与的主体。生产商对零售商的奖励这种类型的奖励旅游在国际上常常可见。生产商往往会将对零售商的旅游奖励，当成是产品促销策略中的重要一环。如日本佳能公司复印机部对零售商制定的政策就是，不同的复印机按不同的点数计算，只要销售达到一定的点，比如100点，就有资格参加每年的出国奖励旅游。奖励旅游作为一种现代的管理工具，从一定程度上而言，它真正目的是为企业树立形象、宣传企业的理念，力求最终能提高企业的业绩，促进企业未来的发展；而提供奖励旅游服务的是专业机构，如旅行社、旅游公司等，它们是具体奖励旅游活动的组织、安排和实施者。由于奖励旅游团规模大、档次高，并非所有的旅行社、旅游公司都具有承办奖励旅游的能力，只有那些经验丰富、具有相当高的专业素质、临时应变能力和危机处理能力强的才能保证行程顺利进行。

一些研究管理问题的心理学专家在经过大量调查和分析后发现，把旅游作为奖品来奖励员工、客户时，所产生的积极作用远比金钱和物质奖品的刺激作用要强、要好得多。通过奖励旅游中的一系列行之有效的活动，如：颁奖典礼、主题晚宴、企业会议、赠送贴心小礼物等，将企业文化、理念有机地融于奖励旅游活动中，还有，如企业的高层人物若出面作陪等，这对参加者既是一种殊荣，也对其他员工起到了教育作用，同时还可有效地调整企业上下层、企业与客户间的关系，增强他们对企业的认同感，尤其是连续多年的奖励会使员工产生强烈的期待感，能够形成良性的循环作用。奖励旅游也为企业与员工、企业与客户、员工与员工、客户与客户之间创造了一个在放松的情境下比较特别的接触机会，加强了彼此间的沟通与了解，为今后开展工作和业务交流提供了便利。

而且较大规模的奖励旅游完全也可视为企业的一次市场宣传活动，如 SARS 过后，北京的一些旅行社推出的慰问白衣天使的活动，免费奖励在 SARS 一线工作过的医生护士到北戴河或马来西亚旅游，就是为树立企业形象而选择的奖励旅游方式。

奖励旅游产品属于"三高"产品，即高端旅游产品、高利润旅游产品和高效用旅游产品。奖励旅游具有高消费、高档次、高要求的特点，每个旅游者手中有较多的钱用于购物，是一项非常有潜力的高消费的专项旅游活动。一个奖励旅游团的平均规模（人数）是 110 人，而每一个客人的平均消费（仅指地面消费，不包括国际旅行费用）是3 000美元；一个豪华奖励旅游团队通常是一个普通旅游团的 5 倍，要求豪华酒店、特殊安排的旅游线路、大型晚宴、一流的会议设施设备、专业化和高质量活动，而且在旅游活动内容、组织安排以及接待服务上要求尽善尽美。高利润旅游产品体现在参加奖励旅游团的人数较多。北京市旅游局曾对北京高端旅游市场进行了调研，结果显示，北京高端旅游中，消费水平最高的部分是奖励旅游和会议（特别是人数较少的公司会议）。其中奖励旅游以其相对很少的数量和相对很高的消费显示出这一市场未来的巨大发展潜力。根据国际奖励旅游协会的研究报告，奖励旅游市场回报率极高，一个中等规模奖励旅游团的平均投资回报比率为 1:47，即每投资 1 元，市场将回报 47 元。奖励旅游团在季节上一般都错开了旅游的旺季月份，而这无疑又填补了旅游公司、旅行社的淡季业务空白。活动结束后，客户在未来 12 个月的时间里回头咨询反馈的比率是 80%，其中有效比率（即实际成团的比率）为 15% ~20%。新加坡旅游局经过分析发现，到新加坡的中国奖励旅行团的消费能力比一般旅行团要高出 1.4 倍。而其高效用性是指参与者往往还要附带一定的工作任务，为了更好地满足旅游需求，他们也希望能获得旅行社提供的旅游之外的服务；目的地都经过特别的挑选，一般为本国人不易前往，必须耗费大量旅资才可前往的地方；活动内容由有关旅游企业特别安排，并且在旅游期间公司首脑往往还组织受奖者共商公司发展大计。奖励旅游不同于一般意义上的观光和商务旅游，它通常需要提供奖励旅游服务的专业公司来为企业"量身定做"，使奖励旅游活动中的计划和内容尽可能地与企业的经营理念和管理目标相融合，并随着奖励旅游的开展，逐渐体现出来。因此无论是对奖励旅游产品的本身，还是对设计这些旅游产品的专业公司都提出了较高的要求。

目前全球每年有 350 万人次的奖励旅游市场，欧洲和美国是国际上最大的奖励旅游市场。美国是奖励旅游市场最发达的国家，占整个国际市场的 1/2，欧洲为其主要的海外旅游目的地。1996 年，美国 26% 的公司倾向于以非现金方式奖励员工，当年 228 亿美元的奖励花费中至少有 35 亿美元用于奖励旅游。

2000年美国企业用于奖励的269亿美元中，近98亿美元花费在奖励旅游上，占总花费的36%。英国是欧洲最大的奖励旅游市场，1997年其奖励旅游消费达4.5亿欧元。欧洲短途奖励旅游目的地多为法国、德国、西班牙、意大利等国，而长途奖励旅游目的地以美国及加勒比海为主。亚太地区奖励旅游市场主要分布在澳大利亚和日本。日本东京一直以来都是许多亚洲企业选择的奖励旅游城市，面对更多大城市的激烈竞争，东京近期最主要的诉求主题是"Tokyois Changing"。为了发展更多的奖励旅游市场，东京将进行三处重要建设计划，包括 Poppongo Hillarea（六本木商业区）、Shinbashi – Shiodomearea（新桥汐商业区）及 Shinagawaarea（品川商业区）等。日本的出国旅游中，20%是奖励旅游。

亚洲的奖励旅游业虽然相对落后，但近几年颇受各国政府重视并得到了快速的发展。旨在增进亚洲地区 MICE 产业交流及联络的亚洲 IT&CMA（奖励旅游及会展旅游）已经连续举办了11届。其中，第11届会议的主题是"开拓你的疆界与机会"，于2003年11月4日~6日在泰国曼谷举行，买家来自全世界39个国家，其中欧洲最多，占48%，亚洲占42%，北美占6%，中东占1%。由于亚洲 IT&CMA 从2002年起连续三年在泰国召开，这给了泰国旅游界一个极好的展示和推广会议与奖励旅游产品、服务和设施的机会。泰国旅游局表示，推广会议及奖励旅游是要在2006年将泰国建成"亚洲旅游之都"计划的重要内容。而据泰国奖励会议部门统计，2002年，泰国会议和奖励旅游出席人次达到412 919，同比增长了23.12%；随同团队达到59 365个，增长21.50%；包括随同团队的花费，所有活动的收入为3 429.7亿泰铢，比上年增长了23.75%。由于具有高度安全的环境，交通便利，加上多国免签证等优势，香港旅游发展局也把奖励旅游客源视为焦点市场，并于2003年8月率先推出了首个"Imagine Hong Kong"活动。针对短途市场，邀请50多个东南亚的旅游业界人士参与一个4天的行程；针对长途市场，邀请了70位来自欧洲、美国、加拿大、澳大利亚及新西兰的奖励旅游代理商及传媒参加新一轮的奖励旅游推广活动，为代表们特别安排了有风水师沿途讲解的维港游等别具特色的行程。而且为2004年3月31日前到香港的奖励旅游团，特设了"Hong Kong Rewards!"即给予10人或以上的海外团体超值优惠及30人或以上的海外团体可选择更多由香港旅游发展局赞助的各种文化表演节目。新加坡是国际顶级的会展之都，拥有良好的软、硬件设施可以承办各种类型的会议、展览及奖励旅游。过去10年来，新加坡的奖励旅游市场每年都有较大的增长。自1994年起，平均每年约有3 100个奖励旅游团体、超过12万名奖励旅游旅客前往新加坡。中国奖励旅行团目前是新加坡第三大的旅客来源，据新加坡旅游局2003年9月份的统计，从中国到新加坡参加奖励旅游的人，比上年增加了将近60%。

中国占全球奖励旅游的市场份额很小，不到1%。近年来，旅游部门和旅游企业开始积极培育和推广奖励旅游市场。北京是中国奖励旅游市场最发达的城市，丰富的历史文化遗存，使得北京拥有发展奖励旅游的良好条件。从2000年开始，北京即以主题为"现代皇城"的奖励旅游为切入点开始了对高端旅游市场的开发。在过去的几年中，北京市旅游局每年邀请世界各地的会议及奖励旅游商来京考察，该局组织的"Beijing Motivation"活动也取得了良好的效益。经过数年的耕耘，如今北京已是我国奖励旅游开展最活跃的城市。而去年年末，国际奖励旅游协会组织（SITE）中国分会在北京正式成立，又让北京拥有了开展奖励旅游的国际平台。经中国香港旅游协会协助组织，2003年北京市旅游局邀请来自美国、加拿大、英国、新西兰等国家的26家颇具实力的经营奖励旅游的旅行社总裁、副总裁近百人，于2007年3月25日至27日到北京进行了为期三天的奖励旅游资源考察，并签下多个订单。国、中、青和广之旅等旅行社几年前就成立了专门开发和推广奖励旅游产品的会奖旅游部（处），并举办过一定范围的奖励旅游产品推介会；和平国旅还加入了国际奖励旅游协会（SITE），成为中国大陆的唯一会员，并在美国注册了"中国奖励旅游网"；随着政府及业内对会奖旅游的重视，北京已经连续成功举办了两届中国商务及会奖旅游展览会，上海也于2006年举办了首个会议展览奖励专业旅游展览会——中国（上海）会议展览奖励专业旅游展览会，主办方不仅邀请了众多跨国公司、国有大型企业、行业协会的特邀买家及VIP贵宾到会参观，而且安排了一系列有关差旅管理及奖励旅游的话题讲座，为境内外旅游供应商、企业挑选旅游产品，给出专业的解决方案；不少旅游商务网站和旅行社企业的网站上都有专门的奖励旅游产品和奖励旅游线路介绍。尤其2006年11月在西班牙巴塞罗那召开的"国际奖励旅游协会组织（SITE）国际大会"上，我国正式成立了第一个总部设在北京的"SITE中国分会"，使得我国2006年年底和2007年年初掀起了会奖旅游的小高潮，在我国会奖旅游市场上刮起了不小的旋风。

经过精心培育和不断推广，奖励旅游作为一个新兴的旅游项目，越来越受到国内一些企业和员工的青睐。现在参加的企业由外企逐步发展到民企、国企；地域也从北京、上海、广州等发达城市拓展到了西安、成都等西部城市；目的地也由省内、国内走向了国外；人数和费用也都不断提高。北京是我国外国游客首选的奖励旅游目的地。

随着旅行社业的更加开放和更多外资旅行社的进入，对国内刚刚起步的奖励旅游市场无疑将是一个巨大的挑战。对此我们的旅游企业要提前作好准备。一是要加强研究、探索和交流，积累经验，不断提高开发奖励旅游市场的专业化水平，逐步做到设计专业化、产品专业化、接待专业化、服务专业化；二是要着眼于产品的高价值，保持奖励旅游市场的高端性，避免无序的价格竞争，影响中国作为奖励旅游目的地的市场形象和品牌形象；三是要多条腿走路，既要组织国内企业的奖励旅游团走出去，更要把国外大型的奖励旅游团请进来；四是要把奖励旅游和会展旅游、商务旅游等综合起来考虑，加强区域合作，通过培训加快培养奖励旅游专业人才。

第二章

基本概念

◆学习目标◆

1. 掌握会议的概念与不同分类
2. 熟悉会议内容的有关概念
3. 掌握会议人员构成方面的基本概念
4. 掌握展览的概念与类型
5. 熟悉展览内容的有关概念
6. 掌握展览人员构成方面的基本概念
7. 掌握其他与会展相关的专业词汇概念

什么是会议？什么是展览？会议包括哪些类型？如何对展览进行分类？什么是议题、主题？什么是世界博览会？本章将对此做基本的界定与介绍。

第一节 会议基本概念

一、会议的分类

会议是由三个人或三个人以上参与的有组织有目的的一种短时间聚集的集体活动方式。

(一)根据会议参加者以及名称的分类

根据会议的参加者和英文名称的不同,通常有如下区分:

(1)会议(Meeting)。它是为了某一目的进行聚会的通用总称。该词含义很广,它的最初意思是指与某人见面或聚首。在这里,凡是一群人在特定时间、地点聚集起来研商或进行某项特定活动均可以称为会议。它是各种会议的总称,包含年会、专门会议、代表会议、研讨会、论坛等,以及各类有准备或无准备的、正式或非正式的、时间可长可短的、规模可大可小的、参加人数可多可少的各种会议。如要明确会议种类,需要对会议名称进行进一步划分。

(2)大会(Assembly)。大会是指一个组织或公司、协会、俱乐部的正式全体会议。参加者以其成员为主,其目的可以是决定立法方向、政策、内部选择、同意预算、财务计划等。所以,大会通常在固定的时间及地点定期举行,也有一定的会议程序。如每年的联合国大会(General Assembly of the United Nations)。

(3)专门会议(Conference)。它是有一个特定的主题的正式会议,通常有许多与会者参加讨论和参与活动,一般持续几天。专门会议的议题通常涉及具体问题,并就此展开讨论,可以召开分组会,也可以召开大会。如中文网志年会(en - Chinese Blogger Conference)、世界重油大会(World Heavy Oil Conference)、由联合国举办的第四届世界妇女大会(World Conference on Women)等。相比较而言,专门会议一般是指特殊专业或学术活动。

(4)大会或年会(Convention)。大会是指就某一特定的议题展开讨论的聚会,议题可以涉及政治、贸易、科学或技术等领域。年会通常包括全体代表大会和附带的小型分组会议,有时还附带展览。一般由社团、专业学术协会或非政府组织主办,而且多数年会是周期性的,最常见的周期是一年一次。例如中国连锁经营协会主办的中国特许加盟大会(Chinese Franchise Convention)等。年会(Convention)这一字眼常被贸易界用于一般性的会议,而专门会议(Conference)是常常被科技界使用的术语,贸易界也使用这个词。因此,两者没有实际意义上的区别,仅仅是惯用语不同而已。

(5)代表会议(Congress)。代表会议一词最常被欧洲人和国际性会议使用。基本特点是政府或非政府组织的代表或委员参加。它的举办常常是为了解决争端、讨论计划和公众利益。通常规模大,有代表性,范围广。在性质上,代表会议是与专门会议相类似的活动,如全国人民代表大会[简称“全国人大”,National People´s Congress (NPC)]、世界休闲大会(World Leisure Congress)。

(6)论坛(Forum)。其特点是就某一主题反复深入地讨论,一般由小组组长或者演讲者来主持,有不少听众参与其中,小组组长和听众提出各种问题,发表各种不同的意见与想法,再进行反复讨论,两个或更多的发言人可以就各自的不同意见向听众,而不是向对方,进行阐述,最后由主持人做总结。论坛参与者的身份均须事先被认可。如博鳌亚洲经济论坛(Bo´ao Forum for Asia)、体育营销国际年会(International Sportmarketing Annual Forum)。

(7)专题学术讨论会(Symposium)。它的复数形式为Symposiums或者Symposia。专题学术讨论会专指特殊学术讨论的集会。在专题会上,某一特定领域的专家、学者和与会者就特定主题发表论文,并共同就问题加以讨论和提出建议。与专门会议(Conference)相比较,专题学术讨论会一般更狭义,特指某一范围,在规模上专题会比讨论会小,因为有时候一个讨论会包括几个同时举行的专题会(如卫星专题会)。与forum相类似,参与人数较多,会期在2~3天,进行方式比论坛更为正规。典型的特点是一些个人或者专门小组要做示范讲解。一定数量的听众会参与讨论。但是相对论坛而言,会议中较少有观点和意见的交流。

(8)研讨会(Seminar)。它是指一群具有不同技术但有共同特定兴趣的专家为达到训练或学习的目的而聚集在一起所召开的一次或一系列会议。与其他类型的会议相比,研讨会通常有充分的参与性,与会者讨论一个由几个主要发言者提出的题目或特殊主题,同时,其他的人先听之后参与讨论,由一位主持人协调各方。这是一种演讲(前)加讨论(后)的会议模式。

(9)研习会(Workshop)。通常指就专项问题或任务进行的讨论,与与会者分享知识、经验、技能,强调实践演示、示范与操作。研习会的特点是面对面的活动,使所有与会者充分参与进来,通常被用来进行技能培训和训练。

(10)学习讨论会(Colloquium)。通常指大型的学术会议分小组讨论。邀请一群某一领域的专家或业内人士参加,与会者表达他们在特定领域的思想和看法,听众可以提问。

(11)讲座(Lecture)。讲座是一种比较正式或者说组织较为严密的活动,通常由一位专家单独做演讲或示范,会后有时会安排听众提问。讲座规模的大小不定。

(12)静修会(Retreat)。静修会通常是小型会议,一般在边远地区召开,其目的是为了增进了解和友谊,或是进行项目策划工作,甚至纯粹是为“躲清静”。

(13)专题讨论组(Panel)。由一位组长主持,一小群专家作为座谈小组成员,他们针对专门课题提出其观点再进行座谈。小组成员之间、主要发言人与组员之间都可进行讨论。

(14)讨论分析课(Clinic)。讨论分析课常用于培训项目,就某一课题进行指导和操练。形式基本以小组为主。

(15)高峰论坛,峰会,首脑会议(Summit)。它是一种政府首脑级的或企业、行业最高级别的会议,如G8 summit (八国峰会)、2005CCW CIO&CEO Summit (2005中国“IT两会”中国IT财富峰会年会、中国信息主管峰会年会)等。

除以上提到的会议名称外,还有集会(Rally)、聚会(Gathering)等。

(二)根据会议的目的分类

根据会议的目的,可以分为:

1. 研讨会议

研讨会议通常专业性较强,参与的人数不是很多,除非是行业标准讨论,一般不会超过100人。这类研讨会的关键点是会场及地点选择。

除一般性的主会场外,通常需要一些小型会所以便分组讨论。主会场的布置除主持人座位外,其他座位应当体现平等精神,发言用的麦克风应该每个座位都有——除非人数少于15人。

关于地点,通常选择相对封闭、安静、利于保密的地点,最好能在郊区环境优美的会所——应当满足夜间娱乐休闲、团队精神训练、场景变换、交通相对方便等要求。

2. 培训会议

培训会议也是专业型会议,通常由企业内部或者教育部门举办。除带有研讨性质外,更多的是技能交流及知识传授,所以培训会议对场地的要求相对较高——除了一般的封闭式会场外,应该还有各类拓展训练设施或者场地,可能的话还应该有高品质的休闲放松场地。培训会议的关键点:场地、培训设施及培训师。

3. 社团会议

社团会议通常为纯会议,往往需要发布一些宣言或者决议之类的书面信息。所以社团会议经常配合新闻发布会举行。举行此类会议,表决设施、现场会员排序及会场控制是关键。作预算的时候应当考虑新闻传媒成本——包括记者的邀请、交通、住宿及餐饮安排等。

4. 公益性/技术性论坛

此类会议多为公开性会议,系列分会将是此类会议的特点,所以会议场所的选择非常重要,基本要求是场地可以分割或者主会场附带小会场,对会议设施要求也比较高——同声传译、传媒记者招待、多媒体、视频直播以及讨论场地等均有可能要求提供。此外,如果会议主办地的会场不能满足几种分割要求,那么会务交通就成为需要重点考虑的内容。

5. 订货交流会议

此类会议实际上兼有展览性质,因此会场的要求相对特别。理想的场地应该是专门的展览馆或者会展中心,带有商务会所或者类似场地则更好。如果是小型订货交流会,可以设立在大型商务型酒店。组织或者代理此类会议的关键点是:场地选择、会场控制、展览布置。

6. 奖励会议

奖励会议是对员工、分销商或客户的出色工作表现进行表彰奖励的会议。

除此之外，根据会议的范围，还可以分为国际会议和国内会议。所谓国际会议，主要是指数国以上的代表为解决互相关心的国际问题、协调彼此利益，在共同讨论的基础上寻求或采取行动（如通过决议、达成协议、签订条约等）而举行的多边集会。国际会议各式各样，可以划分为许多类型：双边的或多边的；政府间的或民间的；单一议题的或多种议题的；国际组织召开的或非国际组织召开的；世界性会议或区域性会议；发展中国家会议或发达国家会议等。就国际会议本身所讨论、解决的问题而言，又可以分为：和平会议、军事会议、外交会议、经济会议、政治会议等。现在国际会议更为频繁、涉及的范围更加广泛，国际会议大多致力于解决人类社会普遍关心的共同问题，如经济发展、社会进步、生态保护等。同时，非政府性的、民间的国际会议大幅度增加。国内会议指与会代表均来自于国内。

二、会议活动中的若干基本概念

（一）会议内容的有关概念

1. 主题与议题

会议主题是会议主要内容和实质问题经过高度概括化后形成的会议目标。通过它，会议潜在参与者可以了解会议的大体内容。选好会议主题是会议成功的重要因素。会议中所有发言、专题讨论、小组讨论及活动安排都要紧紧围绕会议主题。

会议议题是围绕会议主题并对会议主题具体化的数个拟讨论的问题。

下面以首届“世界佛教论坛”会议为例，来看看主题和议题的确定。

知识链接2—1：

首届“世界佛教论坛”会议

首届“世界佛教论坛”将于2006年4月13日至16日在浙江省杭州市和舟山市举行。会议主题为：“和谐世界 从心开始”。

“和谐世界”——不同国家、不同民族、不同宗教共同致力于建设一个持久和平、共同繁荣的和谐世界。

“从心开始”——心净国土净，心安众生安，心平天下平。

首届“世界佛教论坛”会议分议题如下：

1. 佛教的团结合作

着重探讨：佛教中和谐的理念，进一步发掘佛教教义中净化心灵、自净其意的丰富资源；增进佛教大乘与上座二乘、南北传、三大语系的团结与合作；推进新世纪僧伽教育的和谐发展，加强佛教教育与社会教育之间的互动；因应网络时代，推进佛教弘法利生事业；探讨佛教第七次结集的可行性；加强世界各地佛教组织的联系与合作；展望世界佛教青年活动的未来。

2. 佛教的社会责任

着重探讨：佛教与环保，增进人与自然的和谐；运用佛教伦理帮助提升社会道德，促进人与人之间的和谐；探讨佛教与科学的和谐关系；进一步推进佛教社会慈善事业，兴办慈善机构，扶危济困，赈灾救难；探讨身心净化与人类的永续发展问题。

3. 佛教的和平使命

着重探讨：人类的共存共荣问题，研究如何消解地区间纷争与冲突，共同建设人间净土；佛教对世界文化发展的贡献；如何增进世界不同文明之间的对话、减少文明隔膜与冲突。

（资料来源：http://www.longyuan.net）

知识链接2—2：

第六届亚欧财长会议主题

第六届亚欧财长会议的主题是“进一步深化亚欧财金合作”，主要讨论三项议题。

一、全球宏观经济形势，旨在促进财长们就对亚欧各成员国具有战略意义的宏观经济问题进行讨论和交流。财长们将重点讨论全球经济不平衡及全球经济可持续发展面临的挑战，如油价攀升，利率上涨及其应对政策。

二、全球发展问题，旨在促进亚欧对发展问题的对话。财长们将就两地区千年发展目标的进展进行审议，并对实现千年发展目标面临的挑战及其政策应对措施进行讨论。

三、深化亚欧财金合作，旨在通过具体行动促进亚欧财金合作，并探讨进一步加强亚欧长期合作的新途径。财长们将就天津倡议的四项主要内容，即亚欧信托基金、加强亚欧能力建设、亚欧会议更紧密经济伙伴关系工作组报告的后续行动及建立亚欧应对突发经济和金融事件的紧急对话机制等进行深入讨论。

（资料来源：news.xinhuanet.com）

2. 会议场地

会议场地包括：会议室、休息室/贵宾室、会中休息处、大厅、登记台、办公室、展览场地及其他区域。

会议室是开会的场所，同时又是放置会议电视设备的场所，因此会议室的设计合理性决定了会议电视图像的质量，也直接影响开会的效率。完整的视讯会议室规划设计除了可提供参加会议人员舒适的开会环境外，更重要的是逼真地反映现场（会场）的人物和景物，使与会者有一种临场感，以达到视觉与语言交换的良好效果，由会议室中传送的图像，包括人物、景物、图表、文字等，应当清晰可辨。

会议室的类型。会议室的类型按会议的性质进行分类，一般分为公用会议室与专业性会议室。公用会议室适用于对外开放的会议，包括行政工作会议、商务会议等。这类会议室内的设备比较完备，主要包括电视机、话筒、扬声器、受控摄像机、图文摄像机、辅助摄像机（景物摄像等），若会场较大，可配备投影电视机（以背投为佳）。专用性会议室主要供学术研讨会、远程教学、医疗会诊使用，因此除上述公用会议室的设备外，可根据需要增加供教学、学术用的设备，如白板、录像机、传真机、打印机等。

会议室大小。会议室有大小之分，大会议室用于举行全体大会，小会议室用于召开大会的会议主席团会议、委员会秘书处会议、分组讨论会或者小型会议。会议室的大小与电视会议设备、参加人员数目有关。可根据会议所参加的人数多少，在扣除第一排座位到主席台后的显示设备的距离外，按每人 $2m^2$ 的占用空间来考虑，甚至可放宽到每人占用 $2.5m^2$ 的空间来考虑。天花板高度应大于 $3m^2$。

会议室的环境。会议室内的温度、湿度应适宜，通常 18℃ ~25℃ 的室温，60% ~80% 湿度较合理。为保证室内的合适温度、合适湿度，会议室内可安装空调系统，以达到加热、加湿、制冷、去湿、换气的功能。会议室要求空气新鲜，每人每时换气量不小于 $18m^3$。会议室的环境噪声级要求为 40dB（A），以形成良好的开会环境。若室内噪声大，如空调机的噪声过大，就会大大影响音频系统的性能，其他会场就难以听清该会场的发言。

休息室/贵宾室是会议贵宾或代表在会前或会议进行中稍作休息的场所，这种临时性的休息处对于一般会议出席者可安排在会议室外面的沙发上，而对于贵宾来说就需要有贵宾室作为单独的休息场所；会中休息处是会议中间休息时与会者喝咖啡或吃茶点的地方，也是与会者交谈、交流的场所。可以利用会议室旁边专门的房间，也可以利用会议室的后面或大厅、门口空闲处；大厅可以用作与会者现场注册（报到）、等待、集合、社交的场所；登记台一般设置于大厅内，用于与会者现场注册（报到）、交费等；办公室是会议组织者在会议期间办理会议事务的地方，为会议提供打字、翻译、复印、录音、传真等服务；展览场地用于举办与会议主题密切相关的附设展览；其他区域如存储区用于存放附设展览展品。

3. 会议室布置

(1)会议室桌椅的排列方式

下面是常用的排座方式：

礼堂式(Auditorium Style)/剧院式(Theatre Style)

这是最常用的排座方式之一，最前面是主席台，一排排坐椅面对主席台，中间留有较宽的过道。这种排座方式适合不用记太多笔记的大会、讲座和论坛等(如图2-1所示)。

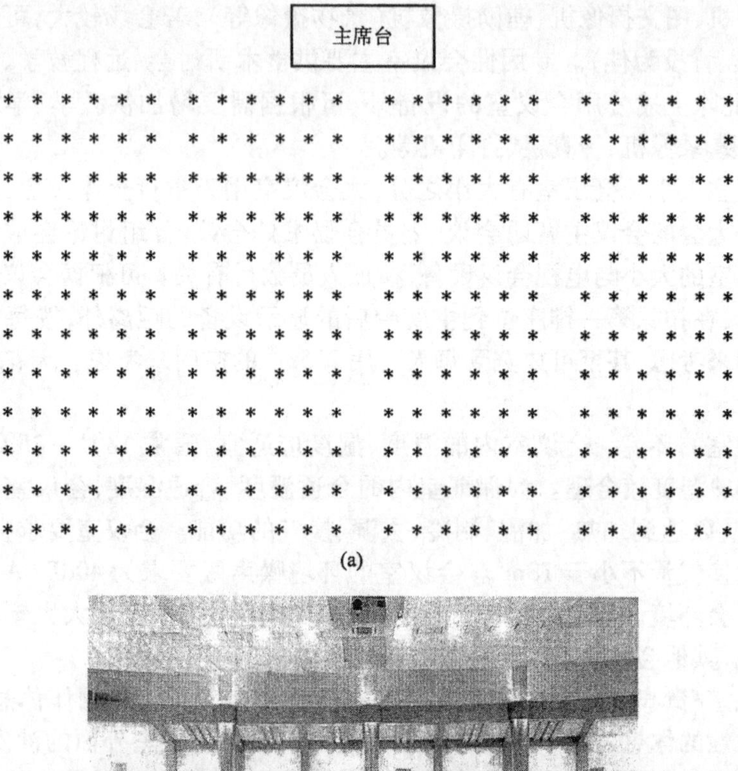

(a)

(b)

图2-1 (a)(b)(c)礼堂式/剧院式排座

(c)

图 2－1 续

特点是在留有过道的情况下，最大限度地摆放坐椅；观众没有地方放资料，也没有桌子可用来记笔记。

礼堂式/剧院式排座有多种变形，可以是半环绕形（图 2－2）、半圆形（图 2－3）及 V 形（图 2－4）。

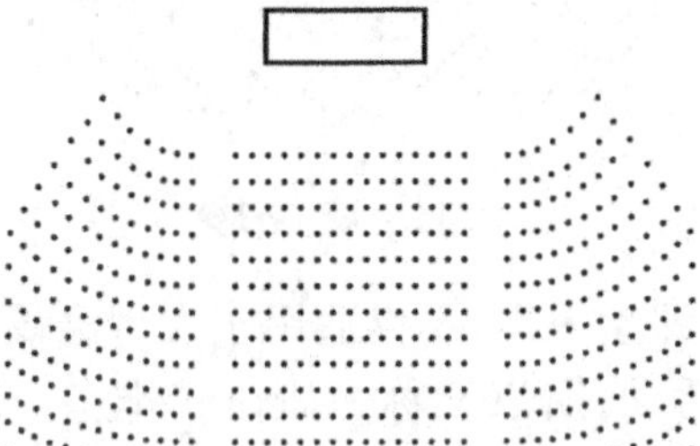

图 2－2 半环绕形

最后要注意主席台上的桌子是否围上桌裙，桌裙下摆是否和主席台上桌子的高度一样。

教室式/课堂式（Classroom Style/Schoolroom Style）

教室式/课堂式（图 2－5）也是最常见的会议场地布置方法之一，最前面是投影屏幕或白板，接着是讲台，听众席上摆放桌子和椅子，与会者可以做记录。

图 2-3　半圆形

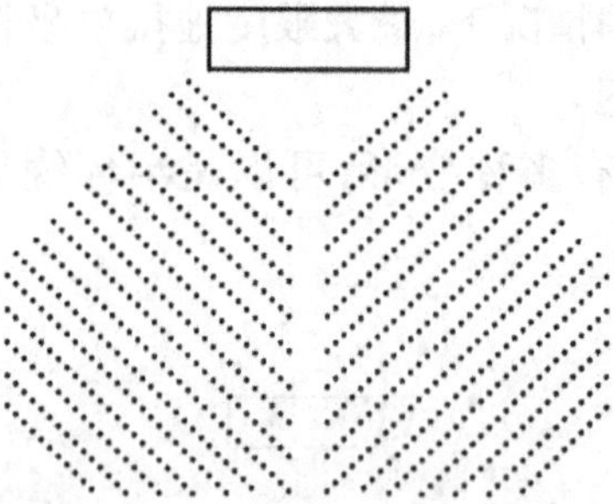

图 2-4　V 形

这种布置排列形式就像课堂一样，不仅适用于大型会议，也适用于小型会议、典礼、小型演讲会或讨论活动，所以又称为研讨式排座。可以结合房间面积和观众人数，将桌椅端正摆放或成“V”型摆放，每一排的长度取决于会议室的大小及出席会议的人数，中间留有 1～3 个走道，方便发言人走进与会者中间和大家交流。在安排布置上有一定的灵活性。其排座方式的优缺点基本与剧院式/礼堂式相似，可以增加会议的严肃气氛并将会议出席者的注意力集中到主席台，还可以最大限度地利用场地空间，所以场地小而人数较多的会议多采用此方式。但因有前后排之分，较难为看重平等身份和地位的会议出席者安排座位，并且前排往往容易挡住后排的视线。

马蹄形或“U”形(Horseshoe/U－shape)

马蹄形和“U”形的排座非常相似，主席台可以与与会者的座位相连，也可

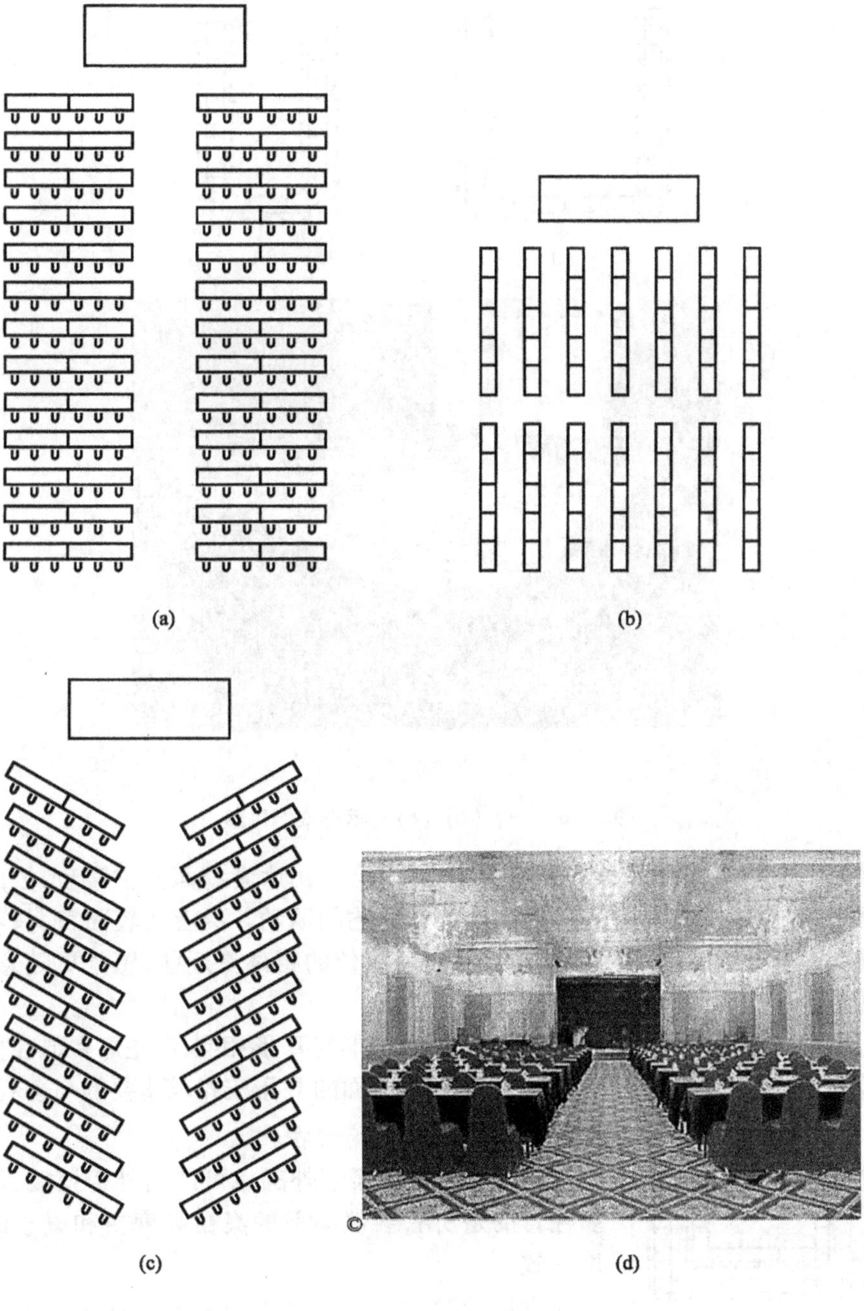

图 2－5 （a）（b）（c）（d）教室式/课堂式排座

图 2-6 (a)(b)(c)马蹄形或"U"形

以摆放于U形或者马蹄形的开口上方，每个会议出席者都面向主席台，彼此互不遮挡，适用于讲演者使用视听设备进行陈述的活动。两者比较而言，只不过马蹄形的布置形式把主席台和一般与会者座位的距离更近些，感觉更随意些，而且看上去排列的线条更柔和。

还有一种是叠层U形（图2-7），特点基本与U形相同，即主席台放在叠层U形的开口上方，而安排的人数较U形多，里面的U形安排较重要的与会者，外层的U形安排普通与会者。

图 2-7 叠层U形

椅子可以摆在桌子外围也可以内外都摆放，但需要注意的是所有会议桌前的桌裙高度要和桌子的高度一致。

方形（圆）中空式（Hollow Square/Hollow Circular）

这种布置适合不想安排主席台或将主席台与与会者桌子连接在一起以体现与会者各方身份与地位

平等的会议。会议桌摆成方形或圆形，也可以为多边形，桌子之间紧密相连，不留缺口，在其中间的空隙内，可以摆放一些花草装饰以增加会议的温馨感。坐椅安排在桌子的外侧，而且需要在桌子的内侧围上桌裙。

方形（圆）中空式排座（图 2－8）通常用于会议人数不多，最多为 40 人，规

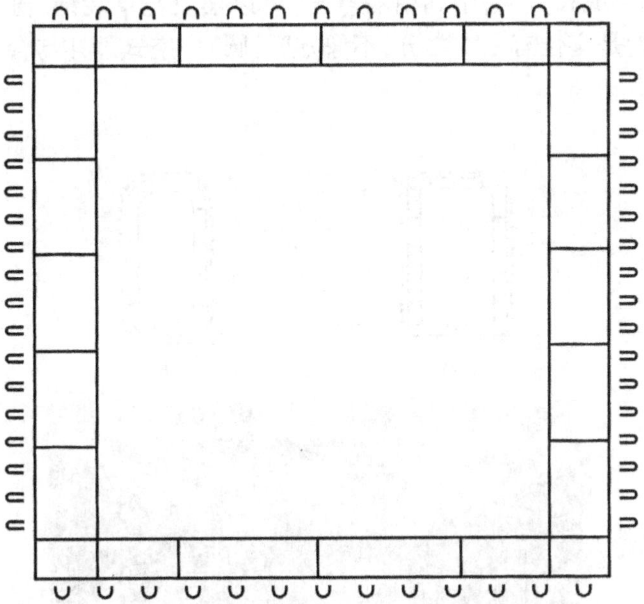

(a)

(b)

图 2－8 (a)(b) 中空方形排座

格较高,与会者身份都重要的国际会议或讨论。其中圆形布置适用于不具有谈判性质的会议,正方形或多边形适用于具有多边会谈或多边谈判性质的会议。

椭圆形(长方形)中空式(Hollow Oval/ Hollow Rectangle)

这种布置形式与方形(圆)中空式非常相似,将主席台与与会者连接在一起,形成椭圆形或长方形,中间留有空隙,可以摆放花草装饰,椅子放置于桌子外围。不同的是座位有主次之分,不像方形(圆)中空式那样与会者和与会者各方完全平等。

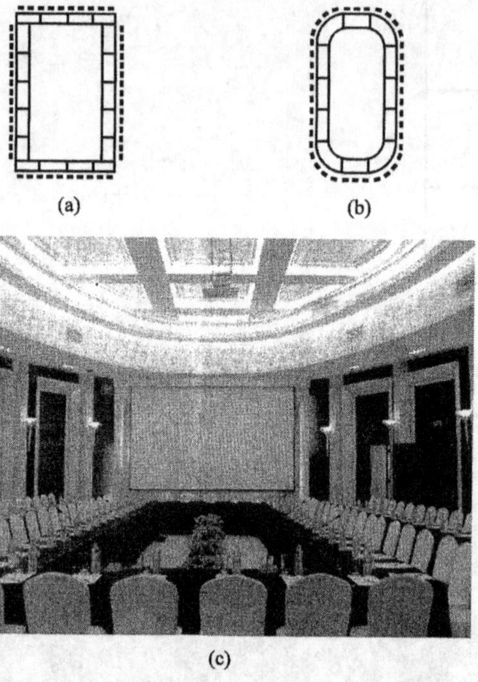

图2-9 (a)(b)(c)椭圆形(长方形)中空式

"T"形(T-shape)

"T"形排座是"U"形排座的一种变形。如图2-10,主席台中心部位伸出一排台子,由一排或两排会议桌椅面对面摆放,长度可按需要而定。适用于与会者人数较少的会议。

"E"形("E"-shape)

"E"形是"U"形排座的另一种变形,可以安排更多的与会者。在椅子之间留出一定的距离,可供人员走动。

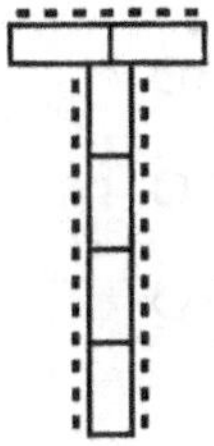

(a)

(b)

图 2－10 (a)(b)T 字式排座

长桌式或谈判式(Board of Directors)

小型会议最通常的排座方式是长桌式,也称为董事会式或谈判式或传统式。将长度相同的两张长形桌子并在一起按一行排座,长度可按实际需要而定。许多酒店的会议室通常都用上好质地的木桌和豪华舒适的坐椅,布置成固定的长桌式会议厅。椭圆形长桌式是长桌式的变形,只是在长桌式的基础上,两边分别加上一个圆桌就可以了。

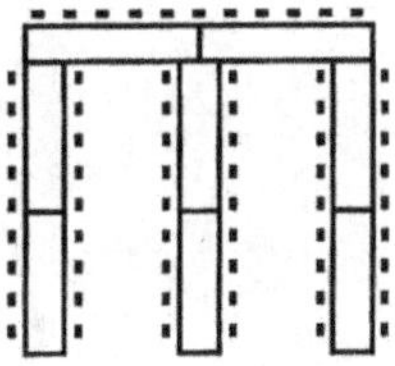

图 2－11 E 形排座

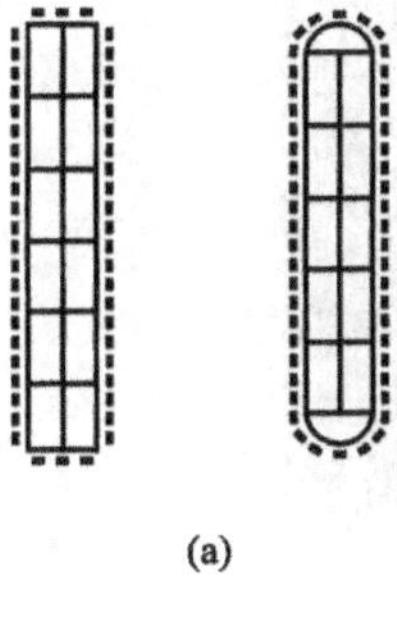

(a)

(b)

图 2－12 长桌式或谈判式排座

圆桌式(Round Table)

所谓圆桌式,是指一种平等对话的协商会议形式,与会者均围圆桌而坐,不分主次。在国际会议的实践中,主席和各国代表的席位不分上下尊卑,可避免其他排座方式出现的一些代表席位居前、居中,另一些代表居后、居侧的矛盾,

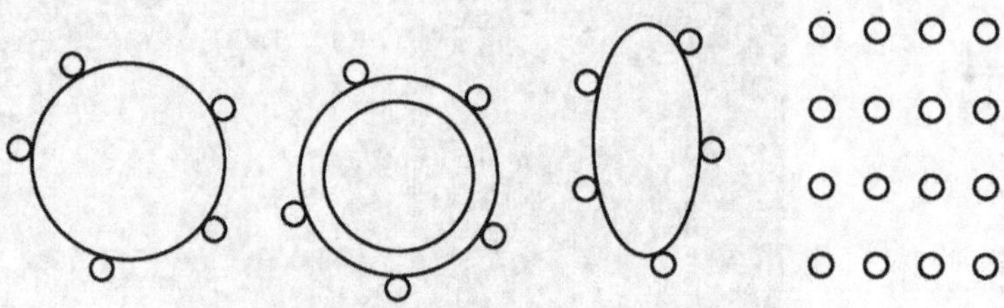

(a)

(b)

(c)

图2-13 (a)(b)(c)圆桌式排座

更好地体现了各国平等原则和协商精神。

圆桌式排列最经常见的是在宴会会场，所以又叫宴会式。多用于与酒会、饮食结合在一起的会议，中间的圆桌上可以放上鲜花或其他展示物，显得比较随意，很方便进行分组讨论，有利于调动与会者参与的积极性。

(2)会议室基本设施与布置

会议室一般配置讲台、JVC 实物展示台、音响、幻灯机、录像机、多媒体投影机、投影机架、VCD/LCD/DVD 机、银幕、录音等基本设施与设备。

为保证会议室供电系统的安全可靠，应采用三套供电系统。第一套供电系统作为会议室照明供电；第二套供电系统作为整个终端设备、控制室设备的供电，并采用不中断电源系统(UPS)；第三套供电系统用于空调等设备的供电。

接地是电源系统中比较重要的问题。控制室或机房、会议室所需的地线，宜在控制室或机房设置的接地总线上引接。如果是单独设置接地体，接地电阻不应大于 4W；设置单独接地体有困难时，也可与其他接地系统合用接地体，接地电阻不应大于 0.3W。必须强调的是，采用联合接地的方式，保护地线必须采用三相五线制中的第五根线，与交流电流的零线必须严格分开，否则零线不平衡电源将会对图像产生严重的干扰。

会场四周的景物和颜色，以及桌椅的色调也很重要。一般忌用“白色”、“黑色”之类的色调，这两种颜色对人体视觉会产生“反光”及“夺光”的不良效应。所以墙壁四周、桌椅均采用浅色色调较适宜，如墙壁四周用米黄、浅绿色，桌椅用浅咖啡色等，南方宜用冷色，北方宜用暖色。可以考虑在室内摆放花卉盆景等清雅物品，增加会议室整体高雅、活泼、融洽气氛，对促进会议效果很有帮助。

灯光照度是会议室需要考虑的因素。摄像机均有自动彩色均衡电路，能够提供真正自然的色彩，从窗户射入的光(色温约 5800K)比日光灯(3500K)或三基色灯(3200K)偏高，如室内有这两种光源(自然及人工光源)，就会产生有蓝色投射和红色阴影区域的视频图像。另外，召开会议的时间是随机的，上午、下午的自然光源照度与色温均不一样。因此会议室应避免采用自然光源，而采用人工光源，所有窗户都应用深色窗帘遮挡。在使用人工光源时，应选择冷光源，如“三基色灯”(R、G、B)效果最佳。避免使用热光源，如高照度的碘钨灯等。会议室的照度，对于摄像区，如人的脸部应为 500LUX，为防止脸部光线不均匀(眼部鼻子和全面下阴影)三基色灯应旋转适当的位置，这应在会议电视安装时调试确定。对于监视器及投影机，它们周围的照度不能高于 80LUX，在 50～80LUX 之间为宜，否则将影响观看效果。为了确保文件、图表的字迹清晰，对文件图表区域的照度应不大于 700LUX，而主席区应控制在 800LUX 左右。

4. 会议发言人

会议发言人是指在会议上发言、演讲、讲话的人。会议发言人的选择很重要,他(她)的名声、地位、水平等对人们是否参加会议有着重要的影响,关系到会议目标能否顺利实现的问题。所以,会议组织者应尽量邀请高级别的会议发言人到会,比如著名的人物或学术权威往往能吸引大量的人参加会议。

5. 会议通知

会议通知就是把要召开会议的各种信息以广告、小册子、通信报道、网页等形式公开告知潜在的与会者,以吸引他们注意并参加的一种会议宣传、促销方法。一般包括三轮会议通知。第一轮通知比较简单,主要告知会议的基本信息,包括会议的目的、主题;会议的日期;会议的地点;会议的联系途径等。第二轮会议通知主要关于论文征集。第三轮会议通知是关于会议注册报名的,包括邀请信、组织机构、会议发言人、会议主持人等的身份和报告题目、会议的详细议程、会议信息、会议注册及注册表、宾馆预订、会议娱乐活动安排、付款方式、退款须知、联系方式、地图等。

(二)会议的人员构成

所谓会议,是指人们怀着各自相同或不同的目的,围绕一个共同的主题,进行信息交流或聚会、商讨的活动。一次会议的利益主体主要有主办者、承办者和与会者(许多时候还有演讲人),其主要内容是与会者之间进行思想或信息的交流。

1. 主办者(Organizer)

会议通常都是由主办者举行的。主办者又叫发起单位,是对拥有会议的举办权并对会议承担主要法律责任的组织的统称。主办者主要可以分三类:公司、协会以及非营利性机构。公司和协会是会议市场的主要组成部分。

(1)公司

公司举办的会议具有的特点有:筹会时间较短,一般不超过一年;没有固定周期;年度会议可能选择在不同地点召开,平时会议基本选择在同一地方举行,市区酒店选择最多;由于是公司会议,雇员或员工必须出席,没有选择权;会议的期限较短,持续3天最为常见;对会议价格不敏感;与会人数可多可少,平均参加人数在20~100人之间;会议参加者类别有公司雇员(销售员和非销售员)及公司以外成员(分销商、零售商和消费者、使用者);由公司总裁(或其助理、秘书)、部门经理(或其助理、秘书)、市场营销部门、人力资源部门、商务会议策划人员、会议管理公司和公司内设的旅行社等管理者和部门对会议进行决策。

公司举办的会议类型有:全国和地区性销售会议、新产品发布会、专业技术会议、管理会议、培训会议、股东会议、奖励会议等。

(2)协会

协会举办的会议以会员以及组织的目标和任务为核心,举办会议是协会组织最主要的经济来源。协会的规模有大有小,组织的会议可以是国内会议,也可以是国际会议。一般协会筹备会议时间较长,提前很长时间进行考察和策划;开会的时间固定,地理区域模式明显;会议举办场所主要有酒店、会议中心、大学和学院、轮船、疗养地和主题公园、公共建筑等;所有会员自愿决定是否参加会议;协会会议的期限一般时间较短,大多数在 3 天左右;与会人数可多可少;协会会议的决策者为协会董事会、理事会、主席、会长、秘书长/选址委员会、工作小组/全体大会。

协会会议的类型有年会、地区性会议、大会、专题研讨会、董事会和委员会会议等。

(3)非营利机构

诸多公众团体、组织等非营利性机构也经常举办不同的会议。

2. 承办者(Host 或者 Contractor)

承办者指直接负责会议的实际策划、设计、规划、管理、运作工作的个人或组织。

(1)人选

承办者可以是主办方内部或外部的人选。如果承办的负责人来自组织内部,他需要在组织内部组建一个团队来完成会议的筹备和运作;如果来自外部,他通常是会议或者相关行业中的专业人士。现在,越来越多的会议策划与服务公司担任起会议承办者的角色。

(2)国际会议承办的方式

要争取主办一个国际会议,首先要了解该会议的组织章程规定的承办方式是采用哪一种,方能对症下药,争取成功。①会员轮流主办 。这种国际会议的争取主办方式较为单纯,只要加入国际组织,成为正式会员,就有机会主办,其轮流方式有以入会先后次序或国名英文字母顺序等方式排列的,也有以会员主动提出优惠条件,经会员或这个组织的监理会同意即可的。例如亚洲秘书协会组织会议就是以入会先后次序轮流主办。②地区性轮流主办 。有些重要国际组织会员分布在全球,每年或每两年在全球各地区召开一次国际会议,为了让分布在全球各地区的会员都有机会主办,可由相关地区有意争取主办的会员提出申请企划书或仅以书面方式表示有意承办,再由这个组织的监理事或特别成立的“评估小组”来表决,由获选的会员主办。一般来说,组织的知名度、会议的效益及权威性越高,会员之间的竞争也就越激烈。③竞标方式。这种方式对有意争取主办权的会员来说最具挑战性,然而这些会员竞争激烈的国际会议必定是全球知名的国际组织会议,令全球的瞩目,并具有权威性。

各类国际会议的承办方式及争取条件在相关国际组织的章程中皆有明列,争取会议主办之前，得先了解章程的规定及如何争取，才能事半功倍，争取成功。

3. 赞助商(Sponsor)

赞助商指那些以出资、实物或其他形式帮助和支持会议得以顺利进行的企业。许多大公司把赞助看成一种获得社会好感的公关手段，视为市场营销战略的一部分。对于赞助商们来说，会议的出席人数可能没有媒体有关报道的覆盖面重要，他们希望通过赞助拉近与客户的关系。除此之外还有协办单位、支持单位等。

4. 与会者(Attendee)

与会者指参加会议的国际国内注册者。

5. 贵宾(VIP)

会议常常邀请官员、影视明星、著名作家或当时的公众人物等贵宾参加会议或发表演讲，借助他们的知名度来扩大会议的影响。贵宾应该受到特殊的对待，有时需要特殊的保密措施、安全措施以及保护措施。

6. 其他与会议有关的人员

(1)临时工作人员

包括当地工作人员、表演者、模特以及临时工等。

(2)志愿者

志愿者是一个没有国界的名称，指的是在不为获得任何物质报酬的情况下，为改进社会而提供服务、贡献个人的时间及精神的人。

志愿服务泛指利用自己的时间、自己的技能、自己的资源、自己的善心为邻居、社区、社会提供非营利性、无偿性、非职业化援助的行为。

志愿精神：联合国秘书长安南指出，志愿精神的核心是服务、团结的理想和共同使这个世界变得更加美好的信念。

在大型会议中，往往需要大量的志愿者提供咨询、签到、现场联络、接待等服务工作。

以上与会议有关的人员的表现代表着主办单位，如果他们得到良好的训练，有着良好的服务技能，将会给与会者留下深刻而美好的印象。他们也是会议形象的代表。

第二节　展览基本概念

一、展览的概念与分类

(一)展览的概念

展览或展览会作为一个概念，《辞海》下的定义是：“用固定或巡回方式公开展出工农业产品、手工业制品、艺术作品、图书、图片以及各种重要实物、标本、模型等供群众参观、欣赏的一种临时性组织”。这一定义似乎并不准确,值得探讨。

展览指个体或组织通过一定的场所陈列其产品或服务,借以达到形象宣传、商业交流、促成交易等目的的一种营销方式。展览具有主题明确、场所固定、时间集中短暂等特点。

(二)展览名称的种类及含义

在实际应用中,展览会名称相当繁杂。英语国家中,有 exhibition, general exhibition, industrial exhibition, agricultural exhibition, consumer exhibition, international exhibition, regional exhibition, local exhibition, private exhibition, major exhibition, minor exhibition, solo exhibition, peripatetic exhibition, exposition, show, trade show, moveable show, road show, boat show, plane show, catalogue show, fair, multi-trade fair, trade mart, display 等。在中文里,展览会名称有博览会、展览会、展览、展销会、博览展销会、看样订货会、展览交流会、交易会、贸易洽谈会、展示会、展评会、样品陈列、庙会、集市、墟、场等。另外,还有一些展览会使用非专业名词。比如:日(澳大利亚全国农业日,Australian National Field Days),周(柏林国际绿色周,Berlin International Green Week)、市场(亚特兰大国际地毯市场,International Carpet and Rug Market)、中心(汉诺威办公室、信息、电信世界中心,World Center for Office-Information-Telecommunication)等,加上这些非专业的名称,展览会名称将更多。

展览会名称虽然繁多,其基本词是有限的,比如英文里的 fair, exhibition, exposition, show,中文里的集市、庙会、展览会、博览会。其他名称都是这些基本词派生出来的,下面说明一下展览会基本词的含义。

1. 集市

在固定的地点,定期或临时集中做买卖的市场。集市是由农民(包括渔民、牧民等)以及其他小生产者为交换产品而自然形成的市场。集市有多种称法,比如集、墟、场等。在中国古代,常被称做草市。在中国北方,一般称作集。在两广、福建等地称作墟。在川、黔等地称作场,在江西称作圩。还有其他一些地方称谓,一般统称作集市。集市可以认为是展览会的传统形式。在中国,集市在周朝就有记载。目前,在中国农村,集市仍然普遍存在,集市是农村商品交换的主要方式之一,在农村经济生活中起着重要的作用。在集市上买卖的主要商品是农副产品、土特产品、日用品等。

2. 庙会

在寺庙或祭祀场所内或附近做买卖的场所,称作庙会。常常在祭祀日或规定的时间举办。庙会也是传统的展览形式。因为村落不大可能有较大规模的寺庙,所以庙会主要出现在城镇。在中国,庙会在唐代已很流行。庙会的内容比集市要丰富,除商品交流外,还有宗教、文化、娱乐活动。庙会也称作庙市、香会。广义的庙会还包括灯会、灯市、花会等。目前,庙会在中国仍然普遍存在,是城镇物资交流、文化娱乐的场所,也是促进地方旅游及经济发展的一种方式。

3. 展览会

从字面上理解,展览会也就是陈列、观看的聚会。展览会是在集市、庙会形式上发展起来的层次更高的展览形式。在内容上,展览会不再局限于集市的贸易或庙会的贸易和娱乐,而扩大到科学技术、文化艺术等人类活动的各个领域。在形式上,展览会具有正规的展览场地、现代的管理组织等特点。在现代展览业中,展览会是使用最多、含义最广的展览名称,从广义上讲,它可以包括所有形式的展览会;从狭义上讲,展览会用以指贸易和宣传性质的展览,包括交易会、贸易洽谈会、展销会、看样订货会、成就展览等。展览会的内容一般限一个或几个相邻的行业,主要目的是宣传、进出口、批发等。

4. 博览会

中文的博览会指规模庞大、内容广泛、展出者和参观者众多的展览会。一般认为博览会是高档次的,对社会、文化以及经济的发展能产生影响并能起促进作用的展览会。但是在实际生活中,"博览会"有被滥用的现象。

英文展览会基本词的含义与中文的不大相同,下面做一些简单的说明。

5. FAIR

在英文中 Fair 是传统形式的展览会,也就是集市与庙会。Fair 的特点是"泛",有商人也有消费者,有农产品也有工业品。集市和庙会发展到近代,分支出了贸易性质的、专业的展览,被称作"Exhibition"(展览会)。而继承了"泛"特点的,规模庞大的、内容繁杂的综合性质的展览仍被称为 Fair 。但是在传入中国时则被译成了"博览会"。因此,对待外国的"博览会",要认真予以区别:是现代化的大型综合展览会,还是传统的乡村集市。

6. EXHIBITION

在英文中 Exhibition 是在集市和庙会基础上发展起来的现代展览形式,也是被最广泛使用的展览名称,通常作为各种形式的展览会的总称。

7. EXPOSITION

Exposition 起源于法国,是法文的展览会。在近代史上,法国政府第一个举办了以展示、宣传国家工业实力为目的的展览会,由于这种展览会不做贸易 ,主要是为了宣传 ,因此,Exposition 便有了"宣传性质的展览会"的含义。由于其他国家也纷纷举办宣传性质的展览会,并由于法语对世界一些地区的影响,以及世界两大展览会组织:国际博览会联盟和国际展览会局的总部均在法国,因此,不仅在法语国家,而且在北美等英语地区,Exposition 也被广泛地使用。

8. SHOW

在英文中 show 的原意是展示,但是在美国、加拿大等国家,Show 已替代 Exhibition。在这些国家,贸易展览会大多称作 Show,而宣传展览会被称作 Exhibition。

(三)展览的分类

展览的分类应考虑两个方面:一是展览的内容,即展览的本质特征,包括展览的性质、内容、所属行业等;二是展览形式,即属性,包括展览规模、时间、地点等。

(1)按照展览性质,可以分为贸易和消费两种性质的展览。贸易性质的展览是为产业即制造业、商业等行业举办的展览,展览的主要目的是交流信息、洽谈贸易。消费性质的展览基本上都展出消费品,目的主要是直接销售。展览的性质由展览组织者决定,可以通过参观者的成分反映出来:对特定行业人士举办的展览是贸易性质的展览,对公众开放的展览是消费性质的展览。具有贸易和消费两种性质的展览被称作是综合性展览。经济越不发达的国家,展览的综合性倾向越重;反之,经济越发达的国家,展览的贸易和消费性质分得越清。

由于贸易展览的观众局限于行业会员,所以需要在会前注册,提供本协会会员证明或在本行业工作的许可证明,以确保其符合与会条件。在贸易展览会上,参展商往往给与会的零售商们很大的折扣,从根本上说,展会的专业观众都是零售商。展会上的大部分销售也是由许多大的订单构成,订单签订后,商品从参展商的工厂直接运到零售商那里,而通常不是从展会上提取。而消费品展览会的观众是普通大众,只要购买相应的门票就可以入场。展出的商品类型广泛,并且可以在展会现场销售。它通常通过传统媒体如广播、电视和报纸进行广告宣传,有时也会使用直邮的方式。不管是贸易型展览会还是消费型展览会,展会的时间长短基本相同,通常是 4 天 3 夜。不同的是贸易展览会的观众来自世界各地或全国各地,需要入住酒店;而消费展览会的观众以当地人为主。他们几乎不会到酒店住宿,即使入住,最多也就是一个晚上。而且消费展览会的观众与参展商的比率要高于贸易展览会。据统计,贸易展览会的观众与参展商的比率只有 25:1,而消费展览会上的观众与参展商的比率是 63:1,甚至可以高达 444:1。

(2)按照展览内容,可以分为综合展览和专业展览两类。综合展览指包括全行业或数个行业的展览会,也被称作横向型展览会,比如工业展、轻工业展;专业展览指展示某一行业甚至某一项产品的展览会,比如钟表展。专业展览会的突出特征之一是常常同时举办讨论会、报告会,用以介绍新产品、新技术等。

中国展览业应当在参照国际标准、考虑中国国情的基础上尽快为中国展览会制定分类标准。中国国家统计局曾于1985年就国民经济部门分类提出建议。此建议是在研究国际流行经济理论以及国家经济分类的基础上提出来的。因此可以作为中国展览会分类的重要依据。

(3)按照展会规模,可以分为国际、国家、地区、地方展,以及单个公司的独家展。这里的规模是指展出者和参观者所代表的区域规模,而不是展览场地的规模。不同规模的展览有不同的特色和优势。

(4)按照展览时间,划分标准比较多。定期和不定期:定期的有一年四次、一年两次、一年一次、两年一次等,不定期展则是视需要而定;长期和短期:长期可以是三个月、半年、甚至常设,短期展一般不超过一个月。在发达国家,专业展览会一般是三天。在英国,一年一次的展览会占展览会总数的3/4。展览日期受财务预算、订货以及节假日的影响,有旺季、淡季。根据英国展览业协会的调查,3~6月及9~10月是举办展览会的旺季;12~1月以及7~8月为举办展览会的淡季。

(5)按照展览场地划分。大部分展览会是在专用展览场馆举办的。展览场馆最简单的划分是室内场馆和室外场馆。室内场馆多用于展示常规展品的展览会,比如纺织展、电子展等;室外场馆多用于展示超大超重展品,比如航空展、矿山设备展。在几个地方轮流举办的展览会被称作巡回展。比较特殊的是流动展,即利用飞机、轮船、火车、汽车作为展场的展览会。

展览会还可以根据参展商的来源,分为国际展览和国内展览。在我国,国际展览指在中国举办(承办)的且国际参展单位(商)参展面积达到该次展出面积20%以上的展览。国内展览指在中国举办(承办)的全国范围内的各类展览。

(四)展览的作用

人类的贸易起源于物物交换,这是一种原始的、偶然的交易,其形式包含了展览的基本原理,即通过展示来达到交换的目的,这是展览的原始阶段,也是展览的原始形式。随着社会和经济的发展,交换次数的增加、规模和范围的扩大,交换的形式发展成为有固定时间和固定地点的集市。17至19世纪,在工业革命的推动下,欧洲出现了工业展览会,工业展览会有着工业社会的特征,这种新形式的展览会不仅有着严密的组织体系,而且将展览的规模从地方扩大到国家,并最终扩大到世界。可见,在古代,展览曾在经济交流中起过重要的作用。而在现代,它仍在很多方面发挥作用,包括宏观方面的经济、社会作用和微观方面的企业市场营销作用。

1. 展览是经济交换(流通)的一种形式

展览是人类经济交换的主渠道,现在仍然起着重要的作用。展览是一种既有市场性也有展示性的经济交换形式。展览因经济的需要而产生并发展。几千年来,展览的原理基本未变,即通过“展”和“览”达到交换的目的。但其形式却一直在更新。当旧的展览形式不能适应经济发展的需要时,它就会被淘汰,被新的展览形式所代替。展览的发展取决于经济的发展,并反过来服务于经济。展览是一种特殊的流通媒体,从流通性质上讲与批发、零售等流通媒介相同。通过展览,买主与卖主签约成交,促成买卖,但是,展览也是有其特殊性的,有别于其他流通媒体。

2. 展览能显示经济发展趋势

德国政府早在20世纪50年代就指出:经济的发展在展览会上能得到反映,同时展览也影响经济的发展。贸易展览与经济发展的关系是两方面的。一方面是经济发展状况决定展览的兴衰,并在展览会上反映出来。另一方面展览所呈现出的主调也会影响、刺激经济发展趋势。但在发达国家,由于大型综合经济贸易展览会已基本消失,而众多的专业展览只能反映相关行业各自的状况和趋势,因此必须在观察一系列专业展览会的基础上分析掌握经济的发展趋势。

3. 生产商、批发商、分销商交流、沟通、贸易的汇集点

由于展览具有一般营销沟通工具的共性:广告、促销、直销、公共关系等特点,因而得到厂商的青睐。尽管展览会种类繁多,但其一个共同的特点是:信息高度集中。这一共同的特点,成为联系买家和卖家的纽带。展览会是人类发展史上最高效的营销手段,它在短时间内集中一个行业内主要的生产商、批发商、分销商及买主,成为他们交流商品信息、学习新技术及开展贸易的汇集地。展览为展商和采购商提供相互认识、相互洽谈并实现交易的平台,是参展商推介商品,扩大影响,开辟潜在市场的良好机遇,并提供了参展商之间,参展商与采购商之间,研究机构与参展商、采购商之间相互交流信息的机会,推动市场与经济的发展。

4. 展示品牌和形象,招商引资的一种有效手段

展览常常被用来展示城市、行业等成就、形象、环境,作为宣传、招商引资的一种有效手段。参展者是借助于展览这一形式来展示“展的”形象的。所谓“展的”,是指展览的组织者和参展者所要展示的物品及其所包含的内容,包括科学技术知识、社会经济发展成果、人物先进事迹、各种各样的商品等。而展的形象则代表了产品形象、公司形象、企业形象及品牌形象,开展综合公关,为企业发展创造良好的社会氛围。它还能给展地的旅馆、餐饮、交通运输、旅游、电信等

多个行业带来综合效益。这是政府支持展会,有时还主办展会的主要原因。

贸易展的主办者多为各种类型的商会、协会,或者是与其有千丝万缕联系的展览公司。在中国,政府或政府有关部门也经常介入这类展会。如果说教育性展览的主办者,是想通过举办展览强化某种观念、道德或艺术价值,那么贸易展的主办者,则主要是想通过举办展览,搭建一个平台,供参展商和观众(采购商与消费者)彼此见面,洽谈生意。主办者的中介角色是明显的。主办者的这一身份,直接影响了展览的功能。

从另外一个角度来说,展览的作用可以从直接与间接两个方面考察。直接功能指展览直接达到的主要效果,如商业展览中所获得的订单,投资贸易洽谈类展览所获得的投资协议等。间接功能是指展览会的衍生功能,如提高城市的知名度,促进城市建设与管理的改进,促进城市旅游的发展和商业的繁荣等。展览的直接功能,是相对于某一或某类展览而言;展览的间接功能,很大程度上是相对展览的一般特性而言,是一系列展览的共同结果。当然,由于不同展览会的档次差别,展览功能所发挥的作用是不同的。评估展览对一个城市的作用时,对间接功能的研究与把握是十分必要的。但是,对某一个展览或某一类展览而言,人们关心的主要是展览的直接功能。

5. 调查有关信息的场所

展览可以帮助参展商、客商准确把握行业发展趋势,制订符合实际的生产、经营战略、策略和计划。它是低成本的营销中介体。据有关资料介绍,就寻找一个客户的平均费用而言,它与推销员推销、公关推销、广告推销等手段相比是1:6。显然优于其他手段。以上这些功能作用,是参展商、客商青睐展会的客观基础,也是办展商办好展会的立足点。

贸易投资洽谈类展会是另外一类商业展,其"展的"不是一般的商品,而是招商引资项目,是当地的投资环境等。贸易投资洽谈类展会的功能可以归纳为以下几点:

第一,创造条件,使引资方业主与投资商有彼此认识、彼此了解的机会,探讨投资(贸易)合作的意愿、条件等。有人形象地把投洽会喻为婚姻介绍所。投洽会作为一种投资的中介活动,不能替代投资商做决策,主办者的责任是提供良好的服务,保证投资洽谈顺利进行。

第二,宣传中国及各地的投资环境,树立中国改革开放的形象。这里的投资环境是广义的,包括吸引外资的方针、政策、法规、优惠措施等,也包括基础设施方面的,如水、电、路、港口、机场等,还包括各地的资源、市场情况等。

第三,为某些地区、部门和大型企业展示自己的形象提供平台。

第四,开拓参展商与客商的视野,为更长远的合作打下基础。

表面上看,这四种功能可以独立存在。而一旦把某一个功能作为实现的单一目标,就会使投资洽谈类展会显得异常的单调、苍白,从而大大降低其吸引力。因此,投资洽谈类展览的四种功能,是一个彼此相互联系的整体,它们相互补充,相互倚重,相互影响。其中第一种功能是基本的,第二、三、四种功能是辅助的,从属的,是为第一种功能的实现服务的。

(五)展览系统①

现代展览是由若干相互联系的要素有机构成的一个系统,在这个展览系统中存在着五大基本要素:一是展览会的主体,即展览会的服务对象,是参展厂商,也即展览会的客户;二是展览会的经营部门或机构,即专业行业协会和展览公司,是展览会的组织者;三是展览会的客体,即展览会的展示场所,具体为展览馆或展览中心;四是展览市场,即参展厂商获取信息和宣传企业形象的渠道;五是参观展览的观众,即最终的用户和消费者。

1. 参展厂商——系统的动力层次

参展厂商亦称参展客户,之所以称参展厂商是系统的动力层次,是基于三个方面的原因:一是参展厂商为系统最基础的要素,是指参加展览会的企事业单位、团体以及个体,没有参展厂商的参与根本就不存在展览会。参展厂商之所以成为系统的动力层次,主要是由于市场的需求和参展厂商的存在,才产生了展览系统的其他要素;二是参展厂商是系统存在和发展的原始动力。如果没有参展厂商的展览行为,就不会产生展览组织者和观众的行为,也就无所谓展览系统了;三是参展厂商是系统活力的前提。参展厂商数量的多少和行为的活跃与否,直接关系着展览系统的生命力。

2. 展览组织者——系统的主体

凡以经营展览业务为盈利手段的单位都属于展览经营部门。目前我国的展览组织者有专营、兼营和代理三种形式。在成熟的展览系统中,展览组织者这个要素是指专营展览业务的机构和部门,即展览公司和一些行业协会。展览组织者必须具备两个条件:一是与特定的参展厂商发生业务关系,有特定的服务对象;二是创造出服务的产品——展览会,即提供展示环境和信息。展览组织者在展览系统中的作用使它成为系统的主体。这是因为,参展厂商虽然是活动的起点,但它只是以服务对象的身份提出自己的服务要求,至于展览以什么形式和如何组织,能够取得什么效果,参展厂商是无能为力的;展览场所(媒体)是展览的举办地点,它只能决定展览在什么时候举行,提供最基本的服务而一般不参与展览会的组织与运作工作;展览市场是展览赖以存在的条件,但市场

① 王晓鸣. 展览系统的基本要素. 来源:中国展会,新华网(2003-05-12 14:16:40).

的经济性质决定它是以被动的方式参与展览活动;观众(消费者)虽然是展览过程的终点,但观众是既定展览的接受者,也不可能参与展示产品的生产过程。在展览系统中,只有展览组织者处于核心和支配地位,他不但决定展览的性质、特点和形式,而且决定展览的最终效果,所以,展览组织者的状况决定展览系统状况。

3. 展会的媒体(展示场所)——系统的神经

展览媒体是指展示传播信息的媒介物,这种媒介物在展览上称为展示场所——展览馆或展览中心。展览项目策划出来后,如果不通过一定的方式集中向消费者展现其中的成果,展览的意义也就不存在了。在展览系统中,展览的生命在于展现和传播,媒体与展览组织者(主办单位)、市场和观众(消费者)发生密切的联系。参展厂商与展馆的联系通过展览组织者来实现。在展览系统中,展览场所的主要功能就是通过提供媒介及形象展示,付出智商,传播信息,其功能恰似系统的神经。

4. 展览市场——系统结构的纽带

狭义的市场是商品交换的场所,广义市场是指商品所反映的各种经济关系和经济活动现象的总和。展览系统中的市场是指广义的市场,因为展览系统是一个开放的系统,它所涉及的内容和经济关系远远超出了纯粹商品交换的范围。在这个系统中,既有以展览为媒介反映参展厂商和消费者关系的商品交换行为,也有反映参展厂商与展览组织者和展馆之间关系的分工协作行为,所有这些关系都不是狭义的市场能够反映和包容的。在展览系统中,市场这个要素的重要性随着商品经济的发展日益显著,一方面它使系统其他要素的功能发生有机的联系,实现商品交换;另一方面,市场以它特殊的功能调整着系统各要素之间的关系,因为各要素的行为方式的变化和行为结果,都要从市场中得到反馈,这样,通过市场这个媒介反映出的展览信息必然会影响各个要素的关系,并以此为据,做出相应的反应和调整。所以,市场是展览系统的纽带。

5. 参观展览的观众(消费者)——系统结构的起点和终点

消费者就是商品的购买者或使用者,包括生产消费者和生活消费者。消费者这个要素在商品经济活跃发展的条件下,其数量是很难确定的。它包括两个部分:一是在展览直接作用下,采取某种消费行为的消费者,如那些在商品展示过程中,在面对面的劝说下,引起购买行为的消费者;二是在展览间接作用下采取某种消费行为的消费者,如在广告宣传作用下采取某种消费行为的间接消费者的大多数是那些对某企业产品具有充分信任感的企业和个人,有时尽管厂家从未参加展览会或做过专门的广告宣传,但产品质量的优良使其成为消费者公认的第一选择,拥有比较稳定的顾客。正是由于大量间接消费者的存在,展览与广告在传播中的作用各有异同，展览中又含有广告，使展览系统中的消费者难计其数。在展览系统结构中，消费者是一切展览行为的起点。从社会再生产过程中看，如果没有消费，便不可能存在有目的的生产，没有生产便不可能产生参展厂商，也就不可能有其他行为，消费者还是展览行为的终点，因为展览活动的最终目的是为了满足消费者的购买和选择的需要，展览效果的好坏也要由消费者最后判定。因此，没有消费者的行为，展览活动既失去了目的，也无法最后完成展览的全过程，所以，消费者是展览系统的起点和终点。

从以上分析可以看出，现代展览特别是经济贸易展览是由一系列要素有机联系在一起的一个系统，构成这个系统的基本要素是参展厂商、展览组织者、展览场地、市场和消费者。按照系统论的方法可把现代展览定义为：展览是具有法人地位的厂商出资，通过展览组织者策划的组织，利用展览这一特定的媒介向市场和消费者显示商品和劳务的信息，以达到一定经济目的的商务活动。

从展览系统结构的分析还可以看出，系统内各要素的相互作用方式是由它的各自的功能、作用、对象和它们在系统中的位置决定的。从社会再生产观点看，消费者在系统中处于起点和终点的位置，各要素作用的方向都朝着消费者运动，相互作用的各要素最终服务对象都是消费者（最终用户）。参展厂商是展览系统得以维持和生存的基础动力，厂商与消费者之间的矛盾根源于商品的个别劳动与社会劳动的矛盾。为解决这个矛盾，厂商辅之以展览来加快商品的交换，于是派生出展览组织者、展览场地与其市场的相应功能。

二、展览活动中的若干基本概念

（一）与展览内容有关的概念

1. 展览总面积（Exhibition Total Area）

展览总面积用于衡量展览会的规模大小，指的是其占用场地的面积，以平方米（m^2）表示。

2. 展出净面积（Exhibition Net Area）

指用于实际销售或展出的展位面积总和，以平方米（m^2）表示。

3. 展台

展览会中的展台是参展企业开展工作的环境，其设计不仅要能吸引观众，而且应使观众留下难忘的印象，它最终体现的是参展企业的形象和意图。通常参展商会雇用一家指定的展览承包商（EAG）来完成展台的搭建、设计、安装及拆卸的全部或部分工作。展台的位置由主办者全盘规划，按照产品和服务的内容、行业、地区等因素安排展台的位置，或者是以展位费的多少来区分位置的好坏。总之，参展商越早将参展申请递交给大会主办者，越容易得到好的位置。

一般来说,展览会上的展台有两种,一是标准展台,二是特殊搭建的特装修展台。

(1)标准展台(标摊)。除国内某些大型商品订货会仍采用面积较小的展位外,通常展览会的展位面积是9平方米(3m×3m),为标准展台,特殊情况下也有12或者15平方米的。最低配置为3面围(展)板(高约2.5米)、中英文名称展位檐板和常规照明(两只射灯或两只日光灯),一般配置还有一个插座、一张咨询桌、两把椅子,有的还提供地毯等。插座一般为220V 5A,限用500瓦,仅供电视机、录像机、手提电脑等使用,若需特殊照明或驱动机械,可另外向主搭建单位申请电源(如图2-14所示)。

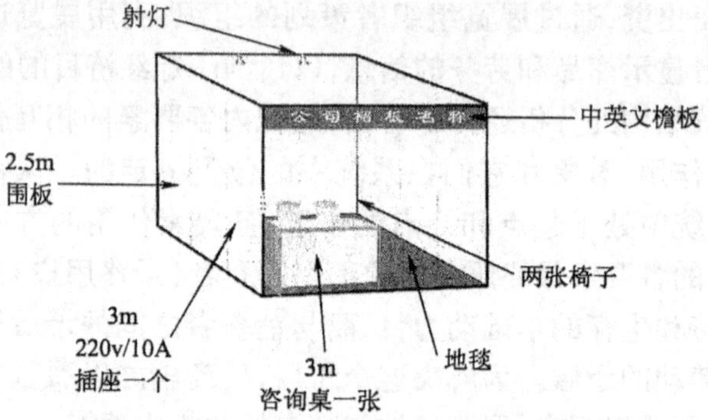

图2-14 标准展台

铝材、展板都是用于搭建标准展台的组合材料,而且展览会负责标准展位的搭建,展墙、桌椅都采用防火材料。如参展商对标准展位内所提供的装备未能全部利用,主办方不退还未利用物品之款项。如果增加装备需另付费;参展商如要求对标准展位内装备的位置进行移动或减少、增加装备,必须提前将变动方案报给主办方。一般来说,除增加装备外,价格不变,没有提前上报,视为现场变动。现场的任何变动都有可能产生费用,收费标准由展架承建商提供。参展商租用标准展位,须遵守以下规定:由于标准展位结构承重有限,任何挂饰重量不能过重;为安全起见,参展商不得擅自改动展架结构或拆除展架的任何部分;禁止在展架上涂画;不准在展板上直接黏附材料(如双面胶)和使用油漆或喷涂物及使用钉子等任何可能对其造成破坏的物品;参展商如需在展墙上粘贴物品,应在撤展时负责清除粘贴物;展位内独立装置不得超过2.5米高,不得超出所分配的位置区域;如因参展商不遵守以上规定造成展架及装备损毁,由参展商负责赔偿。

还有一种称为变形标摊,是在标摊的基础上增加装饰的展台。适用于租用两个以上标准展位的参展商。变形标摊在标准展位结构基础上,对檐板、立杆、墙板及射灯、咨询台等进行适当变化,以突出参展展团的统一形象,提升参展商展团的展览效果。"标准展位变形"简洁明快,实用性强。变形标摊的基本配置包括:三面墙板(拐角处展位二面墙板,另一面由檐板替换);展位有效面积内满铺地毯;射灯(数量根据设计需求);电源插座一个;咨询台一张、折叠椅两把等。标准展位变形需办理申请手续,向组委会提出标准展位变形申请,组委会派出专业承建商免费进行设计,提交效果图。根据设计图纸,承建商提供报价,签订搭建施工合同,并在指定时间内完成展位搭建工作。

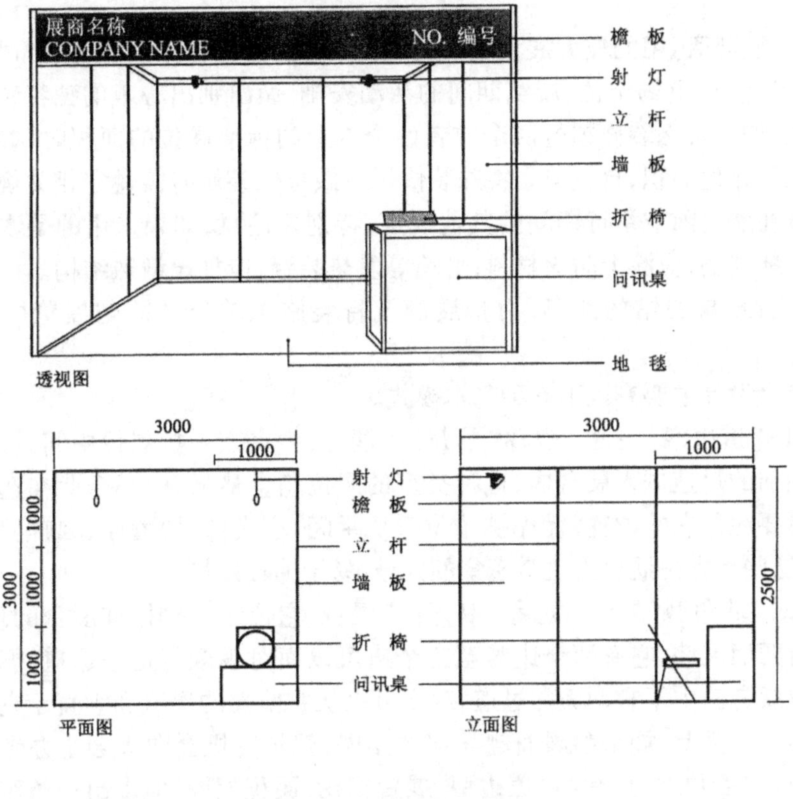

图 2-15 标准展台示意图

注:不得在展架和展板上使用钉子等任何可能对其造成破坏的物品。

展商如需在展板上粘贴物品,应在撤展时负责清除粘贴物。

(2)特殊装修展台(Raw Space with Special Decoration)。指由参展商自行或委托专业机构专门设计并特别装修的展览位置及其所覆盖的面积。也即经过专门设计,在光地租用面积上特殊搭建的展台。这里要提一下光地的概念,光

图 2-16　标准展位变形示意图

地指的是实际租用的较大展览面积，无任何设施，参展商可以根据公司产品特点、技术特点、市场定位、展览期间的活动安排，做出别出心裁的独特装修。一般来说，如果特殊装修超过四个或者四个以上的标准展位的面积时，参展商可以只预订光地面积，自行策划特殊装修。在做特殊装修时需遵守相关规定以及主办方在展出前或举行期间的其他规定，特别要注意，如果采用的是木结构的展架和装饰物，应涂上防火材料；灯箱等发热装置，应加设散热结构。一旦因特装搭建引发与展馆的纠葛，由参展商及特装施工单位共同与展览中心协商解决。

展台设计主要有以下 6 种基本模式。

(1)"道边型"展台。也称"单开口"展台，它夹在一排展位中间，观众只能从其面前的过道进入展台内，这种类型的展位租金最低，中小企业在选择这类展台时要注意它的位置，优先挑选位于洗手间、小卖部、快餐厅、咖啡屋附近的展台，这些地方是展会人流最密集的区域，易于捕捉商机。

(2)"墙角型"展台。也称"双开口"展台，它位于一排标准展台的顶端，最多只有两面展墙，它有两个边甚至三个边可以面对观众行走的通道，能更多接触到参观者。由于它两面邻过道，观众可以从它前面的通道和垂直于它的过道进入展台。因此，如果参展商越早申请参展，就越有机会向大会主办者寻求该种展位。"墙角型"展台与"道边型"展台相比，面积相同，但多出一条观众进入展台的侧面过道，因而观众流量较大，当然租金也要比"道边型"展台高出 10% ~15% 。

(3)"半岛型"展台。展台是由 4 个及其以上的背对背式的标准单元组成，以 1 层或多层的方式进行展出，而且观众可从三个侧面进入这种类型的展台，其展示效果要比前两种好一些，企业在选择这种展台时，应该配合做好特殊装修才能达到满意的效果。

(4)“岛型”展台。由4个或以上标准单位所构成的具有一层以上展示厅的展位,四边朝外。它在四种类型的展台中租金最高。它与前三种类型的展台不同,观众可以从任意一个侧面进入展台内,因而更能吸引观众的注意力。这类展台适于展示,广告效果好,因而设计起来更为精心,搭建费用相对较高,它是大型企业参加展会之首选。

“半岛型”展台和“岛型”展台属于光地特装展位类型。

(5)展示区域。为参展单位的工作人员介绍、讲解、演示或试验产品或与观众互动的展示空间区域。这部分区域不能干扰任何人流通道,而且任何样品或产品演示所用的桌子必须放于至少离过道线2英尺的地方。

(6)展示塔。展示塔是独立的展示部分,与展台的展示实体相分离。

另外,展台工作人员的配备也是展览成功的关键因素之一。关于展台的人员配备,可从四个方面加以考虑:根据工作量的大小决定人员数量;按展览会的性质选派合适类型或相关部门的人员;根据人员的基本素质及个性进行选派;对展台现场的工作人员加强专业知识的培训及产品性能的培训,包括专业知识、产品性能、演示方法等,以增加他们对产品的了解和熟悉程度。

4. 展品

展品指展览会现场展示的实物或无形的产品(如软件、金融、保险服务等)。展品是给观众留下印象的最重要因素,所以,确定参展商品非常重要。要知道,国内外客户关心的是最新或质量最好的产品,不应展出过时的产品。展品选择应依据针对性、代表性、独特性等三项原则进行。针对性是指展品要符合展出的目的、方针、性质和内容;代表性是指展品要体现展出者的高新技术、生产能力及本行业特点;独特性是指展品要有自己的独到之处,与同类产品相比,明显有区别。

5. 参展商(Exhibitor)

参展商是参加展览并租用展位的组织或个人。参展商有境内外之分。境外参展商(Overseas Exhibitor)指以境外注册企业或境外品牌名义参加展览的参展商。在我国,国际参展单位(商)指大陆以外的参展单位(商),港、澳、台地区计算在国际参展单位(商)中。该指标是全年国际参展单位(商)个数的累加。参展单位(商)个数可重复计算。

6. 虚拟展览

(1)何谓虚拟展览。虚拟展览即通过国际互联网,使用虚拟现实技术组织的展览。展会主办单位将参展单位的各种信息以多媒体电子文件的形式存放在互联网的某个服务器里,供在世界各地的人们查阅展品信息或公司资料。这是一种为参展商提供的每日24小时,每星期7天不停的展览服务。

(2)虚拟展览如何运作。通过先进的网上展览平台,参展商可以24小时展示自己的产品,不管有没有现实展览。即使有现实展览,也可以于现实的展览会前、期间及会后在互联网上展示他们的产品。参展商可通过虚拟展览,让观众增加对其产品及服务的认识。同时增强承办单位、参展商和观众之间的互动性,使参展商能够更有效地推广企业的形象和产品,更加容易掌握市场对其产品的实际需求。

(3)虚拟展览的特色。崭新的宣传媒体:有别于传统的媒体渠道,参展商可以在互联网上展示他们的产品,以加强市场的渗透率及开拓新的商机。增强互动性:通过先进的网上展览平台,增强了承办单位、参展商和观众之间的互动性。无地域时间限制:参展商在网上推广其产品,不会受到地域及时间的限制。网上浏览指南:虚拟展览提供参展商的公司及产品资料并作有系统的分类。观众可按产品类别、地区或关键字搜索所需资料。网上工业社群:网上展览平台除了提供丰富的工业内容,亦为参展商和观众建立网上沟通渠道,以交流或分享最新的市场信息,形成业内人士的网上工业社群。

(4)如何加入虚拟展览。虚拟展览由展会主办单位提供,特设两种虚拟展览组合供有兴趣的参展商及广告客户选择,内容如下。

标准虚拟展台。每个参展商可获得一年免费的标准虚拟展台;非参展商,只需缴付很合理的价格,亦可加入虚拟展览。一个标准虚拟展台包括:公司资料[包括:公司名称,公司地址、电话、传真、电邮(包链接)及网址(不包超链接)];产品照片一张;产品名称及简练的产品介绍或公司简介。

精选虚拟展台。精选虚拟展台是标准虚拟展台的升级服务。除了一般的标准虚拟展台的内容外,精选虚拟展台容许参展商显示更多照片、网上视频及额外的联络资料,以提供更丰富的公司及产品资料。一个精选虚拟展台包括:标准虚拟展台一个(公司网址包超链接)、产品照片10张或10分钟网上视频、产品名称及1 000字以内的产品介绍或公司简介。虚拟展台是一个若干像素的网页,所有照片以GIF或JPEG格式上传。

(5)虚拟展览与传统展览的区别。与传统展览相比,虚拟展览的优点主要体现在以下几个方面:第一,费用低廉。维护一个网站的费用要比传统展览中的场地租用费低廉。第二,跨越时空。由于虚拟展览的出现,对参加展览的观众来说,地域界限已经不是一个制约其参展的因素了。网络的全球化使得虚拟展览成为名副其实的无边界展览。同时,由于网络在24小时都是开放的,所以观众可以全天候、多次参观展览,且收费低廉。第三,展览的组织工作相对简单。由于虚拟展览不需要搭建展台,不需要来回运输展品,因此展览的组织者所需承担的协调任务相对而言要少得多。第四,更有助于收集观众的信息。因为网上参观展览的观众在进入虚拟网站时会被要求登录个人信息,如 E – mail 地址、国籍、公司名称、所属行业等。这些统计资料有助于分析和预测观众对虚拟展览的要求,进而更有效地为以后的展览进行营销。

与传统展览相比,虚拟展览的不足之处主要体现在以下几个方面:第一,网络的带宽大小影响观众的进入及参观虚拟展览的速度。带宽或网络服务器容量不够大,往往会影响到下载或浏览的速度。第二,虚拟展览并非适合所有产品。如食品展就不能在网上进行,因为网络只能吸引人类五官中的听觉与视觉,而无法刺激人类的触觉、味觉和嗅觉。此外,机械产品和其他工业设备也不适合网上展览。因为,参加展览的人都希望能够亲眼目睹产品功能及其生产能力,而不满足于仅仅观看虚拟展览的多媒体图片。由于购买一件结构复杂的机器花费巨大,因而,亲手触摸和现场察看显得尤其重要。第三,削弱了人际间的交流。虽然网络交易快速高效,但由于交易双方无法直接感受对方而很难建立买卖双方的相互信任和尊重,因而没有完全得到商人的青睐。第四,参展商无法通过虚拟展览了解竞争者与消费者的情况。网络交易造成企业无法判断消费者的消费偏好和购买习惯,也无法知道顾客(浏览者)是否从其竞争者那里购买了产品以及购买数量。因而,作为营销工具,虚拟展览还处于一个相对弱势的位置。

知识链接 2—3:

常年不落幕省钱又省力“虚拟展览”初展魅力

(解放日报讯)在网上进行的虚拟展览正向我们走来。CHINA 通信网主办的“Internet 2000 国际通信博览会”,从 7 月份招展以来,西门子、爱立信、大唐、华为等 85 家中外企业订购了网上展台,10 个“展馆”中的 3 个已告爆满,没正式开展已有 9 万名性急的观众上网参观。

所谓虚拟展览,它的展台就“搭”在互联网上,参观者用鼠标“逛”展会,与参展者之间的交流也通过网络进行。记者在国际通信博览会“现场”看到,每个“展馆”被容纳于一屏画面中,分割为 40 块大约 3.5 × 1.2 厘米的长方形,每块就是一个“展位”,做成参展企业的名称或司标等。把鼠标移到某个展台,会跳出一段企业简介文字,参观者若有意进一步了解,点击一下鼠标便进入了展台,发放电子名片、下载资料、留言等,充分体现了网络的互动性。“展馆”画面上不时飘过几只彩色广告“气球”,上面写着企业的名称,点击它也能了解企业详情。虚拟展览也有会刊、新闻中心、技术讲座等,与实地展览比较,既“仿真”又很不一样。

上海每年要举办上规模的国际展览100多个，相比之下，刚冒出头的网上虚拟展远远不成气候。但是，随着网络技术的发展和互联网应用的普及，虚拟展览兴起是必然趋势，它潜在的诸多优势是实地展览做不到的。实地展览无论对主办方还是参展企业来说，都相当费力费钱，招展、订展位需传真、电话来往频频，运送样品、印刷资料、搭建展台等需投入大量心力，异地参展需订车船票找住宿地，企业的重要客户还需特邀前来参观并给予招待，如此一番"折腾"，而实际展出时间不过短短数天。网上展览，参展企业将图片和资料直接上网，或者由主办方协助一下，非常省事。论价格，以通信行业为例，实地展一个标准展位一般为五六千元，而虚拟展仅收1 000元，广告气球800元，此外无需其他花费，还可通过电子邮件广邀客户参观。在成本降低的同时，网上展览的时空影响扩大，若是常年不落幕的博览会，不期而至的客户也许来自世界各地。

网上展览初步展现魅力，不少实地展览也开始触网，本月中旬在上海开幕的第六届中国国际家具展览会就开通了一个"网络版"，把4天的实物展览与365天不间断的网络虚拟展示结合起来。随着网络带宽扩大，网上展览可以添加三维图像、多媒体等技术辅助，将更加逼真生动。

虚拟展览会其实是以展览会形式出现的电子商务平台雏形，当网上支付问题得到解决的时候，这个雏形可以很快转化为B2B交易平台，发挥更大的作用。据悉，一家虚拟全国商品展览馆"中国展台"即将开通，企业支付实地展览费用的5%左右，就能获得低成本开拓国际国内市场的契机。有人预言，网上开广交会、华交会的时代不会太遥远了。

（资料来源：http://www.tj28.com/zhxx）

（二）展览的人员构成

展览活动主要由六方人员构成：展览项目经理和成员、参展商、展览场地经理和员工、总服务承包商、观众、会议旅游机构。

1. 展览项目经理和成员

组建一个有凝聚力、团结高效的展览项目团队是开展展览活动的第一要务。尤其是展览项目经理，这个角色相当重要，他或她是展览活动的总指挥，一个具有创造能力的展览项目经理对参展商和观众来说，是十分关键的人物。其职责范围包括策划展会；组织参展商；与合作者签订合同；协调好与主办机构、主办地、媒体、赞助商、承包商、合作单位及其观众等各方面的关系。展览项目组的成员是协助展览项目经理成功举办展会的重要组成部分。这里重点介绍一下展览项目经理的工作。

（1）策划展会

展览项目经理作为展会组织方的负责人，首先搜集市场信息，进行可行性分析。需要了解、掌握产业信息包括,所属产业的性质、产业目前所处的发展阶段、生产总值、销售总额等,产业规模、产品分布、潜在参展商和专业观众,厂商数量、产品销售方式等相关的国内外信息。由于展览会很多,很难全面收集所有展会的资料,但至少应该收集到相关展览会的信息,如同类展览会的数量和分布情况、同类展览会之间的竞争状况、重点展会的基本情况等。

其次,展览经理需要确定展会的主题。展览的题材多种多样,选择在哪一个行业举办,需要将市场细分出来,根据细分市场的规模和发展潜力、细分市场的盈利能力、细分市场的结构吸引力和办展机构自身的办展目标与资源来筛选。展览经理一定要熟悉参展商所展览的产品的目标受众是哪些,并针对这些目标受众推出系列活动;同时,明确告知对方将有什么样的参展商及什么样的产品将在展会上推出,并针对专业观众或消费者的需求,组织一定比例的辅助产品的品牌企业参加。

最后,撰写立项策划书并付诸实施。撰写展览项目立项策划书主要是根据掌握的各种信息,对即将举办的展览会的有关事宜进行初步规划,进行展览会的市场环境分析,设计出展览会的基本框架,制订相关工作计划。在立项策划书的基础上,再进行可行性分析,按照以上提到的计划实施工作。

(2)组织参展商

展览经理作为展会的组织者,要尽其所能取得参展商的满意和信任。在现在激烈竞争的市场压力下,一种新型的在组织者与参展商之间建立起来的长期而基于双方利益的合作伙伴关系正悄然取代参展商和展会组织者之间传统的买卖关系。

(3)与合作者签订合同

展览经理需要根据法律的有关规定,与若干单位及合作对象签订不同的合同。为了保证各方对共同义务完全了解,合同中应该对所有关键事项进行规定。包括财务条款(包含付款期限)、取消条款、交货期限、各方的义务与权利,以及对交易货物或服务的详细描述。一般的展览合同包括参展合同、场地合同、展位搭建合同、赞助合同,有些还包括表演合同、视听设备租赁合同、宴会服务合同等。

(4)协调各方面的关系

对于展览经理来说,从展会策划到展会的现场管理再到展会结束以后的评估,他或她需要协调各方面的关系,解决来自内部或外部的问题,满足展会顺利开展的各项要求。其工作包括:协调与合作者的关系,认真挑选展会服务承包商和赞助商;协调与场馆之间的关系,确保展会规模;协调与观众之间的关系,满足观众或消费者的专业或消费要求;协调与新闻媒体的关系,扩大展会影响范围。

2. 参展商

参加展览会，对于参展商来说，是一个低成本的营销活动，更是参展商展示形象、联络关系和寻找客户的重要契机。专业展览会还是对本行业技术水平的一次检阅。事实证明，参展商通过参加展览，能提高人们对参展产品的关注程度，有利于开拓产品潜在市场，给观众或其他参展商留下深刻印象。

3. 展览场地经理和员工

展览场地就是举办展览的地方，参展商可以在那里搭建展位，向观众销售产品或提供服务。它可以是会议中心、展览馆、城市中心广场、停车场，也可以是购物中心、露天市场、体育馆、足球场等，这里主要讨论举办贸易展和消费品展的会展中心和展览馆。

近年来，会展业的快速发展对会展场地产生了更多的需要，促进了世界各地会议中心和展览馆的建设和发展。据美国会展业研究中心(CEIR)报道，美国和加拿大在1996年拥有展馆大约6.34亿平方英尺，当年举办了4 400个展览会。我国的展馆在21世纪也以前所未有的速度在发展，场馆总面积持续增加，规模也在不断扩大。2003年全国已经完成的新建和扩建场馆总建筑面积654 040平方米，其中新增室内展览面积463 284平方米，同时，还有579 000平方米建筑面积的新馆破土动工。近来新建的会展场馆规模逐渐与国际接轨，如上海新国际博览中心规划展馆面积为25万平方米，北京新国际展览中心一期总建筑面积为37万平方米，其中展馆面积将达20万平方米。

展览场地经理负责提供适合各类高科技现代展会需求的基本设施、场地场馆和相关的展览配套设施，如按国际展览会标准配备的供水供电、国内国际长途电话直播、无线宽带网络、中央空调、广播系统等，他(她)是保证展会得以顺利举办的重要组成部分。展览项目经理为展览场地经理带来经济效益，而展览场地经理为展览项目经理提供多项先进的展览设备与场地。从某种角度说，展览项目经理和展览场地经理不仅是展览场地的需供双方，更是亲密的合作者。任何一次展览的顺利举办都离不开两者间的有机协调与合作。

(1)场地经理的职责

作为会展中心或展馆的经理，他们的职责主要为：为所在的会展中心或展馆增加收入；降低成本的同时提供给客户高质量的服务；开拓新业务；了解客户和员工的需求；留住高素质员工并管理好；吸引高质量的项目和参展商。

(2)销售场地

展览经理基于展览项目的具体情况多方面考虑，慎重选择场地。场地经理必须了解展览经理的选择过程，能够解答展览经理提出的各种问题，消除他们的顾虑。其中重要的两个问题是场租的价格以及可用的场馆面积大小和空间安排。所以,设计展示示意图相当重要。

场地员工不仅要掌握场地情况,而且要了解展馆所在区域的情况。当场地员工推销自己的场地时,一定要保持良好的竞争意识,随时准备回答展览经理提出的各类问题,如为什么本场地最适合该展会。

(3)会展中心或展馆的管理

各个会展中心或展馆对部门的划分各不相同,但基本上大同小异。常见的有行政部、市场营销部、财务部、人力资源部、工程部、安装部等。

行政部。行政部是场地总经理和助理的办公地点。总经理在这里规划场地和员工的长远前景和目标,并制定政策来达到这些目标。他还监督所有的预算,负责和展览经理签订有关场地租赁合同,协调与其他部门的关系,指导员工工作等。经理助理则要监督每日运营及协调其他员工。他还要组织召开员工例会,出席展会开幕前的所有会议,确定相关事宜,协调其他展会与当前展会在建筑、区域、空间等方面的问题,并且协调观众停车、食宿等问题。

市场营销部。市场营销部的首要任务是与展览项目经理接触,然后说服他选择本场地作为其展览会举办的地点。销售人员必须能够回答展览经理的所有问题并消除他们的顾虑,并与展览经理建立良好的关系,使之成为长期的客户。

财务部。财务部负责有关场地日常运营和租赁的财务事宜。具体工作是记录、统计展览经理交付的场地空间租赁费用和其他服务费用,包括设备使用费、餐饮费、音像设备使用费以及其他费用。同时,也负责场地的日常财务工作。

人力资源部。当商品交易会和消费品展览会接近开幕的时候,员工总是需要临时的帮助,有时候需要大量的临时工或志愿者。一个展会场地举办一个4~5天的展会,在展会开始的前几天和展会期间,展会场地可能需要增加1 000多名工作人员,以保证展会的顺利举办。展会劳动力需求的短期变化对场地的人力资源部来说颇具挑战性。

工程部。工程部的工作人员负责场地的建设、建筑物的内部和外部维修,以确保一年内无论举办多少次展会,场地都可以安全运行。另外,还配合总体服务承包商为展会提供电、气和其他设施,协调参展商对所有设备的使用需求,并监督设备的安全使用,减少因疏忽造成的设备损失。

安装部。负责会场的布置和桌椅的摆放。

4. 总服务承包商

总服务承包商是为展览提供展览设计、摄影摄像、加工制作、现场布展,并提供标准展架、展览特装型材、便携式活动展架、高画质大型喷绘机、电脑设计系统和影视数字编辑系统及图片激光打印系统等先进的展览器材和设备的全方位服务的展览服务商。简而言之,总服务承包商是展会、大会和销售会议上从事材料供应,提供常规服务的公司。多数展会管理方会指派全方位服务的总服务承包商,他们有充足的设备和资源,为拥有众多展位的展会提供搭建和其他服务。也有一些特殊的专业承包公司,为展会提供某一方面的单项服务,比如提供和搭建音响设施、电视转播线路、植被装饰以及其他各种专业服务。

(1)发展背景

在展览行业发展的初期,并没有总服务承包商,只有制作标志、悬挂幕布或装饰展台的"装饰工"。如果参展商想要以某种方式来增强他们的展示效果,只有自己额外准备某些家具、地毯、标志、花卉和其他所需的物品。

随着各行业的发展,对展会的要求也越来越高,要求服务的范围越来越广泛,展会的总服务承包商应运而生。他们不再仅仅负责搭建9平方米的标准展位,而是提供管道、电气、标牌、保洁、电话、鲜花、视听和器材运输等多种服务工作。也就是说,组织、协调和执行等所有布展服务,都是总服务承包商的工作。

(2)服务职责

一般来说,展览场地是附带基本设施的场地,但也可能没有。展览经理一般要选择一家展览服务公司作为正式展会服务承包商,或称为指定搭建商。其服务职责包括:安排参展商品以及展览材料的运装、处理以及储存;提供展示设计示意图;提供一整套装潢设备,其中包括地毯、帷帐、专门物品以及其他展览附加用品;安装和拆除展台,包括为用户定制、设计和搭建展台;提供搬运、陈列展品、设备、产品服务;根据参展商要求的规格制作标语和旗帜;安全提供水、电、煤气等服务;提供视听服务;提供平面设计图,摆放植被花卉,提供摄像服务;张贴海报;其他相关的服务。

展览服务承包商从会前策划、展台搭建、展厅清洁到将所有参展器材运回本部,都要与展览策划人员并肩合作。几项比较重要的工作是:准备平面图报当地消防机构批准;与各类供应商,如视听产品经销商和花卉商签订合同;提供现场管理人员,监督指导展位的安装与拆卸等展览全过程等。

(3)招标

总服务承包商通过投标方式来获得业务。招标书由展览经理制作,招标书里列出了展览的详细要求,包括展览的方位、展位数量、展览类型以及参展商数量和类型。展览经理向多个总服务承包商发出招标书,要求参加竞标的总服务承包商提交展览服务计划书以及服务报价。根据各总服务承包商提交的投标书,展览经理在多个公司之间进行比较,挑选合适的供应商,参展商不得参加选标工作。

(4)合同的签订

服务商与参展商的合同是按照参展商服务手册签订的。服务手册包括信息、价格、展位物品订购表(包括地面铺垫、标牌、值班服务、电器及家具租赁、物品运输)等。通常,展览服务承包商还要将一些服务如鲜花、餐饮以及视听服务分包给专业承包商。但无论怎样,一般情况下,参展商都是与展览服务承包商就所有服务事宜直接签订合同。

在整个展览举办期间,从展前的展品搬运、展位搭建到展后的拆展,展览服务承包商管理人员自始至终都不离开现场,随时为参展商和主办方提供服务。

5. 观众

一个场面冷清,没有客商或参观者的展览会,注定是一个失败的展会,即使有众多的参展商。因为参展商的参展目标是专业观众。一个人头攒动、参观者众多的展览会也不一定是一个成功的展会,关键要看专业观众的多少。从某种意义上说,检验展会优劣的关键是,参展商的上帝——目标观众的需求是否得到满足。

专业观众的参观目的主要有:观看和购买产品或服务;从展览会中了解新技术、新思想;帮助做出购买决策。

6. 会议旅游机构

(1)背景介绍

欧美国家及会展旅游业发达的城市,对会展的行业管理的模式基本相同,即将会展与旅游的行业管理合二为一,多数将会展管理机构设于旅游局之下,由旅游部门统一管理。美国是最早成立会议局的国家,1896 年,首先在底特律成立了世界上第一个会议局,随后克里夫兰、大西洋城、丹佛和圣路易斯、洛杉矶等城市纷纷成立了会议局。1914 年,美国成立了国际会议局协会(IACB)。刚开始会议局只做会议的推广与服务,后来由于会议、展览和奖励而引发的旅游给会奖所在地带来的物质消费是非常可观的,并逐渐推广"旅游",于是在管理机构的名称中又加入了"旅游"一词,形成会议与旅游局的管理模式(CVB)。目前,几乎美国所有的城市都成立了 Convention and Visitors Bureau(CVB) 或者 Convention and Tourism Bureau(VTB,如 Chicago Convention and Tourism Bureau),充分体现了政府对会展业与旅游业的重视。法国巴黎的会展旅游管理机构的全称亦为"巴黎会议旅游局"(Paris Convention and Visitors Bureau)。英国伦敦也将会议、展览、活动、协会大会、商业会议、奖励旅游、节庆等统统纳入伦敦旅游发展局的管理范畴。慕尼黑的慕尼黑会议局,将会议与展览归为慕尼黑旅游管理办公室管理,负责会展时间与场地咨询、会展专业服务支持、场地现场视察、广告服务支持、多国语言导游及预订服务等全面服务。

在亚洲，新加坡在旅游发展局(Singapore Tourism Board)下设立了新加坡旅游局商务旅行与 MICE(会议、奖励旅行、交流会和展览)部门的一个专门机构——新加坡展览与会议署(SECB)。作为旅游业发展的一个重要领域，由策略组一部和二部、商务活动服务部、产业规划与开发部和新加坡体验等四个部门组成的 SECB 的主要任务就是建立新加坡商务与 MICE 目的地以及世界交流之都的地位。日本官方负责商务会议和奖励旅游的机构是日本会议局(Japan Convention Bureau，JCB)，为国家旅游机构(Japan National Tourist Organization，JNTO)的一个下属机构，专门负责会议、奖励旅游、节庆活动的促销与推广。中国香港旅游发展局下设香港会议局，从会议、展览、企业会议及奖励旅游等四个方面专门负责促进香港会展业与旅游业的一体化发展。

(2)提供的帮助与服务

根据市场开发的业务性质，会议旅游局与其下属的会展中心建立密切的业务关系。在许多情况下，CVB 负责场地设施使用的时间安排。然而，多数的 CVB 扮演当地城市会议设施的市场开发和营销者的角色，负责新业务的开发和服务协调工作。

开发新业务。会议旅游局的工作人员通过信件、印刷资料、电话联络等方式直接联络展览经理，推广城市与进行会展整体营销，树立会展城市形象。或者经常与会议行业组织结盟，参加一些面向组织领导层和会议策划者的贸易展览，目的在于了解组织以及会议策划者的需要。

提供的服务。会展管理部门提供的服务基本上包括以下几个方面：注册、发放证章；为旅游者和与会者的家庭成员提供城市参观服务；为参展商和客户的娱乐活动提供场地，为客户提供不同的饭店供其选择。大多数 CVB 拥有会展服务部，直接与会展经理协作，协助展览经理解决各种问题，包括宾馆、交通以及其他需要方面的服务问题。

(三)其他相关概念

(1)独立办会(展)。指一个单位单独举办的、不与其他单位联合举办(承办)的会议(展览)。

(2)举办(承办)展览个数。指一年内企业所举办的各种类型展览的总数，包括国际和国内展览。

(3)合同金额。指参展单位(商)之间通过展览平台达成的成交项目的合同金额。

(4)专业性展览会[Professional Exhibition (Show, Fair, Exposition)]。在固定或规定的地点、规定的日期和期限内，由主办者组织、若干参展商参与的通过展示促进产品、服务的推广和信息、技术交流的社会活动。

(5)公众/消费类展览。向公众开放的展览。

(6)商业/行业内展览。只对某个行业内有资格的成员开放的展览,有时也称为“贸易展览”。

(7)AIF(参观者的兴趣因素)。至少参加某类展览10场中的两场的参加者的百分数,这一数值的国内平均值为48%。

(8)ROI(投资回报率)。展览所带来的收益与花费在展览上的资金的比值。

(9)展览说明书。用于吸引潜在参展商参加展览的宣传材料。

(10)特殊装修展位面积比(Ratio of Area for Special Booth)。特殊装修展位面积总和与展出净面积的比值。以百分比(%)表示。

(11)专业观众(Professional Visitor)。从事专业性展览会上所展示产品的设计、开发、生产、销售、服务的观众,以及用户观众。这里所指的产品可以是有形的产品(如机械零件),也可以是无形的产品(如软件、服务等)。

(12)展览等级(Grade)。用于划分专业性展览会质量差异的级别设定。用英文大写字母A、B、C、D表示。

(13)自办展。指会展中心或会展场馆自己策划和组织的展览会。

(14)PCO。专业会议组织者。从狭义上讲,PCO(Professional Conference Organizer)指专门的会议策划和组织者,他们是会议服务公司、DMC或从事会议业务的旅行社的核心力量;从广义上讲,PCO指专业会议公司,它与DMC之间属于上下游的业务关系。换句话说,PCO要掌握整个会议的大方向,包括会议的类型、主题、选址以及预算等;在将会议案交到DMC手中之前,还必须对会议所能达到的效果做出评估,并对此担负最大责任。

(15)DMC。是英文Destination Management Company的缩写,即目的地管理公司。即利用本地知识、专业技能及业务关系来专门设计并协调会议活动和会外活动,安排游览,配备人员,组织交通的专业管理公司。这类公司为一个城市招徕会议,并为会议代表及其家属安排住宿、餐饮预订、机场接送、娱乐、技术服务或其他特别项目。其英文叙述则是这样的:Destination Management Company is a company that specializes in the organization and logistics of meetings and events. The key word when working with a DMC is “Customized”, no matter what the event or the occasion, the DMC will always find a surprising and tailor – made solution.

DMC应该是一个能够提供符合客户要求的专业会展组织接待管理的公司,是将会展的各环节落到实处的重要操作者。为使整个活动达到最佳效果,DMC必须对活动选择的目的地了如指掌,大到了解目的地的概况,利用当地的风土人情凸现会议的主题;小到会议场地的情况甚至会议室与厨房间的距离,是否会产生油烟、噪声等。

(16)PEO。专业展览组织者,PEO 的核心业务是组织展览。PEO 一般只愿意为那些具有增长潜力的产品或行业组织策划展览。因为 PEO 在组织展览时所需要考虑的一个重要因素就是是否能够获取利润。

第三节 世界博览会

世界博览会,简称世博会,别称为经济、科技、文化和艺术的奥运会。世博会把当代文明高度集中起来,把零星、分散、尚不完善的同类事物,通过主题思想予以集中,加以完善、系统化,甚至艺术化。世博会因此被誉为高层次的组织者、系统的设计者、人类文明的集结地和未来发展的航标灯。

一、什么是世界博览会

世界博览会是一项由主办国政府组织或政府委托有关部门举办的有较大影响和悠久历史的国际性博览活动。它已经有百余年的历史,最初以美术品和传统工艺品的展示为主,后来逐渐变为荟萃科学技术与产业技术的展览会,成为培育产业人才和对一般市民进行启蒙教育的不可多得的场所。

世界博览会的会场不单是展示技术和商品,而且伴以异彩纷呈的表演、富有魅力的壮观景色,设置成日常生活中无法体验的、充满节日气氛的空间,因此成为一般市民娱乐和消费的理想场所。

二、世博会的类别

世界博览会是一个在时间、地域、门类、品种等各方面都有广泛内容的大型活动。根据《国际展览会公约》,世界博览会分为两种:一种是综合性主题的博览会,现称注册类世博会,这种大规模的博览会每 5 年举办一次,展期通常为 6 个月;另一种是专业性主题的博览会,现称认可类世博会,展期通常为 3 个月(由国际园艺生产者协会管理的 A_1 类园艺世博会为 6 个月),在两届综合(注册类)世博会之间举办一次。根据国际园艺生产者协会(英文名称是 International Association of Horticultural Producers,简称 AIPH)规章的规定:①A_1 博览会必须包括含园艺业的所有领域;②最小展出面积为 50 公顷(50 万平方米),其中建筑物所占最大面积为总面积的 10%(不包括用于室内展览的建筑面积);③至少把展览面积的 5% 应留给国际参展者;④至少有 10 个不同的国家参展;⑤财政保证金:20 000瑞士法郎;⑥A_1 级博览会每年不超过一次;⑦每个国家每 10

年中不能举办一次上 A_1 级博览会，举办时间最短 3 个月，最长 6 个月；⑧免费提供场馆，对不发达国家提供资助。

在过去所举办的 50 多次世博会中，以综合性世博会居多。综合性世博会展出的内容包罗万象，举办国无偿提供场地，由参展国自己出钱，建立独立的展出馆，在场馆内展出反映本国科技、文化、经济、社会的综合成就。按国际展览组织的规定，专业性博览会分为 A_1、A_2、B_1、B_2 四个级别。A_1 级是专业性博览会的最高级别，为国际园艺博览会，A_2 级为国际专门展示会，B_1 级为国内园艺博览会，B_2 级为国内专门展示会。专业性博览会展出的内容要单调些，它是以某类专业性产品为主要展示内容，下列主题可以视为认可类展览会：生态、陆路运输、狩猎、娱乐、原子能、山川、城区规划、畜牧业、气象学、海运、垂钓、养鱼、化工、森林、栖息地、医药、海洋、数据处理、粮食等。参展国在主办国指定的场馆内，自行装修、自行布展，不用建设专用展馆。即将在上海举办的 2010 年世界博览会为综合性的国际博览会。'99 昆明世博会属于专业性国际博览会。根据国际园艺生产者协会规定，非会员国家若举办世界园艺博览会，首先必须取得国际园艺生产者协会的批准和认可，然后由该会推荐，报国际博览局批准、注册。1994 年 10 月，国际园艺生产者协会第 46 届会员大会通过决议，同意接纳中国为该协会成员。

在确定某一博览会是注册类还是认可类博览会时，国际展览局全体大会拥有唯一决策权，并考虑执行委员会的意见。

三、世博会的起源与发展

（一）博览会的雏形

博览会的雏形是中世纪欧洲商人的定期集会——集市。当时，集市的主要功能是初级商品的现场交易，人们注重的是为了满足生产活动和生活需要所进行的物资交换或单一商品买卖。进入 19 世纪，集市规模逐渐扩大，人市交易的商品种类和参加的人员越来越多，影响范围越来越广，集市期间的人文气氛越来越浓。大约在 19 世纪 20 年代，人们就把规模较大的定期集市称作博览会，并将其单一的商品买卖功能逐步扩展为物资的交流和文明成果的展示，人们关注的重点也随之从简单的商品交换、买卖关系演变为对生产技术的交流、文明进程的展示和理想的企盼。

（二）世博会的雏形

世博会的历史源远流长。早在公元 5 世纪，波斯就举办了一个超越集市功能的展览会。当时的波斯国王以陈列财物来炫耀本国的财力物力，以威慑邻国。18 世纪末，人们逐渐想到举办与集市相似但只展不卖的展览会。这一新的想法于1791年在捷克的布拉格首开先河。随着工业革命的到来,社会生产力的提高,科学技术的进步,国际交通的发展,举办世界性展览的条件逐渐成熟。到了19世纪中期,展览会上的展品和参展商超出了单一国家的范围。

(三)前三次世博会

19世纪中叶,英国工业革命取得举世瞩目的成就。1850年,英国铁产量占世界总产量的50.9%,煤占60.2%,纱锭占60.3%。为炫耀其强大国力,英国决定举办伦敦万国工业大博览会,维多利亚女王以国家名义,通过外交途径邀请欧美十多个国家参展。世博会期间还进行展品评比和工艺活动等,内容丰富多彩,但不直接进行交易活动,从此形成了世界博览会(简称世博会)的格局。

1. 第一次世博会

十九世纪中叶是英国资本主义社会发展的鼎盛时期,工业革命的完成和殖民主义的扩张,使英国成为欧洲乃至全世界的头等强国。为了显示其伟大和自豪,英帝国于1851年5月1日在伦敦海德公园内,一改当时盛行的石头建筑风格,动用了整个英国工业界的技术和力量,耗用4 500吨钢材和30万块玻璃,建成了一座长1 700英尺、高100英尺的"水晶宫"。这是一座新颖而独特的建筑,它向人们展示了钢结构、玻璃装饰的大空间,预示着工业化时代的到来。上午10时,维多利亚女王和丈夫阿尔伯特亲王乘坐豪华的皇家马车来到展馆前。女王亲自为世博会开幕剪彩。维多利亚女王开创了通过外交途径邀请各国参展的传统。接受邀请参展的10个国家,集中了1 400余件各类艺术珍品和时尚产品向世人展示,最令观众瞩目的是引擎、水力印刷机、纺织机械等技术产品。在140天的展期中,共有来自世界各地的商贸人员、社会名流和旅游观光人士约630万人次观赏。英国人自豪地把这次盛况空前的"集市"称为"Great Exhibition",意为"伟大的博览会"。世博会的举办大大提高了英国的国际威望。自此,人类社会的交流形式完成了从低级阶段、初级产品的简单交易到工业时代的技术交流和文明成果展示的重大转变。这一划时代的创举——伦敦博览会,被世人确认为首届世界博览会。

2. 第二次世博会

随着美国的崛起,新大陆的人们不甘示弱,为了向全世界展示其风采和辉煌成就,于1853年在美国纽约举办了第二届世界博览会,参展国家增至23个,展示内容也有较大突破,开辟了伦敦博览会上没有的农业部分,展出了农机产品和优良品种,特别是附有安全装置的电梯首次亮相并进行实地演示,赢得了广大观众的喝彩。这些最新文明成果的展示,代表着当时工农业的迅速发展和人类无限的想象力和创造力。

3. 第三次世博会

1855年,路易·波拿巴统治下的法国在巴黎举办了第三届世界博览会,建造了XY轴构筑的网形和拱形会场,首次展示了混凝土、铝制品和橡胶。而最具新意的是,本届博览会开创了艺术展览的先河,展出了名家名画;第一次邀请外国首脑参观博览会,形成了后来历届博览会的沿袭传统。到1900年4月,在法国巴黎举办的冠名为“世纪回眸”的万国博览会(这是巴黎第三次举办博览会),19世纪内全世界共举办过8届博览会。

(四)世博会主题

1933年,“主题”概念首次被引入芝加哥世博会中。“主题”一般涉及人类共同关心的一个或几个问题,参展国家和国际组织围绕“主题”,通过展出寻求问题的解决。1933年世博会的主题是“进步的世纪”,通过展出大量新产品,明确提出科技发明和创新将成为今后人类社会进步与发展的主要动力。此后,世博会均确立主题。

表2-1　历届世界博览会举办情况统计表

时间(年)	国别	名称	性质	参展国家数量	会期(天)	入场人数(万)	特点、主题
1851	英国	伦敦万国工业博览会	综合	25	193	604	展馆“水晶宫”获特别奖
1853	美国	纽约世界博览会	综合	23	—	—	美国机械和优良品种给人留下深刻印象
1855	法国	巴黎世界博览会	综合	25	185	516	法国第一届世博会
1862	英国	伦敦国际工业和艺术博览会	专业	39	185	610	工艺类专业世博会
1867	法国	第二届巴黎世界博览会	综合	42	214	1 500	首次增加文化内容
1873	奥地利	维也纳万国博览会	综合	35	183	72.5	亚洲国家日本首次参展
1876	美国	费城美国独立百年博览会	综合	35	185	1 000	纪念美国独立100周年
1878	法国	第三届巴黎世界博览会	综合	36	174	1 616	展出汽车、爱迪生发明的留声机等新产品

续表

时间（年）	国别	名称	性质	参展国家数量	会期（天）	入场人数（万）	特点、主题
1880	澳大利亚	墨尔本万国工农业、制造与艺术博览会	综合	33	214	133	万国工农业、制造业与艺术
1883	荷兰	阿姆斯特丹国际博览会	专业		100	880	园艺、花卉展出
1888	西班牙	巴塞罗那世界博览会	综合	30	246	230	—
1889	法国	第四届巴黎世界博览会	综合	35	178	3 225	纪念法国革命100周年
1893	美国	芝加哥哥伦布纪念博览会	综合	19	156	2 750	纪念哥伦布发现新大陆100周年；亚洲国家韩国首次参展
1897	比利时	布鲁塞尔	综合	27	183	780	国际展览
1900	法国	第五届巴黎世界博览会	综合	58	210	5 086	“世纪回眸”——展示19世纪的科技成就
1904	美国	圣路易斯百年纪念博览会	综合	60	212	1 969	庆祝圣路易斯建市百年；同期举行第三届奥运会
1905	比利时	列日世博会	综合	31	194	700	比利时独立75周年
1910	比利时	布鲁塞尔世界博览会	综合		198	1 300	—
1913	比利时	根特世界博览会	综合	26	198	950	—
1915	美国	旧金山巴拿马太平洋博览会	综合	32	288	1 900	庆祝巴拿马运河通航
1925	法国	巴黎国际装饰美术博览会	专业		195	1 500	宣扬“文艺新风尚”
1929	美国	费城建国150周年世界博览会	综合		183	3 600	庆祝建国150周年，建10万人体育场
1933	美国	芝加哥万国博览会	综合	21	170	2 232	首次提出主题：“进步的世纪”

续表

时间（年）	国别	名称	性质	参展国家数量	会期（天）	入场人数（万）	特点、主题
1935	比利时	布鲁塞尔世界博览会	综合		150	2 000	主题："通过竞争获取和平"
1937	法国	巴黎艺术世界博览会	专业	44	184	3 104	主题："现代世界的艺术和技术"
1939－1940	美国	纽约世界博览会	综合		340	4 500	主题："建设明天的世界"
1939	比利时	国际水资源博览会	专业		180		主题："水的季节"
1949	海地	王子港世界博览会	综合		185		主题："王子港建立200周年"
1951	法国	里尔国际体育博览会	专业	22	22	150	纺织面料
1954	意大利	那不勒斯世界航海博览会	专业		153		航海
1955	瑞典	赫尔辛博格世界生活艺术博览会	专业		78		主题："艺术与职业"
1956	以色列	柑橘栽培展览会	专业		30		柑橘栽培
1957	德国	柏林世界博览会	专业		84		主题："重建汉莎"
1958	比利时	布鲁塞尔世界博览会	综合	42	186	4 150	主题："科学、文明和人生"
1961	意大利都灵	国际劳动展览会	专业		184		主题："庆祝意大利统一100周年"
1962	美国	西雅图21世纪博览会	专业		184	964	主题："宇宙时代的人类"
1964	美国	纽约世界博览会	综合		360	5 167	主题："通过理解走向和平"
1965	德国	慕尼黑IVA国际运输展览会	专业	31	91	250	国际运输

续表

时间（年）	国别	名称	性质	参展国家数量	会期（天）	入场人数（万）	特点、主题
1967	加拿大	蒙特利尔世界博览会	综合	62	185	5 031	主题："人类与世界"
1968	美国	1968 圣安东尼奥博览会	专业	23	183		主题："美国社会文明融合"
1970	日本	大阪万国博览会	综合	75	183	6 500	主题："人类的进步与和谐"
1971	匈牙利	布达佩斯	专业	34	4	190	主题："人类狩猎的演化和艺术"
1974	美国	斯波坎环境世界博览会	专业		184	519	主题："无污染的进步"
1975	日本	冲绳国际海洋博览会	专业	37	183	349	主题："海洋，未来的希望"
1981	日本	神户港岛博览会	专业		180	1 610	展出人工岛、大港口、高速列车
1982	美国	诺克斯维尔世界能源博览会	专业	16	152	1 112	主题："能源——世界的原动力"
1984	美国	新奥尔良国际河川博览会	专业		184	1 100	主题："河流的世界——水乃世界之源"
1985	日本	筑波万国科技博览会	专业	111	184	2 033	主题："居住与环境——人类居住科技"
1985	保加利亚	保加利亚青年发明家成果博览会	专业	86	26	100	主题："水的季节"
1986	加拿大	温哥化国际交通与通信博览会	专业	54	165	2 211	主题："交通与通信——人类发展与未来"
1988	澳大利亚	布里斯班休闲博览会	专业	38	154	1 857	主题："科技时代的休闲生活"
1990	日本	大阪万国花卉博览会	专业		182	2 760	主题："花与绿——人类与自然"

续表

时间（年）	国别	名称	性质	参展国家数量	会期（天）	入场人数（万）	特点、主题
1992	西班牙	塞维利亚世界博览会	综合		176	4 181	主题："发现的时代"
1992	意大利	热那亚世界博览会	专业	54	92	800	主题："哥伦布——船舶与海洋"
1993	韩国	大田世界博览会	专业	141	93	1 400	主题："新的起飞之路"
1998	葡萄牙	里斯本海洋博览会	专业		132	1 012	主题："海洋——未来的财富"
1999	中国	昆明世界园艺博览会	专业	95	184	990	主题："人与自然——迈向21世纪"
2000	德国	汉诺威世界博览会	综合	155	153	1 850	主题："人类—自然—科技"
2005	日本	爱知世界博览会	专业	121	185	2 100万（预计1 500）	主题："超越发展——大自然智慧的再发现"
2008	西班牙	西班牙萨拉戈萨世博会	专业	105	90	预计800	主题："水与可持续发展"
2010	中国	上海世界博览会	综合	已达208	184	7 000万（预计）	主题："城市，让生活更美好"

（五）今天的世博会

进入20世纪，世界博览会的举办地仍然主要集中在美国和欧洲等发达国家。由于世界博览会举办得过于频繁，耗费大量资财，给参展国家的财政造成很多困难，导致各种矛盾出现。为了控制博览会的举办频率和保证博览会的水平，1928年35个国家的政府代表在法国巴黎缔约，对世界博览会的举办方法做出若干规定，如：举办世界博览会要有主题，展示时间规定不超过6个月，由法国政府代表发起成立一个协调管理世界博览会的国际组织，并负责起草制定《国际展览公约》等。在这次会议上，有31个国家的政府代表签署了公约，并成为国际展览局的首批成员国。

作为近代产业社会最大规模的国际活动，世界博览会写下了她光辉的历史，开辟了城市建设的新纪元，凡是举办过世博会的城市多数都留给世人强烈的印象。1851年为在伦敦举办的首届世博会而设计建造的“水晶宫”，看似一个超大型温室。除了用来支撑的钢架外，屋顶、墙面全部用玻璃方框组装而成。这一大胆新奇的设计，开创了钢铁构件和玻璃用于墙体材料的新时代，也成为现代玻璃幕墙大厦的前驱。有些国家还结合城市建设，留下了一些世博会标志性建筑，如法国在1889年巴黎世博会前建造的一座主题塔埃菲尔铁塔，至今仍是法国和巴黎的象征。1958年在比利时布鲁塞尔举办的主题为“科学、文明和人性”的世博会，留下了一座闻名遐迩的“原子球”建筑物。1962年在美国西雅图举办的主题为“太空时代的人类”的世博会，留下了“太空针”建筑物。事实上，每一次世博会的举办，都使所在城市面貌发生了很大变化。

正像“一切始于世博会”的名语所言，现代社会的组织结构和系统中的很多因素都是从博览会中孕育诞生的。如将许多商品汇集一处买卖的百货店，组织观光游览的现代旅游活动，提供休闲娱乐的各类公园、游乐园、度假村、俱乐部等，无不经由世界博览会而获得启示，萌生创意。时至今日，世界博览会不再只是技术和商品的展示会，而以广阔的胸襟，熔人类创造的一切文明成果于一炉，成为各种技术交流、学术研讨、旅游观光、娱乐和消遣的理想场所。

三、申办世博会的主要程序

（一）申请

按国际展览局（BIE）规定，有意举办世博会的国家不得早于举办日期的9年，向BIE提出正式申请，并交纳10%的注册费。申请函包括开幕和闭幕日期、主题，以及组委会的法律地位。BIE将向各成员国政府通报这一申请，并告知它们自通报到达之日起6个月内提出它们是否有参与竞争的意向。

（二）考察

在提交申请函的6个月后，BIE执行委员会主席将根据规定组织考察，以确保申请的可行性。考察活动由一位BIE副主席主持，若干名代表、专家及秘书长参加。所有费用由申办方承担。考察内容是：主题及定义、开幕日期与期限、地点、面积（总面积，可分配给各参展商面积的上限与下限）、预期参观人数、财政可行性与财政保证措施、申办方计算参展成本及财政与物质配置的方法（以降低各参展国的成本）、对参展国的政策和措施保证、政府和有兴趣参与的各类组织的态度，等等。

（三）投票

如果申办国的准备工作获得考察团认可，全体会议将按常规在举办日期之前8年进行投票表决。如果申办国不止一个，全体会议将采取无记名方式投票表决。若第一轮投票后，申办国获三分之二票数，该国即获得举办权。若任何申办国均未获三分之二票数，将再次举行投票，每次投票中票数最少的国家被淘汰，随后仍按三分之二票数原则确定主办国。当只有两个国家竞争时，根据简单多数原则确定主办国。

（四）注册

获得举办权的国家要根据 BIE 制定的一般规则与参展合约（草案）所确定的复审与接纳文件，对展览会进行注册。注册申请应在开幕日之前 5 年提交给 BIE。这也是主办国政府开始通过外交渠道向其他国家发参展邀请的时间。注册意味着举办国政府正式承担其申办时承诺的责任，认可 BIE 提出的标准。这样可以确保世博会的有序发展，保护各成员国的利益。BIE 在收到注册申请时，将向举办国政府收取 90% 的注册费，其金额按 BIE 全体会议通过的规则确定。

四、中国与世博会

（一）新中国成立前

1. 中国在世博会上的首次亮相——中国与 1851 年伦敦世博会

2002 年初，经上海图书馆“世博会研究组”发现和证实，在 1851 年的英国伦敦首届博览会，就有中国商人和一些在中国经商的外商，将丝绸、茶叶、中药等中国传统商品运到展会上并获得多项奖项。

2. 第一次真正由中国代表参加的世界博览会——中国与 1876 年费城世博会

第一次由中国人选派代表参加世界博览会是 1876 年的美国费城世博会。在这次博览会上，中国展馆占地“仅八千正方尺”，精心的布置，以浓郁的中华民族特色吸引了参观者。

3. 清政府正式登上世博会舞台——中国与 1904 年圣路易斯世博会

中国首次以官方形式率商人正式参加的世博会是 1904 年美国圣路易斯世博会。当时清政府相当重视参展，花巨资修建了具有浓郁民族风格的中国村和中国展馆。此次参展被视为历史上中国政府首次正式参与世博会。

4. 官商合作参展的一次尝试——中国与 1905 年列日世博会

1905 年时值中国光绪末年，世界博览会在比利时小城列日召开，清政府派员参加了世博会的展出活动。本次世博会我国得到超等荣誉奖及金银各等奖牌共 100 枚，得奖数量与英、美、奥、意等国不分上下。

5. 对当时中国影响最大的一届世博会——中国与 1915 年旧金山世博会

1915 年，中国又一次参加巴拿马世界博览会。当时，中华民国政府成立不久，百废待兴，因此对于巴拿马世博会给予了高度重视。在这次世博会上，中国展品所获奖章计1 211枚,包括大奖章57枚,名誉奖74枚,金牌奖258枚,银牌奖337枚,铜牌奖258枚,状词奖227枚。在这一次博览会上,中国的茅台酒和张裕酿酒公司的"可雅白兰地"获金奖。茅台酒被评为世界第二名酒,与获第一的法国"柯涅克白兰地"和第三名的英国"苏格兰威士忌"并称为世界三大名酒。可雅白兰地获4枚金质奖章和最优等奖,遂更名为金奖白兰地。

6. 通过比较而知落后——中国与1926年费城世博会

1926年费城世博会上,除了东道主美国之外,当数中国与日本为参展作品之大家。中国人通过世博会的参展过程,不断地看到了国家落后的情景和发展经济贸易的必要性,并以此为契机,于1929年在浙江杭州举办了中国人自己的博览会——西湖博览会。

(二)新中国成立后

新中国成立后到1982年以前,西方国家举办世界博览会未邀请我国参加。

我国和美国于1979年正式建交以后,美国诺克斯维尔世博会组织者邀请我国参加于1982年5月1日至10月31日在田纳西州诺克斯维尔市举行的"能源"专业世博会。经国务院批准,中国贸促会首次代表国家组织中国馆参加。中国馆登上世博会的舞台,成为世博会新的亮点。

此后,历届世博会的组织者都邀请我国参加。截止到2006年底,我国共参加了11次世界博览会,由中国贸促会具体组织实施。这11次博览会是:1982年美国诺克斯维尔世界能源博览会;1984年美国新奥尔良国际河川博览会;1985年日本筑波万国科技博览会;1986年加拿大温哥华国际交通与通信博览会;1988年澳大利亚布里斯班休闲博览会;1992年意大利热那亚世界博览会;1992年西班牙塞维利亚世界博览会;1993年韩国大田世界博览会;1998年葡萄牙里斯本海洋博览会;2000年德国汉诺威世界博览会;2005年日本爱知世界博览会。

其中,在1988年布里斯班、1992年塞维利亚和1993年大田世博会上,中国馆两次被评为"五星级展馆",一次被评为"最佳外国馆"。

五、中国参加世博会一览表

1982年5月1日~10月31日,主题为"能源推动世界"的世博会在美国田纳西州的诺克斯维尔举行。中国馆展出了太阳热水器、太阳灶、太阳能航标灯、太阳能电围栏、沼气利用以及具有中国民族特色的各类工艺品等。

1984年5月12日~11月11日,以"世界河流、淡水——生命的源泉"为主题的世博会在美国路易斯安那州的新奥尔良举行。中国馆展出了中国古代和近代开发水利资源的文物照片、复制品、模型、中国轻工业品、纺织品、手工艺品、秦钟和秦碑等文物。

1985年,主题为"居住与环境——人类的家居科技"的世博会在日本新城筑波市举行。中国应邀参加了此次博览会。

1986年5月2日~10月13日,以"世界在运动,世界在交流"为主题的世博会在加拿大温哥华举行。这次展出的内容为各国从古到今使用的交通和通信工具。中国应邀参加。

1988年4月30日,以"技术时代的娱乐"为主题的世博会在澳大利亚布里斯班开幕。中国馆展现的360度环幕电影——《华夏掠影》受到热烈欢迎。中国馆先后被评为五星级展馆及最佳展馆。这是中国参加世博会以来获得的最高荣誉。

1992年,中国参加了在意大利热那亚举行的以"哥伦布:船舶与海洋"为主题的世博会。

1992年4月20日~10月12日,以"发现的时代"为主题的世博会在西班牙塞维利亚举行。中国馆展出中国古代四大发明、现代高科技成就、园林建筑艺术和手工艺品等,并以新颖、丰富的内容和独特的设计被评为"五星级展馆"。

1993年8月6日,主题为"新的起飞之路"的世博会在韩国大田市开幕。中国馆展示了中国古代和现代航天科技、三峡水利工程、传统文化和民族工艺等,并被评为五大最佳展馆之一。

1998年5月21日~9月30日,以"海洋,未来的财富"为主题的世博会在葡萄牙里斯本举行。中国馆分为海洋开发和利用、海上丝绸之路、火箭模拟发射卫星表演和环幕电影馆等4大部分。

2000年5月31日~10月31日,主题为"人类—自然—技术"的世博会在德国汉诺威举行。中国馆以独特的外装修和丰富的展览内容吸引大批来自世界各地的观众。中国馆每天接待观众近3万人,约占世博会总参观人数的四分之一。

2005年3月25日~9月25日,主题为"自然的睿智"的世博会在日本爱知举行。中国馆的参展主题为:"自然、城市、和谐——生活的艺术",力图展示中国人对自然与城市和谐发展的理念,以及对中国改革开放以来建立新生活方式的见解。整个爱知世博会期间,到中国馆参观的游客达到566万人次,是本届爱知世博会接待游客最多的外国馆。

第三章

中外会展发展概述

◆学习目标◆

1. 掌握德国展览业的发展特点
2. 比较德国、日本、美国展览业运作模式的差异与各自的特点
3. 熟悉汉诺威在展会服务方面的特色
4. 掌握亚太地区主要会展国家的会展业发展特点
5. 了解北京会展业发展蓬勃的原因
6. 了解上海会展业迅速崛起的原因
7. 了解国际会议业概况

从全球会展经济的发展状况来看，由于各国经济实力、经济总体规模和发展水平不同，各国会展经济的发展也不平衡。近年来，世界会展业的格局正逐步发生变化，欧洲地区的会展业继续保持霸主地位，美国、日本、新加坡等国家和中国香港地区的展览业发展迅速，与此同时，中国的会展业也进入了一个飞速发展的时代。

第一节　国外会展业发展概述

根据已知的材料，全世界每年举办的展览会约有3万个，展览组织者的直接收入约为300亿美元。全世界每年举办的国际性会议大约有40万个，与会者总消费达2800亿美元：如果按照“1∶9”的拉动系数核算，会展组织者的直接收入也就是相当于280亿美元。而现在全世界每年的GDP数额接近45万亿美元。这样算下来，全世界会展产业（会议加展览）的直接值所占GDP的比例就

是0.13%，其中：会议业大约占到0.063%，展览业大约占到0.067%。

一、展览业

举办展览会的数目和规模与主办国的经济实力和科技水平密切相关，一些发达国家凭借其在科技、交通、通信以及服务业水平等方面的优势，在世界会展经济发展过程中处于主导地位，并占有绝对的优势。

（一）欧洲展览业

欧洲是世界展览业的发源地，经过一百多年的积累和发展，欧洲展览经济整体实力最强、规模最大。欧洲展览以其数量多、规模大、国际化程度高、贸易性强和管理先进闻名于世。目前国际上公认的300多个最知名的、展出面积在3万平方米以上的专业贸易展览会，其中的2/3在欧洲举办。欧洲的展览强国主要聚集在西欧，德国、法国、意大利、英国等都是世界级的会展业大国。地处欧洲中心、交通便捷的德国，位居世界展览国家之首，是世界头号会展强国。东欧展览业的发展则主要是以俄罗斯为中心。

1. 德国：世界头号展览业强国

德国是世界展览业的发源地，号称“世界展览王国”。它地处欧洲中部，便利的交通条件和贸易展览的悠久历史，以及重要工业国的基础，共同造就了德国展览业的大国地位。伴随着战后的迅速重建、全球经济贸易活动的繁荣以及两德的合并，德国又重新确立了国际展览业头号强国的地位，并一直保持着良好的增长趋势。

（1）展览规模。据统计，每年世界上有较大影响的210个专业性国际贸易展中，约有130多个在德国举行。净展出面积690万平方米，参展商17万家，其中有将近一半的参展商（约为48%）来自国外。这些展会无论是从国际性还是专业性来看，均居这些行业展览之首，是名副其实的权威性展览会。

（2）展览场馆。几乎所有德国的重要城市都有自己的会展中心，德国拥有全球20%的展览面积。目前德国共拥有24个大型展览中心，可供展览使用的场馆总面积达245万平方米，其中超过10万平方米的展览中心就有8个，超过5万平方米的有5个。世界最大的4个展览中心有3个在德国，最大的汉诺威展览中心展馆面积达到47万平方米。德国展览中心不仅面积大、设施齐全，还十分注意与周围设施的配合，其周围的铁路、巴士、地铁、货运站、航空、住宿、城市旅游、娱乐与文化等都很方便齐全。

（3）展览企业。按营业额排序，世界十大知名展览公司中，德国企业占到6位，分别是汉诺威展览有限公司、慕尼黑国际展览公司、法兰克福展览集团、柏林展览公司、科隆国际展览集团和杜塞尔多夫展览集团。在出国办展方面，目前德国展览机构在全世界的办事机构近400个,已形成了全球化网络。

(4)展览效益。德国展览业从业人员有10万人,会展业年平均营业额为25亿欧元,其带动的经济效益高达230亿欧元,经济带动比例达到1:9.5,并可以提供25万个工作岗位。

(5)主要展览城市。德国主要的展览城市有汉诺威、慕尼黑、杜塞尔多夫、法兰克福、科隆、柏林、莱比锡、纽伦堡、汉堡等。这些城市都是国际著名的展览城市,它们都将展览业视为支柱产业进行发展,出台一系列鼓励措施和优惠政策,吸引参展商和观众。

(6)德国展览业的特征。德国展览业之所以能在全球展览业日益激烈的竞争中傲视群雄,不仅是因为德国拥有悠久的展览会传统和一流的展馆基础设施,而且更在于德国展览会举办单位具有独特的经营理念和管理技术及勇于创新的开拓精神。

①独特的经营模式。与世界最大的展览公司(按营业额排名)——英国Reed展览公司及美、法等国的展览公司不同,德国的展馆全部由各州和地方政府投资兴建,展览公司由政府控股,实行企业化管理。如位于汉诺威的德国最大的展览公司——德国展览公司由下萨州政府和汉诺威市政府分别控股49.8%。德国展览公司既是展览中心的管理者,又是许多大型博览会的举办者和实施者。

②与行业协会密切合作,培育展览品牌。德国行业协会在德国展览业中有着十分重要的地位,对德国展览业的繁荣发展做出了重大贡献。特别是在办展时间和地点等方面,德国行业协会拥有相当大的发言权。没有行业协会的支持,展览公司无法深入了解行业动态及开展对参展商和专业观众的营销工作。因此,德国展览公司在制定办展方案和招展过程中均与相关的行业协会密切合作,打造行业博览会品牌。行业协会向展览公司提供业内的专业诀窍及其与国内外的联系渠道。另外,德国一些行业协会本身又是知名展览会的主办者。如位于法兰克福的德国通信和娱乐电子工业协会(GFU)是每两年一届的柏林国际电讯展的主办者,柏林展览公司只是该展的承办单位。

③积极拓展国外市场。与别国的展览公司相比,德国展览公司的最大优势在于具有很强的国际战略意识。这主要体现在以下两个方面:一是早在20世纪60年代,德国举办的展览会就向国外参展商开放,并想方设法吸引更多的外国参展商和观众,从而使德国举办的展览会的国际性日益提高,参展商不仅能结识新的客户,而且能遇到来自世界各地的老客户;二是德国展览公司能洞察国际展览市场的发展趋势,及时到国外投资办展。目前,以中国为核心的亚洲市场及中东欧国家正在成为德国展览业新的业务和利润增长点。德国在国外

举办的专业展览会已从 1990 年的 20 个增至 2004 年的 164 个，其中一半（84 个）在亚洲地区。德国展览公司开拓中国市场的战略有二：一是继续吸引中国企业赴德参展或独立办展；二是投资中国展览企业，将其知名的博览会品牌移植到中国。

④举办国际会议，促进会展经济。展览会是行业经济发展的晴雨表。它不仅是促进对外贸易的有效渠道之一，更是企业展示形象、推出新产品和技术的重要场所。展览会云集了世界各地的业界精英和客商，是举办国际性会议的最佳时机。因此，承办国际会议已成为德国展览会的重要组成部分，展览会举办者往往在展会期间举办一些国际性的会议，结合展览会发布业界动态信息，使之与展览会相辅相成，从而达到既提升展览会的知名度，又促进会展经济发展的目的。

⑤提供一流的配套服务。从展览设计、展台搭建与布置到信息资料、交通、运输、住宿和旅游等服务项目，德国展览会承办方提供的服务均非常到位，特别是在解决博览会期间的停车和交通拥堵问题及吸引企业和专业观众参展等方面的做法值得我国学习与借鉴。德国展览公司一般在城外的交通枢纽地带建几个大型停车场；展览公司提供车辆免费接送观众，从而避免大量车辆拥入市区；如展览中心位于城外，就在展馆旁边建大型停车场，展览公司还在机场、火车站或市中心设临时车站免费接送参观者；在许多展览城市，观众凭展览会门票可免费乘坐市内公交。为吸引企业和专业观众参展，德国展览会举办单位给参展企业邀请的客户给予门票优惠，参展企业可预先从展览公司订购门票寄给客户。

知识链接 3—1：

应有尽有——莱比锡博览会

莱比锡被誉为“博览会之母”，是世界上第一个博览会城。莱比锡新博览会区是当前世界上最现代化的博览会区，在造型设计上最大限度地满足了参展商和参观者的需求。除了众多的工业博览会外，莱比锡图书博览会尤其著名。同时莱比锡作为地处欧洲中部的博览会城也起着连接中欧及东欧国家贸易的重要职能。

莱比锡最早是作为博览帝国而闻名于世的，世界上第一届样品博览会（1895 年）和第一届技术博览会（1918 年）均是在莱比锡举行的。在莱比锡博览有着悠久的历史和重要的地位。在莱比锡，你可以看到一个这样的标志，2 个大写的 M 重叠在一起，这是“样品展览会”的象征。莱比锡有一个别名——“博览会之城”。

莱比锡地处中欧交通要道，早在中世纪就是东西方贸易中心。1170 年开始出现商业性的集市，这便是莱比锡博览会的前身。15 世纪，莱比锡博览会已成为欧洲各国商品交换的中心。第二次世界大战期间，博览会的大部分设施被毁，商品交流一度停顿。战后在 1946 年又恢复举办。莱比锡博览会的展室面积共达 35 万平方米，每年举办两次：3 月份的春季博览会，以工业产品和综合性产品为主；9 月份的秋季博览会，重点展出轻工业品和各种消费品。其中最重要的 3 个展览是莱比锡国际图书博览会（Leipziger Buchmesse）、莱比锡国际汽车博览会（Auto Mobil International）和莱比锡国际电子游戏展览会（Games Convention）。它们由德国莱比锡展览中心（Leipziger Messe GmbH）承办。

（资料来源：莱比锡博览会官网：http://www. leipziger - messe. de/）

2. 法国：精耕细作的展览业

法国每年举办 140 个展览会和 100 个博览会，其中全国性展会和国际展会达 175 个，专业展会 120 个左右。每年会展收入高达 1 500 亿法郎，并由此创造 20 万个就业机会。国际专业展的主要参与国及地区分别是比利时、意大利、西班牙、英国、德国、荷兰、瑞士、美国、葡萄牙和日本。主要的展览集团有爱博展览集团、博闻集团、巴黎展览委员会、励展集团等。国际著名展会有 BATMAT 建材展、SIAL 食品展、SIMA 农业展、EMBALLAGE 包装展、VINEXPO 酒展、EUROPAIN 面包糕点展、AERONAUTIQUE 巴黎航空航天展以及 POLLUTEC 环保展等。与德国相比，在整个欧洲，法国的优势是综合性展览会。展览业发达的法国同时也是重要的世界国际会议中心。

（1）巴黎——国际展览之都

法国拥有 160 万平方米展馆，分布于 80 个城市，其中巴黎占 55.4 万平方米。巴黎是法国展览业的中心城市，其次为里昂、波尔多、里尔等城市。法国每年举办 300 多个展览，有近一半集中在“展览之都”巴黎。巴黎还是世界第一大国际会议中心，每年接待各类国际会议占全球国际会议市场的 2.61% 以及欧洲会议市场的 4.62%。统计显示，2004 年，巴黎仍为世界上接待游客最多的城市，同时也继续保持着全球第一大国际会议中心的地位。在巴黎举行的国际会议由上一年的 228 个增加到 272 个，使巴黎远远领先于其他国际会议城市，再度获得国际会议的首选地的桂冠；而维也纳和日内瓦并列第二，各接待国际会议 188 个。

巴黎凡尔赛展场及北展场，虽有 40 万平方米的供展规模，但为了保住“世界三大展览胜地”的桂冠，巴黎进行了老展场的改扩建与南展场的兴建，使其展览总面积翻了一番,达到80万平方米。

(2)法国国际专业展促进会(Promosalons)

法国会展业发展的最大特点是法国的主要展览公司共同组织成立了法国国际专业展促进会,理事会由巴黎工商会、法国外贸中心、法国专业展联合会、法国雇主协会、巴黎市政府、法国外贸部以及展览中心和专业展览公司的代表组成。这一由商会和政府牵头的民间组织为促进国外专业人士来法国参观交流起到了很大的作用。

法国国际专业展促进会的经费来源主要有两个途径,一是来自诸如巴黎工商会和展览场地公司等主要理事单位提供的年度补贴,占少部分;另一部分是来自参加促进会的展览公司按所需促进的展会数目及促进宣传工作量而定的促销经费,占促进会经费的大部分。

法国的任何一家展览公司均可申请加入促进会,但促进会对于同一个专题的展会只接纳一个展会加入,而且优先接纳质量最好的展会。促进会为了向这些展会提供国际促进业务,在近50个国家和地区建立办事处。这些办事处的任务是在各自负责的国家和地区展会中开发形式多样的促进业务。

这种展会国外促进的方式很有意义,因为单个的展览公司,哪怕是财力强大的展览集团,也没有足够的实力在世界上50个国家建立属于自己的办事机构网络,但是从属于不同展览公司的65个展会把它们的经销商集中到一起,就能组成一个有效的展会国际促销网络,这是世界上独一无二的促销网络。

(3)加强和中国展览业的合作

爱博展览集团作为法国第一大展览公司和世界第四大私营展览公司,已和中国贸促会农业行业分会合作成功地举办了几届北京国际农展(Agro Foodtech China),为中国农展市场注入了新的活力。随后分别在北京和上海推出国际农展、国际食品展和国家包装和食品加工技术展,为中国的农业—畜牧业—食品加工工业—包装工业—食品业这一纵向系列化经济领域带来大批的新技术,为中国的经济开放带来众多的商机。

(4)法国展览业的特点

法国的展览业和其他国家不一样,展览公司不拥有场馆,而场地公司不主办展会,也不参与展览经营。

第一是主办机构专业化。随着展会之间竞争的激烈化,越来越多的行业协会把自己的展览会卖给了专业展览公司,或者和专业展览公司合资组织股份公司,行业协会只保留一定量的股份,把展会的经营全部或部分交给展览公司经营。

第二是展览公司集团化。由于市场对展会的要求愈来愈高,这就要求展览公司对资金、人力资源、国际网络等各方面做很大的投入。小型展览公司往往被大型展览公司兼并收购,形成了展览公司集团化的趋势。

第三是展会规模大型化。经过市场的优胜劣汰,剩下的展览会强者越办越大,越办越好,确立了自己的垄断地位,使得法国已经形成相对稳定的展览市场。

第四是展会进一步国际化。随着贸易世界化和欧洲一体化的发展,法国的展会力求提高国际化水平,增加国外参展商和参观客户的比例,使展会成为欧洲的龙头展,甚至全世界的龙头展。

第五是展会向高质量高水平发展。为了保持自己在市场上的地位,展览公司在展会装修,展会活动,宣传报道等方面越来越精益求精,而且把工作的重点放到参观观众的组织上来。从某种意义上讲,展会的成功与否,其主战场是观众的组织,而不单纯是寻求参展商的数量。

3. 意大利:兴旺发达的展览业

意大利享有"中小企业王国"的称号,众多的中小企业是意大利的经济支柱,但其无力单独承担向国际市场促销的巨额广告费用。因此为了扩大出口,意大利每年在全国各地举办无数次各种类型的展览会。各类展览会对宣传本国产品、加强技术交流与合作以及推动出口发挥了重要作用,同时因展览会上聚集了大量厂商,便于直接交流,大大降低了企业的促销费用,并缩短了交易时间。

(1)展览概况

意大利每年举行约40个国际交易会,约700个全国和地方的交易会,是欧洲办展最多的国家。展出内容多为领导市场潮流的新产品新技术,范围广泛,几乎涉及了各个生产领域。重要的生产领域,如时装业、家具与室内装饰业、机床和精密机床、木材加工和纺织机械等都把国际博览会作为向国际扩展的跳板。

意大利展览会服务周全。参展者可享用带有空调的展厅、自动电梯和活动通道、翻译服务以及信息交流服务(复印机、传真机、电话、计算机、因特网以及国际信息库)。自动接待系统可以永久性地把观众的资料登记下来,使参观者可以定期收到已参观过的参展交易会的信息,如参展公司的文件、名录和小册子。

意大利工业展览委员会CFI(Comitato Fiere Insustrie)是意大利最大的行业代表性很强的专业展览会机构。其成员是工业家联合会中所有与展览有关的组织机构,例如直接或间接组织展览的工业家协会下属的公司,以及国家级展览中心所在的区域性联合会。该委员会受工业家联合会的特别委托,在联合会内的“国际化事务处”代表意大利各展览会公司。该委员会的任务是，在国内和国外提高意大利展览业的重要性，其最终目标是促进本国企业的国际化。为了实现这一目标，CFI 力图通过优质的展览设施、服务及管理，使意大利展览会保持欧洲先进水平，积极争取国家支持，尤其考虑中小企业的实际需要，因为对它们来说，展览会是主要的促销工具和向国际市场开放的途径。

(2)展览协会

意大利展览会的创造力强，富于创新精神，其重要原因在于，展览会大都不是由展览会场地所有者举办，而通常是由专业人员组织的，往往与相关领域的企业协会或贸易协会联系。意大利的专业展览会协会主要有：

①意大利工业展览委员会(CFI，Comitato Fiere Insustrie)。CFI 的展览会集中在米兰(44%)、佛罗伦萨(8%)和帕尔马法(7%)举办，总展览面积为 80.6 万平方米。主要展会有机械展、家具－建筑展、服装－纺织展、制鞋展、食品展、化妆品展、农业展、光学仪表展以及电子安全展。

②意大利展览协会(简称 ASSOMOSTRE)。由若干展览公司组成，这些公司每年组织约 30 次专业展览，主要租用米兰展览中心，平均每年租用面积 55 万平方米以上。意大利展览协会在意大利全国展览业中举足轻重。

(3)展览城市

意大利大型国际展览会举办地点主要集中在米兰、波洛尼亚、巴里和维罗纳四个城市，每个城市都有设施良好的展览会场地。此外，这些城市同时又是著名的旅游城市，历史悠久，风景优美，名胜古迹多，文化艺术活动丰富。参展商和观众不仅能从展览会上获取信息，联系业务，还能在业余时间参观市容，游览古胜，享受多彩的文娱生活。这也是这些城市作为展览城市成功的另一个重要条件。

(4)展览中心

①米兰国际展览中心。著名的米兰国际展览中心，有 65 万平方米的 38 个展馆，是世界三大展场之一。为在竞争中立于不败之地，米兰国际展览公司对老馆进行了大修，兴建了 20 万平方米的新馆、10.4 万平方米的屋顶和 3 万平方米的地面停车场，使展场面积达到百万平方米。米兰国际展览中心配备有最先进的技术设备，采取了最先进的环保措施，所有展厅均为两层，展厅之间均用 20 米长和 30 米宽的玻璃封闭高架桥相连，下方是市区街道。展览中心还十分重视场地的服务和货物搬运工作，运货车在展厅内部行走，行车路线为专线，与观众的路线分开。在货物装卸区有功率强大的通排风装置，还有许多货运升降机，这些设施足以使米兰展览中心在 21 世纪保持领先地位。

②博洛尼亚展览中心(BolognaFiere)。是欧洲主要展览中心之一，每年举

办大约30个专业展览会,其中15个具有国际领先地位。可供展览的74座展厅中有一个事务俱乐部和一个贵宾俱乐部,11个内部会议厅,1个有1万个车位的停车场。展览中心位置优越,交通方便,从博洛尼亚展览中心站下车,便直接来到展区。1995新建的20号展厅具有展览、会议、集会和演出多种功能,总建筑面积33 000平方米,设备更加齐全,现代化程度更高。

4. 英国:完全市场化的展览业

近年来英国展览业进入了前所未有的高速发展阶段,英国展览业的特征主要有如下几点。

(1)市场准入政策宽松。英国的展览市场准入政策十分宽松,任何商业机构和贸易组织不需要经过特殊的审批程序便可以进行展览业务,展览公司的商业注册也和普通商业公司一样,没有额外的要求。在英国,举办展览完全是商业行为,各展览公司举办展览的内容只要合法均可自行确定,不需审批。关于有可能出现的重复办展问题,英国的展览行业主要遵循的是优胜劣汰的自然淘汰法则。由于英国的场地和人工费用很高,经营展览是具有较高商业风险的行业,经济效益不好的展览会将很快被放弃,而在选择新的展览项目时展览公司则十分谨慎,一般都要经过周密的市场调研后才做出决定。

(2)展览服务行为规范明确。英国的各类展览服务单位,包括展览组织、展馆场地和配套服务公司均有统一的行为规范,这些行为规范由各自的协会组织制定,对会员起指导和约束作用。例如英国展览服务商协会规定,任何会员施工单位不能因为和客户发生纠纷而中途停止服务,从而影响用户正常展出。而展览组织者协会则规定会员单位发布的展览会统计数字、展览会介绍必须真实、准确,不能夸大贸易效果和误导参展公司和观众。由于英国政府对展览行业不直接进行管理,因此行业协会发挥了重要的质量维护职能,而明确的行为规范有利于企业自律和用户监督。

(3)通过结构调整增强实力。英国的展览行业高度开放,鼓励国际竞争,而且对本国企业基本没有保护政策。各类展览公司为加强竞争力纷纷通过兼并和收购手段来保持企业发展,而对于效益不好的下属公司和分支业务则尽快出售,以免影响整体实力。目前英国展览业的一个显著特点是公司规模变大,但业务范围却越来越专一,以便充分实现专项业务的规模效益和降低管理成本。

(4)完善的展览信息服务系统。获得市场信息是展览企业取得成功的关键,英国公司十分重视对信息资源的发掘、整理和使用,一般均建有完善的数据库系统和用户服务系统。英国公司的经营理念认为现有客户是最好的客户,保持和发展已有的客户关系比开发新客户更为重要,一是市场营销成本低,二是客户信誉有保障。因此英国展览公司均建有完备的客户信息库,只要输入任何一个客户的编码，便可以查到全部有关信息。信息库不仅用于场地或业务销售，同时也用于售后服务和财务管理，各个业务部门的数据库可以合并使用，从而构成强大的计算机服务系统。

(二)北美展览业

1. 概况

从目前世界范围展览业的发展来看，北美地区展览业的发展水平仅次于欧洲。美国和加拿大的会展经济都相当发达，每年举办展会、论坛近万个，并形成了北美地区独特的办展模式和风格。其中最著名的会展城市主要是多伦多、拉斯维加斯、芝加哥、纽约、奥兰多、达拉斯、亚特兰大、新奥尔良、旧金山和波士顿等。由于北美特别是美国强劲的经济实力以及国内巨大的市场容量，北美展览业的发展水平从世界范围来看依然处于领先地位，北美展览对于海外参展商仍然具有较大的吸引力。

北美展览业主要以美国和加拿大为代表，2000 年在美国和加拿大举办的展览会达到 13 185 个，展览业集中程度较高。2000 年，美国和加拿大的 10 个主要会展城市举办了 4 540 个展览会。美国和加拿大是世界会展业的后起之秀，每年举办的展览会近万个，其中，净展出面积超过 5 000 平方英尺(约为 460 平方米)的展览约有 4 300 个，总展出面积 5 亿平方英尺(约 4 600 万平方米)，参展商 120 万个，观众近 7 500 万人次。

2. 主要会展城市

(1)会展新星——奥兰多

海水、沙滩、棕榈树和四季宜人的气候，以及海洋世界、迪斯尼、环球影城三大主题公园，再加上对公众开放的肯尼迪航天中心，使美国佛罗里达州的奥兰多成为一个纯粹的度假胜地。除此之外，交通便利，水陆空立体的交通网络，尤其是世界各国特别是欧洲各大航空公司都有直达奥兰多的航班，这些得天独厚的条件，使得奥兰多在美国众多会展城市中脱颖而出，成为赫赫有名的“会展之都”。

奥兰多会展业最显著的特点是其优质的服务。奥兰多的主要会展场馆——桔县会议中心，是全美仅有的几个由当地政府经营的场馆之一。该中心的经营口号是：“为用户提供卓越的服务，激发他们回来举办会展的欲望，提高优秀集体的名誉”。为激励员工热情地为客户服务，该中心长期举办一项由客户和员工参与的活动，发给每位来到该中心的客户印有标志的硬币，凡是得到一次满意的服务，客户可以给工作人员一枚硬币。年终时，得到硬币多的工作人员将受到中心的奖励。这项活动有两个好处，员工得到硬币的同时客户得到优质的服务。为用户提供宾至如归的服务和帮助，成为奥兰多在会展业竞争中取胜的法宝。

(2)沙漠中的展览城——拉斯维加斯

拉斯维加斯作为沙漠中人造的展览之城,已经成为美国著名的会展城市,重要的会展场所有拉斯维加斯会议中心,许多著名的展览如 Comdex 电脑展、汽车售后服务展、MAGIC、全美五金展等都在这里定期举办,每年接待的会议代表和参观者数以千万。会展业成为拉斯维加斯城市经济增长的关键,甚至是整个南部内华达州经济发展的三大支柱产业(饭店、娱乐和会展业)之一。拉斯维加斯的成功来自于对独有优势的了解、准确的产业定位以及政府的政策支持。

(3)汽车城——底特律

近年来,底特律先后共投资 170 亿美元兴建和扩建会展中心。复兴会议中心耗资 5 亿美元,包括周边的 17 座餐馆和可容纳 1 298 个客位的停车场,它与三家大型娱乐场所和许多零售商店毗邻而居。科博会展中心占地 17 万英亩,展出面积达 70 万平方英尺。这里举办的每年一度的北美汽车展,成为世界汽车业的风向标。这里也是车迷的朝圣地。底特律还有哈特广场、亨利·福特博物馆、格林菲尔德村以及底特律艺术研究院等著名的旅游景点。

(三)亚太地区展览业

亚太地区主要是指东亚及太平洋地区,是世界旅游组织根据世界各地的旅游发展情况和客源集中程度而划分的世界六大区域旅游市场之一。实际上,亚太地区不仅是世界上旅游业发展速度最快的地区,也是展览业发展最快的地区之一。亚太地区是世界会展经济的后起之秀。以中国、日本、新加坡、中国香港为代表的亚洲国家和地区以及澳大利亚等,是世界新兴的充满活力的展览市场,以增长速度快,辐射面广、专业门类齐全以及广阔的市场前景而引人注目,成为世界展览经济中最具发展潜力的地区之一。

目前,亚太地区竞争最激烈的要数中国大陆、中国香港地区和新加坡,形成了三大区域性的展览模式。新加坡在展览硬件和软件以及政府扶持等方面做得较为完善;中国香港地区也成功地操作了许多以贸易出口为主的品牌展览会,其优势是完善的服务设施;而中国大陆有着广阔的市场空间,其发展空间应优于新加坡和中国香港地区。另外,日本的东京和韩国的首尔以及中东的迪拜也是亚太地区区域展览中心市场强有力的竞争者。

1. 澳大利亚展览业

(1)会展连带效应显著

澳大利亚旅游局曾表示,会议、展览旅游将在 21 世纪前 10 年里,被当做澳旅游业的重头戏来发展。会议、展览业在澳大利亚欣欣向荣,每年收入达 70 亿澳元。其中,专业会议年收入为 60 亿澳元,展览业收入达 10 亿澳元。据了解,会议旅游对地方经济的带动作用非常明显，会议旅游者 1 美元的消费中，用于会议以外的就有 92 美分。

澳大利亚展览主要分为专业性展会和公众性展会，全国整个展览行业每年的经济贡献平均大约 25 亿澳元，如此显著的经济效益主要是得益于会展连带效应的充分发挥。

其中专业性展会的观众无论是来自澳大利亚本土还是海外，包括住宿、餐饮、娱乐、购物、交通等方面的花费在内，每人在展出城市的平均消费大约达到 700 澳元/天。来自展览城市本身的观众的平均消费大约达到 130 澳元/天。据统计，从参加专业性展会观众的比例来看，每个展会至少有 30% 左右的观众是来自海外或澳大利亚其他地区。

公众性展览会来自澳大利亚其他地区或者海外的观众，每人每天在澳大利亚的平均花费大概是 350 澳元，来自展览城市本身的观众每人每天的花费平均为 110 澳元。

据统计，澳大利亚每年大约举办 300 个大型展览会，共吸引约 500 万名观众，其中参加专业性展览会的观众比例为 30% 左右，参加公众性展览会的观众比例为 70% 左右。

(2)专业展竞争力较强

澳大利亚专业性展览会的竞争力十分强劲，每年专业性展览会都会吸引大批高素质、十分具有购买力的专业买家，这是其会展业经济效益显著的重要原因之一。

据统计，澳大利亚专业性展会观众中，63% 来自企业的管理层，每 10 个观众中就有 4 位是 CEO 或者董事会成员，另外还有 24% 来自公司采购和市场营销部门的经理层。因此，在这些专业观众中，具备最终购买决策权的占 45%，能够影响最终购买行为的占 4%，决定可以作为考虑购买选择的占 5%，可以建议最终购买的占 11%，这样总计有 88% 的观众能够影响购买行为，超过了据 EXHIBITSURVEY 公司发布的美国展览行业的同项指数 85%。专业展会每个买家的平均购买力达到近 4 万澳元(3.74 万澳元)，由此可见澳大利亚专业性展会的强大竞争力。

(3)展览协会富有成效

澳大利亚展览和会议协会是澳大利亚展览和会议领域唯一的行业组织，成立于 1986 年，前身是澳大利亚展览行业协会，后改名为澳大利亚展览和会议协会，总部由墨尔本迁至悉尼。澳大利亚展览和会议协会下设多个工作委员会，业务范围涉及市场调研、数据统计、出版物发行、展览场馆联络、教育培训、会费收集等。澳大利亚展览和会议协会每年举办一次展览和会议行业年会，邀请全澳大利亚同行业的会员参加。

这一协会为主导型商会组织，具有民间性质，是以服务为宗旨，由企业自愿设立、活动自主、经费自筹的民间非营利性组织，代表行业或地区整体利益向政府提出建议，以促进贸易发展和会员企业利益的实现。政府一般不干涉协会的活动，并要在制订有关工商业政策时征求协会的意见。澳大利亚展览和会议协会同美国展览经理人国际协会、英国展览组织者协会和美国展览行业研究中心等建立了合作关系。它的主要宗旨是提供有效并且专业的服务，以促进整个澳大利亚展览和会议行业的发展。

(4)展览公司发展迅速

在澳大利亚，目前共有展览场馆107家，展览会主办机构106家，展览服务性机构120家左右。澳大利亚的展览主办机构一般不拥有展览场地，而是通过租用展览场地来举办各类展览会。展览服务公司主要涉足除展览会主办和场馆经营外的其他配套服务业务，包括展台搭建、展览设计、展品运输、展览会餐饮、展览配套旅游等。澳大利亚展览行业目前全职的从业人员大约为3 000人。

澳大利亚能够举办规模较大的展览会的公司主要有两家，分别是澳大利亚展览服务有限公司和励展(澳大利亚)公司。

澳大利亚展览服务有限公司成立于1982年，总部位于墨尔本，是澳大利亚最大且最有实力的展览会主办公司。该公司已经组织了约250个较大的专业贸易展览会，同世界很多同行业机构和企业建立了广泛的合作关系。该公司每年举办约15个大型展览会，展览会涉及建筑、食品饲料、信息技术、电子、电子工程、工业自动化、特许经营、金融投资、房地产、纺织品、礼品和家庭用品等领域。

励展(澳大利亚)有限公司是世界著名跨国展览集团——法国励展集团在澳大利亚的分公司，公司总部设在悉尼。励展集团在全世界46个国家拥有分公司和办事处，每年在32个国家举办430个不同行业的展览会，吸引约15万家企业参展和900万观众前往展览会采购。励展(澳大利亚)有限公司的展览运作全部通过励展集团庞大的全球网络进行。

2. 新加坡展览业

新加坡的展览业发展起步于20世纪70年代中期，虽然并不早，但新加坡政府对展览业十分重视，专门成立了新加坡会议展览局和新加坡贸易发展委员会负责对展览业进行推广，使展览业获得了空前的发展并取得了显著的成绩。2000年，新加坡再度被比利时的国际学会联合会列为国际第五大会展城市，位次排在巴黎、布鲁塞尔、伦敦和维也纳之后。这是国际协会联合会连续两年推选新加坡为国际第五大会展城市。在该学会的排名中，新加坡是第一个排入前

5 名的亚洲城市。

(1)得天独厚的展览业优势

新加坡位于亚洲的中心地带,具有四通八达的国际交通网络,同时由于政治稳定,经济政策完善,商业环境良好,具有较高的国际开放程度和较高的英语普及率,新加坡成为国际贸易中心,目前已有 3 000 多家跨国公司在此建立国际业务中心。这些条件以及新加坡较高的服务业水平共同为新加坡展览业的发展奠定了良好的基础。

(2)显著的国际展览业地位

新加坡连续 17 年成为亚洲举办会展的首选地区,举办国际展会的规模和次数居亚洲第一位。每年举办的展览和会议等大型活动达3 200多个,前来参加这些会议、展览的人数达 40 多万。新加坡市被国际协会联合会评为世界第五大会展城市。

(3)先进一流的展览会场馆

新加坡主要的展览馆有两个,一个是新加坡展览中心,另一个是新达城会展中心。

①新加坡展览中心(SINGAPOREEXPO)

新加坡展览中心耗资 2. 2 亿新加坡元,已建好的一期工程室内展览面积达 6 万平方米,分为 6 个大厅,可以为各种规模的展览会使用,各展览大厅还各自设有办公室、会议室和出入口;室外展览面积为15 000多平方米。展览中心的二期工程还将增加 4 万平方米的室内展览面积。新加坡展览中心一流的装备,最强功能特性和最大灵活性的设计追求,使之成为亚洲除日本 INTEX 大阪展览馆外的最大的展览中心,这更加确立了新加坡作为国际展览城市的重要地位。

②新达城会展中心

总建筑面积 2. 8 万平方米,展览面积 2 万平方米,会议中心可容纳 1. 2 万人。新达城会展中心设计别具特色,4 座 45 层和一座 18 层的大楼环立,象征人的五指,中间是一座世界上最大的喷泉,寓意财源滚滚;建筑物的雨水汇集系统,提供灌溉花草和洗车用水,既环保又有“肥水不外流”之意。中心配备先进的翻译、通信、传播系统,每年在这里举办的各种会议、展览等活动有1 200多个。

(4)灵活实效的展览业机构

新加坡的展览业机构主要有两个,分别是新加坡会议展览局和新加坡贸易发展委员会(TDB),都是官方机构。会议展览局和贸易发展委员会对于新加坡会展业的推广和促进作用是积极卓越的。

3. 日本展览业

日本对展览业的发展相当重视,日本国家旅游机构——国际观光振兴会

(JNTO)是官方指定负责商务会议和奖励旅游的机构,其下设的日本会议局负责会展的统一管理。

日本以其雄厚的经济实力、良好的基础设施、发达的交通网络、周到的服务、特有的民族文化,赢得了许多重要国际会议、展览会和世界典型节事活动的主办权。日本会展业的快速发展极大地推动了日本经济和旅游业的发展。根据国际会议协会统计,日本在国际会议市场所占份额为3.6%,位居世界主要会议国家的第九位。在亚洲地区,日本所举办的国际会议数量最多,其次是中国。日本首都东京在世界主要会议城市排名为第27位。

日本政府为促进会展业的发展,1994年颁布了《国际会议促进法》,该法通过减少税收等手段来鼓励国际会议组织者。

日本展览业的优势和劣势:

(1)日本展览业的优势主要表现在:政府对国际会议和展览组织者在税收上给予优惠政策;日本的会议和展览中心运用了高新技术,有助于吸引会展业务。

(2)日本展览业的劣势主要表现在:同亚洲其他新兴会展国家相比,日本的会展价格偏高。

二、会议业

随着人类社会的不断发展,国际会议已日益成为世界各国进行交往和联系的一种重要形式。近年来,全球召开国际会议的数量快速增长,其影响和作用也日益扩大。从目前世界会议活动的总体布局来看,欧洲是全球会议经济中整体实力最强和规模最大的,德国、意大利、英国、法国都是世界级的会议大国。本文着重从全球不同国家及城市接待国际会议的数量、所占市场份额等方面的现状、发展以及预测这一角度,对国际会议的发展趋势进行简要探讨。

(一)国际会议概况

按照ICCA的统计,每年全世界举办的国际会议中,参加国超过4个、参会外宾人数超过50人的各种国际会议有40万个以上,会议总开销超过2 800亿美元。欧洲和美国是世界会议产业最发达的两大地区。瑞士是一个只有700万人口的内陆小国,可平均每年举办的国际会议超过2 000个,每年因会议而吸引的外国游客超过3 000万人;法国一年至少要办700多个国际会议,其中巴黎就占400多个,会议每年为巴黎带来7亿多美元的经济收入;美国更是占联合国之地利,国际会议连绵不断。亚洲地区的日本、中国香港、新加坡则是会议旅游市场近年来发展较快的国家和地区,特别是香港已成为亚洲会议产业"大哥大",其国际会议目前已排到2010年。

2006年的ICCA的数据显示,2005年共举办了5 315个国际会议,比2004年多511个。上升的数据反映了市场实力,另外也归功于ICCA的209位成员递交了各自会议的详细信息,同时也反映了研究者的工作能力得到相应的提升。

表3-1　ICCA对2005年各国举办的国际会议的评定

等级	国家	会议	等级	城市	会议
1	美国	376	1	维也纳	129
2	德国	320	2	新加坡	125
3	西班牙	275	3	巴塞罗纳	116
4	英国	270	4	柏林	100
5	法国	240	5	香港	95
6	荷兰	197	6	巴黎	91
7	意大利	196	7	阿姆斯特丹	82
8	澳大利亚	164	8	汉城	77
9	奥地利	157	9	布达佩斯	77
10	瑞士	151	10	斯德哥尔摩	72

如表3-1所示,2005年举办的国际会议评定的三个最受欢迎国家是美国、德国、西班牙。英国和法国分别列为第四及第五。荷兰列为第六位,意大利排名第七。

(二)国际会议的发展趋势(以下数据均采用ICCA国际会议标准)

趋势一:全球国际会议的数量不断增长。

1995年,全球共召开国际会议3 000个,到2004年增加到4 804个,平均年增长率为6%。

趋势二:欧洲将持续拥有最高市场份额。

欧洲在国际会议的市场份额中一直处于领先地位,1995年欧洲举办国际会议858个,拥有57.9%的市场份额,此后一直处于增长状态,2004年,其市场份额增加到59.1%;亚洲及中东地区处于第二的位置,2004年拥有18.1%的市场份额,虽然这个数字表明其已经是国际会议市场的一块大蛋糕,但相比欧洲地区,还有相当大的距离;接着是北美洲、拉丁美洲、大洋洲、非洲,其中拉丁美洲、大洋洲、非洲只拥有不到6%的市场份额,在北美洲召开的国际会议数量虽然有小幅增长,但比重却在一直减少,从1995年的14.6%降到2004年的10.7%。

趋势三:在亚洲召开的国际会议数量大幅提高。

1995年至2004年,在亚洲及中东地区召开的国际会议数量大幅度提高,其中1995年有497个,2004年增加到868个,增长幅度很大。2004年国际会议接待数量世界排名前40位的城市中,亚洲城市有9个,分别为新加坡、香港、北京、首尔、吉隆坡、曼谷、台北、上海、东京,占总量的22.5%。

趋势四:我国接待国际会议数量跻身世界前列。

在我国大陆地区召开的国际会议数量逐年提高,1995年世界排名第15,接待国际会议56个,占全球国际会议的1.9%;2004年世界排名第13,接待国际会议120个,占全球国际会议数量的2.5%(如果大陆地区加上香港地区,则世界排名第6)。

我国大陆地区接待国际会议主要集中在北京和上海两座城市,北京处于稳步增长状态,国际会议接待数量从1995年的38个增加到2004年的65个,上海接待数量快速增长,1995年只有3个,2004年增加到31个。2004年国际会议接待数量全球排名表中,北京排在第10名,上海排在第35名。

根据2004年出炉的一份预测,未来十年(2005年~2016年)预计接待国际会议数量前十五名的国家中,美国依然居榜首,德国、英国、意大利、西班牙等紧跟其后,中国大陆排名第10,预计接待国际会议比例为2.8%,名次提前,比重增加,这也从一个层面说明了中国在世界上的影响力日益巨大。

未来十年(2005年~2016年)接待国际会议数量前15名的城市中,哥本哈根、巴塞罗那、维也纳、巴黎、柏林依然处于领先位置,北京排名第6。

(三)国内外会议业发展概况

1. 德国会议业

从目前世界会议活动的总体布局来看,欧洲是全球会议经济中整体实力最强和规模最大的,德国、意大利、英国、法国都是世界级的会议大国。

德国地处欧洲中心地带,作为会议目的地,非常明显的优势是交通便利性。德国现有会议举办场所11 000个。其中,有10 000个为酒店宾馆,420个为会议中心与会展中心,330个为大学。可供选择的各类活动场所大约有60 500个,与1999年相比增长了10%。此外,大约有310万平方米的会议中心和140万平方米的会展中心可用于做会议举办场地,而且还有75个企业会议举办场地和1 500个特殊活动举办地。6%的会议举办地(656个),可以提供500人以上会议,会议举办的服务质量越来越高;从酒店会议所占比例来看,85%会议集中在3~4星级酒店,与会者平均一天住店费用为100欧元。

德国会议协会(GCB:Germany Conferences Bureau)负责管理德国境内的国内外会议有关事务,它不仅是世界知名的会议业协会之一,而且在德国会议业的发展中也充分发挥了其行业管理作用。

德国会议协会(GCB)1973年成立,原属汉莎公司的一个专业职能部门,旨在推广德国会议活动，1974年属下30名成员与德国旅游中心合并成为会议局，1984年发展到120名成员，2004年已经拥有超过200名机构会员，会员单位包括德国各类酒店、会议中心、旅游目的地、汽车租赁公司、活动代理以及活动提供商等。德国会议协会（GCB）在会议的组织者与德国会议市场供应商之间起着联系的作用，为会议事务的组织与计划工作提供建议与相关支持，也为市场提供联系人。

2. 日内瓦会议业

讲到欧洲会展业不能不说日内瓦，因为每年在日内瓦召开的国际会议一直名列前茅，故其有"国际会议之都"之称。

日内瓦（Geneve）是一个历史悠久的国际都市，作为瑞士第三大城市，日内瓦仅次于苏黎世及巴塞尔，除了是瑞士法语区的首善之都，更俨然是世界的缩影：超过了200个的国际重要机构设于日内瓦，其中包括了联合国驻欧洲总部、国际劳工组织、万国红十字会、童子军总部、妇女和平自由联盟等，可谓是一个国际的政治、经济及文化中心。

日内瓦是个典型的国际城市，共有243个各类国际组织总部（或常设办事处）设在日内瓦。主要分为四类：

（1）联合国系统的机构

专门机构：如世界卫生组织、国际电信联盟、世界气象组织、国际劳工组织、世界知识产权组织。联合国机构共10个，主要有联合国贸易与发展会议、联合国难民事务高级专员公署、联合国欧洲经济委员会、联合国开发署、联合国社会发展研究所等。

（2）与联合国有一定关系的机构

共2个，即世界贸易组织和日内瓦裁军谈判委员会，它们既不属于专门机构，也不属于联合国机构，而以某种方式与联合国大会或联合国的某一委员会发生工作关系。

（3）政府间机构

共15个，主要有欧洲核研究中心、欧洲自由贸易协会、国际教育局、欧洲移民委员会等。

（4）非政府组织

约200个，其中规模较大的有各国议会联盟、世界工会联合会、世界宗教理事会、国际民防组织、国际警察协会等。

有149个国家在日内瓦设有208个常驻代表团。每年约有两千多个国际会议在日内瓦召开，近89 000名各国代表和专家与会，一年为日内瓦创收40亿瑞士法郎，所以日内瓦又被称为"国际会议之都"。

3. 美国会议业

美国会议产业理事会(The Convention Industry Council,CIC)成立于1949年,是会展领域知名的国际组织,总部设在美国首都华盛顿。它所拥有的来自世界各国的32个组织机构会员,代表着会展业界103 500个从业人员和17 300个公司、实体。会议产业理事会的宗旨是为组织机构成员搭建一个平台,使大家能够交流信息和发展计划,同时促进会展的专业化,并借助于理事会本身的影响力对公众进行会展教育,推动会展产业向前发展。

美国会议产业理事会(The Convention Industry Council, CIC)2005年9月13日发布了"2004美国会议产业影响力研究报告",该报告向我们提供了美国会议产业(Meetings, conventions,exhibitions, and incentive)经济影响力的统计数据,其中包括会议产业的直接支出和用工增长的情况。CIC希望通过此项研究让公众更加清楚,会议产业作为一个重要的经济发动机的重大意义。

会议产业的特点是,一年四季都可以进行,全国范围内不管机构大小都能操作。2004年,美国会议产业总的直接支出为1 223.1亿美元,对GNP的贡献率排各大行业第29位,甚至排在制药业之前。

4. 中国会议业

根据ICCA所掌握的数据,2003年中国大陆地区排名第30位,香港排名第31位。将两者的活动相加,则在世界范围中国排名第18位。在亚太地区中国位于澳大利亚(排名8),日本(排名11),新加坡(排名16)之后,但列于韩国(排名19),泰国(排名21)和马来西亚(排名23)之前。

在会议业排名上,北京虽然紧随香港之后,但却落后于新加坡、悉尼、首尔、曼谷、吉隆坡和墨尔本。值得关注的是,新加坡正投资改进机场,力争成为东南亚首要的航线中心;悉尼正改进主要的会议中心;墨尔本正使其中心的接待能力翻倍,其他城市已经或正在新建大型中心;在韩国,六七个城市正力争成为国际会议举办地,使每一个重要城市都有国际水平的设施。因此,竞争将更加激烈。

虽然竞争不断加剧,北京和上海在同一时期内在国际会议业的排名将升至世界前10到20位。这是否能最终实现,很大程度上取决于目前奥运会和世博会所做的准备工作,包括研究、市场推广以及为竞标重要会议所做的准备工作。

广东将成为地区性而非世界性会议的强有力领导者(与北京、上海不同),在亚太会议和展览市场方面,将有十几个或更多的城市与其竞争。哪个城市会取得成功取决于很多因素,包括国家在促进和支持方面的一切措施。有一点必须明确,并非每个城市都有成为国际会议地点的必备的吸引力。中国不能期望在太多的城市获得成功。

香港的繁荣将继续,它在国际上的声望和服务水平都极高。而澳门是很值得关注的，正在建设和计划中的大型的赌场和会议饭店将极大地吸引相当一部分会议业市场，这一点，作为会议首选举办地的拉斯维加斯就是很好的例证。

(四)重要的国际会议

1. 达沃斯论坛

达沃斯论坛(又称世界经济论坛)是以研讨世界经济领域存在的问题、促进国际经济合作与交流为宗旨的非官方国际性论坛。它由世界高层次、有影响的全球领导人、企业界首脑和知名专家组成，参加该论坛的企业会员包括全球70多个国家和地区的1 000多家大公司和企业，它们的年营业额合计超过4万亿美元。

世界经济论坛的座右铭是：致力维护全球公共利益。在性质上，达沃斯论坛归属于政治经济、思想类财经会议，它对全世界的经济发展起到催化剂的作用。达沃斯论坛及其在全球举行的区域会议的全体会议和小组讨论会变成了最先进的思想论坛和全球政要以及企业界、学界人士研讨世界经济问题的最主要的非官方聚会，也是他们进行私人会晤、商务谈判的最重要场所。这一会议被喻为非官方的国际经济最高级会议和“经济联合国”。成为论坛成员，参加论坛会议，不仅意味着实力，更意味着地位和身份。

除此之外，论坛还得到众多公司，特别是论坛的伙伴公司的帮助。这不仅造就了其获利丰厚的产业链条，而且创造了会议经济的成功模式——达沃斯模式。

2.《商业周刊》CEO论坛

《商业周刊》CEO论坛被誉为“亚洲地区最具影响力的峰会之一”。从1997年起，该论坛每年举办一次，是一个技术类论坛。论坛着眼亚洲，每年定期在亚洲指定城市举办年会，旨在通过最大限度的互动交流，实现东、西方企业家们对国际化经营中不容忽视的最新动向的前瞻性讨论。历年会议由于内容紧扣工商界的关注点，注重讨论实际问题和寻找解决方案，成为企业高管人士首选参与的重要会议，在世界尤其是亚洲工商界享有很高的知名度。

该论坛的特点是参加会议的企业领导人层次高、影响大，会议内容丰富，主要以非正式和灵活的对话形式围绕经济和企业发展等方面的热点议题在专家和企业CEO之间展开讨论和对话。

3. 博鳌亚洲论坛

博鳌亚洲论坛是一个非政府、非营利的国际组织，目前已成为亚洲以及其他大洲有关国家政府、工商界和学术界领袖就亚洲以及全球重要事务进行对话的高层次平台。博鳌亚洲论坛致力于通过区域经济的进一步整合，推进亚洲国家实现发展目标。

博鳌亚洲论坛由菲律宾前总统拉莫斯、澳大利亚前总理霍克及日本前首相细川护熙于1998年发起。2001年2月,博鳌亚洲论坛正式宣告成立,它是第一个总部设在中国的国际会议组织。论坛的成立获得了亚洲各国的普遍支持,并赢得了全世界的广泛关注。从2002年开始,论坛每年定期在中国海南博鳌召开年会。2004年4月,博鳌亚洲论坛理事会成员达成一致意见,今后,论坛年会将于每年4月的第三个周末定期举行。国际色彩、民间色彩、经济色彩是博鳌亚洲论坛的三大特征:博鳌亚洲论坛不仅为亚洲,同时也为对亚洲感兴趣的国家与人民服务,它具有强烈的国际色彩,是一个高层次的对话平台;同时,它是一个非政府组织,具有民间色彩,建立尽可能广泛的会员基础;参加论坛的不仅有官员,还有商界精英、大学教授、专家学者等。

2008年4月11日至13日,博鳌亚洲论坛2008年年会举行,1 700名来自亚洲和世界其他地区的政府官员、企业代表、专家等参加了会议。中共中央总书记、国家主席、中央军委主席胡锦涛在博鳌亚洲论坛2008年年会上发表题为“坚持改革开放 推进合作共赢”的主旨演讲。据悉博鳌亚洲论坛将于2008年6月3日至5日在英国伦敦举办国际资本峰会,这将是博鳌亚洲论坛首次走出亚洲,走向世界。

4. 亚太经合组织

亚太经合组织(Asia – Pacific Economic Cooperation,简称APEC)是亚太地区最具影响力的经济合作官方论坛,成立于1989年。1989年1月,澳大利亚总理霍克访问韩国时建议召开部长级会议,讨论加强亚太经济合作问题。经与有关国家磋商,1989年11月5日至7日,澳大利亚、美国、加拿大、日本、韩国、新西兰和东南亚国家联盟6国在澳大利亚首都堪培拉举行亚太经济合作会议首届部长级会议,这标志着亚太经济合作会议的成立。1993年6月改名为亚太经济合作组织,简称亚太经合组织或APEC,英文为Asia – Pacific Economic Cooperation。宗旨是:保持经济的增长和发展;促进成员间经济的相互依存;加强开放的多边贸易体制;减少区域贸易和投资壁垒,维护本地区人民的共同利益。成立之初是一个区域性经济论坛和磋商机构,经过十几年的发展,已逐渐演变为亚太地区最重要的经济合作论坛,在推动区域贸易投资自由化,加强成员间经济技术合作等方面发挥了不可替代的作用。

APEC现有21个成员,分别是中国、澳大利亚、文莱、加拿大、智利、中国香港、印度尼西亚、日本、韩国、墨西哥、马来西亚、新西兰、巴布亚新几内亚、秘鲁、菲律宾、俄罗斯、新加坡、中国台湾、泰国、美国和越南,1997年温哥华领导人会议宣布APEC进入十年巩固期,暂不接纳新成员。此外,APEC还有3个观察员,分别是东盟秘书处、太平洋经济合作理事会和太平洋岛国论坛。亚太经合组织的正式工作语言是英语。经过多年的发展,亚太经合组织形成了领导人非正式会议、部长级会议、高官会、委员会和专题工作组、秘书处等多个层次的工作机制,涉及贸易投资自由化、经济技术合作、宏观经济政策对话等广泛的合作领域。其中最重要的是领导人非正式会议,会议形成的领导人宣言是指导亚太经合组织各项工作的重要纲领性文件。

5.《财富》全球论坛

由美国时代华纳集团所属《财富》杂志主办的"《财富》全球论坛",旨在把全球跨国公司的首席执行官、政策制定者和学者聚集一堂,共同探讨跨国公司和世界经济面临的难题。从 1995 年起,财富论坛每年在世界上选一个最具有经济活力的城市举行。财富论坛已经被世界商界和跨国公司公认为是一扇把握世界经济最为清晰的窗口。《财富》杂志每年举办不同的论坛,并把它们看做是一个经济增长点。

举办大型宴会是《财富》论坛的一个经典模式。会议期间一般安排 2 ~ 3 场大型宴会,包括开幕晚宴、正式晚宴和闭幕晚宴。宴会上由各国政要、《财富》杂志及东道主致欢迎词、闭幕词或做重要演讲。正式宴会前后分别安排盛大的表演和烟火等活动。各场宴会在风格上往往刻意有所区别。历届《财富》论坛都有东道国的政要演讲。

为确保高水平的会议质量,《财富》论坛年会只通过邀请方式组织,出席者仅限于各大跨国公司的董事长、总裁和首席执行官。与会者来自世界各地,他们都有经营全球性业务的共同特点。共同的目的和地理上的广泛分布,将会激发有益的讨论,建立起新的业务关系。各公司不能委派其他人士出席,但跨国公司的领导人可以登记一位有合适地位的随行高级人员参加会议。

第二节　中国会展业发展概述

随着经济全球化浪潮的全面推进和科学技术的迅猛发展,国际会展业经历了前所未有的变革。中国的会展业也进入了一个飞速发展的时代。我国许多中心城市和省会城市纷纷兴建了现代化的大型展馆,大力培育区域会展经济。中国的会展业作为快速发展的朝阳产业,有着广阔的发展空间和巨大的增长潜力。

一、中国会展业的发展现状

在新世纪,我国会展业的发展面临着新的背景。第十一个五年计划的确定和实施,将使我国经济发展步入一个新的时期。在这种形势下,我国会展业的发展既有新的机遇,也将面临严峻的挑战。因此,当务之急是提高我国会展业的规范化水平,建立并逐步完善管理制度,提高竞争力,进一步促进我国会展经济持续健康发展。以2006年中国展览业中发生的标志性重要事件为线索,中国展览业的宏观发展态势呈现七大特点,分别为:

(1)知识产权保护成为热点,行业规范不断完善。2006年中央及地方政府陆续出台了一系列旨在扶持、促进和规范会展业发展的政策法规,其中知识产权方面的立法工作成为年内会展业立法的热点。

(2)场馆建设结构性转移,中西部地区成为新热点。2006年,东部发达地区的会展场馆建设明显降温,不少地区只是在延续以前的“二期工程”,新增项目减少。但中西部地区的场馆建设骤然升温,西安与武汉两城市的新场馆建设引人注目。

(3)与国内强势会展资源合作成为跨国公司开拓中国业务的新途径。2006年,中国展览业的国际化进程继续深化,美国、德国、意大利等国家的会展巨头不仅延续了以往在中国设立子公司、合资公司以及代表处等传统做法,而且从2006年以来发生的国际合作事件看,越来越多的跨国公司把进军中国市场的重点转向了与拥有优势会展资源的国内会展企业的合作。

(4)区域合作蔚然成风,合作领域不断扩大。2006年,全国各城市之间掀起了新一轮的区域合作高潮。合作领域逐步深入到组展、场馆经营、教育培训等多个领域。

(5)业界活动数量多、层次高,从国内向周边国家和地区扩散。2006年,展览业内活动异常活跃,呈现出数量多、层次高、从国内向周边国家和地区扩散等明显特点。

(6)教育培训发展迅猛,专业人才资格认证培训成为新热点。2006年会展教育培训工作稳步发展,业内交流研讨活动不断深入。

(7)行业组织稳步发展,新组织以从事研究、教育和培训为主。2006年,会展行业组织稳步发展,4家新机构正式形成。既包括国际会展组织的分支机构,也包括全国性行业组织,此外还有地方性行业组织。

二、中国会展业发展的瓶颈

我国会展业从小到大,发展速度不断加快,行业经济效益逐年攀升,成为各地经济发展的助推器和新亮点。据不完全统计,近10年来,我国通过展览实现外贸出口成交额达340多亿美元,内贸交易120多亿元人民币,各类专业性、综合性的国际展览会有力地促进了中外的技术合作、信息沟通、贸易往来、人员互访和文化交流,创造了良好的经济和社会效益。然而,在快速发展中,我国会展业也存在着不少问题,总体上还缺乏必要的制度和规则,这是制约会展经济发展的致命障碍。

(1)会展市场秩序混乱,鱼龙混杂,会展过多过滥,有些地方甚至出现了会展“泡沫”现象。一些城市日日有展,甚至“一日多展”。许多展览和会议既无特色,又无实质内容,缺乏良好的组织与服务,且收费混乱,低水平恶性竞争,使参展者的利益无法得到保护。

(2)展览场所重复建设,功能单一。全国各个城市都有展馆,但大多面积小、功能单一、设施落后、服务水平低,不具有竞争力,更不具有接办国际名展的能力。多数展馆只能承办一些低档次的展览,缺乏统一布局,一味地为了获得短期利益。过多过滥的展览活动,导致参展物品数量少、档次低,降低了对商家的吸引力,同时也降低了办展质量,影响了城市声誉和企业效益。而有些城市盲目建设展览场所,导致了社会资源的浪费。

(3)多数展会缺乏明确定位,组织管理模式落后。同国际知名展览相比,我国展览缺乏明确定位,让参展厂商“食之无味,弃之可惜”。而有的展会则什么档次与质量的产品都一拥而上。有些展会甚至成为处理滞销商品的场所。参展商的目的也不明确,且大多数厂商只是“坐以待客”。组织管理模式落后,服务水平低,也是制约我国展览发展,停留在相对封闭、单一、水平低下层次上的重要原因。

(4)会展业还未形成专业化分工协作的格局。为展览提供配套服务的技术、信息等相对滞后,制约了展览规模经济的发挥。同一批人员既是展览组织者,又是展览管理者,还是展览项目的实施者,从展品征集到展品运输、展品布置直至为参展者提供食住行服务等均由同一批人承担,这在某种程度上影响了社会化分工带来的高效率的发挥。同时,为展览提供辅助服务的行业如展览信息、展览咨询、施工、评估、道具、设计装潢等行业也有待进一步发展。

(5)会展主办主体复杂,缺乏资质条件的约束,展览业务人员的素质偏低。目前,会议展览的主办主体有各级政府及有关部门,有各类协会、学会,有各种群团组织,有咨询公司和展览公司,有各种媒体,也有各类企业。主办主体的多元化是市场经济条件下会展业发展的趋势,但是,由于没有严格的资质条件限制,造成了一些会议和展览水平低,组织管理混乱,一些城市甚至出现了各种展会一哄而上的局面。

三、中国会展业未来发展的趋势

产品生命周期理论认为,在发达国家处于成熟期的产业有向发展中国家转移的倾向。从国际经济格局和产业发展潜力的角度来看,中国会展业前景广阔。尽管目前中国会展业的发展现状与自身的大国地位和资源条件不太相称，但随着世界经济格局的变化以及我国改革开放深入，中国会展业将赢得众多发展的契机，尤其是加入世贸组织会使中国会展业在管理体制及运作机制上发生一系列变革。概括而言，在未来一段时期中国会展业发展将呈现出以下八大趋势：

（一）全球化趋势

加入世贸组织后，国内各个行业面临的最大现实问题就是全球化，会展业也不例外。与其他行业相比，中国会展业是一个壁垒相对较少的行业。因此，入世后会展业所受到的冲击肯定不会像金融、农产品、制造业等行业那样强烈，但不强烈不等于没有影响。服务贸易总协定要求各成员国对服务贸易执行与货物贸易相同的无歧视和无条件的最惠国待遇，作为一种特殊的服务行业，会展业自然也要受此协定的约束。

另外，入世能给国内会展业带来先进的管理经验和办展技术，尤其是在会展业的配套服务部门怎样分工协作、会展业与旅游业如何实现有效对接等问题上可以提供新的经验和参考依据，这势必会提高国内会展管理部门的调控水平。面临入世所带来的机遇和挑战，中国会展业应做好两方面的准备，即对内抓紧制定行业法规，对外尽快熟悉国际规则。

（二）信息化趋势

信息化既是中国会展业与国际接轨的一个重要衡量标准，也是会展业发展的必然趋势。这里的“信息化”有两层含义，一是要尽可能地掌握国际会展业最前沿的东西，包括行业最新动态、理论研究成果、展会信息或专业设备等；二是在会展业中充分利用各种信息技术，以提高行业管理和活动组织的效率。

中国会展业要实现信息化发展还有许多事情可做。首先，应加强与国际会展组织或世界知名会展公司之间的交流与合作，并定期向国外发布我国的会展信息，以及时掌握全球会展业的最新动态。其次，在会展业中积极推广现代科技成果，逐步实现行业管理的现代化、会展设备的智能化和活动组织的网络化。最后，充分利用国际互联网（Internet），推动国内会展业的信息革命，如开展网络营销、举办网上展览会等。

（三）集团化趋势

集团化是国内各个产业部门亟待解决的共同问题，它是伴随市场竞争而产生的一种企业经营战略。尽管会展经济的概念在中国提出是最近几年的事情，或者说会展业在中国还是一项新兴的产业，但在中国加入世贸组织这种产业背景下会展业必须从开始就走集团化发展的道路。

推进会展业集团化的最终目的是为了使会展企业之间实现优势互补，从而提高我国会展业的国际竞争力。会展企业的集团化不是企业和企业的简单相加,而是整个行业在资产、人才、管理等方面全方位的融合与质的提升。我国会展行业的集团化可以分三步走:一是采取横向联合、纵向联合、跨行业合作等灵活多样的组织形式,组建会展集团。二是开展品牌竞争,即会展集团应以统一的企业文化和品牌开展经营管理,以逐步提高品牌的知名度及价值含量。三是实行海外扩张。积极向海外扩张是会展企业集团化达到较高水平的一项重要竞争策略,它能使国内会展企业在国际市场竞争中保持主动。海外扩张主要有设立办事机构、合作主办展览、移植品牌展会、投资兴建展馆等四种形式。

(四)品牌化趋势

品牌是会展业发展的灵魂,也是中国会展业在21世纪实现可持续发展的关键。综观世界上所有会展业发达国家,几乎都拥有自己的品牌展会和会展名城。例如,在德国慕尼黑每年要举办40多个重要展览会,其中有一半以上是行业的领导性展会,高档次的展览会为慕尼黑赢得了大批参展商,也增强了对旅游者的吸引力。为增强中国会展业的国际竞争力,品牌化是必由之路。

值得欣慰的是,国内已初步涌现出一批具有知名品牌的会展企业或展会,如北京国际会展中心、上海国际会议中心、大连星海国际会展中心、北京国际汽车展、中国出口商品交易会(广交会)、上海工业博览会、深圳高交会等,这些品牌企业或展会为我国其他城市发展会展业积累了宝贵的经验。然而,这些民族化的会展品牌与德国、意大利等国家的国际性会展公司或展览会相比,无论在品牌的知名度上,还是在品牌的无形价值或扩张程度上,均存在着巨大的差异。由此可以预见,品牌化将作为一项重要任务提上中国会展业发展的日程。而且,中国会展业的品牌化应主要围绕三个内容来进行,即培育品牌展会,建设会展名城和扶持领导企业。

(五)专业化趋势

"只有实现专业化才能突出个性,才能扩大规模,才能形成品牌"已成为国内会展界的共识。在过去相当长一段时期,我国会展业追求的都是综合化,强调小而全,并希望以此吸引更多层次、更多类型的参展商,结果造成展览会特色不鲜明、规模普遍小、吸引力不强。而且,主要是由于这个原因,我国的国际知名展会才比较缺乏。专业化是中国会展业发展的必然选择,近几年来,国内会展界已在这方面做了大量有意义的探索:

一是展会内容的专题化。展会必须有明确的主题定位,否则就吸引不了特定的参展商和观众,国内绝大多数展会主办者都意识到了这一点。目前,在全国每年举办的1 300多个展览会中,有75%以上是专业性的。以我国著名的海滨旅游城市大连为例,1996年全市专业展览会只占展会总数的48%,而到了

1999年便上升为80%。

二是场馆功能的主导化。除了会议或展览需要有明确的定位外,场馆也应该有比较清晰的主导功能定位。在会展发达国家,一些国际性的品牌展会总是固定在某个或某几个场馆举行,这样既便于会展公司和场馆拥有者之间开展长期合作,又有利于培育会展品牌,我国会展企业应吸取其中的成功经验。

三是活动组织的专业化。随着中国会展业的发展尤其是与国际会展市场的进一步接轨,国内会展业必将在展会策划、整体促销、场馆布置、配套服务等方面走上一个新台阶,各类专业会展人才也会越来越多,组展过程将呈现出专业化、高水平的特点。

(六)创新化趋势

21世纪是创新的世纪,在这样一个追求个性的时代里,一种事物如果不能常变常新就不能获得持续发展的能力。会展业在中国是一项新兴的经济产业,与会展发达国家相比竞争力明显不足,因而唯有不断创新才能突出自身的特色,最终达到"以弱胜强"的效果。

中国会展业的创新可分为四个主要方面,即经营观念创新、会展产品创新、运作模式创新和服务方式创新。经营观念创新是指我国会展企业应树立"不求最大,但求最佳"的经营思想,即在最大限度地满足参展商和观众需求的前提下,实现企业综合效益的最大化;会展产品创新主要包括不断开发新展会和大力培育品牌展会;运作模式创新即在组织方式或操作手段上进行变革,以适应新的市场形势,如推进会展企业上市、向海外移植品牌展览会、开展网上展览等;服务方式创新则指按照"以人为本"的原则,充分利用各种现代科技成果,为参展商和观众提供更超前、更便捷的配套服务。在今后的一段时间里,推进创新将成为中国各主要城市发展会展业必须坚持的一项重要原则。

(七)生态化趋势

可持续发展是人类社会永恒的话题。任何一项经济产业要获得持续、健康的发展,都必须寻求经济效益、社会效益和生态效益的统一。可以预见,生态化将成为会展业发展的必然趋势。中国会展业的生态化主要体现在以下几个方面:

(1)注重场馆的生态化设计。投资者在兴建会展场馆时将从会展场馆选址、建筑材料选择到内部功能分区等方面,突出生态化的特色,有关管理部门也会对此制定相应的规范。目前,"绿色会展场馆"的概念在国内已经相当时兴。

(2)大力倡导绿色营销理念。会展城市在组织整体促销或展会主办者在对外宣传招徕时,都将更加强调自身的生态特色和环保理念,以迎合参展商和大众的环保需求心理。

(3)强化环境保护意识。除积极建设绿色场馆外,展会组织者和场馆管理人员将比以前更加注重节能降耗和三废处理,在布展用品的选用上也应做到易回收的材料优先。

(4)以环保为主题的展览会将备受欢迎。随着中国会展业的日益成熟,国内会展产品中必将涌现出大量与环保相关的专业会议或展览,并且这些展会具有极大的市场潜力。

(八)多元化趋势

从整体上看,世界会展业正在向多元化方向发展,具体包括产品类型的多行业化、活动内容的多样化和经营领域的多元化。

首先,会展业的蓬勃发展对会展产品类型提出了越来越高的要求。中国会展企业应根据当地的产业经济基础和自身的办展实力,积极开发新的专业性展会。专业内容可涉及汽车、建筑、电子、房地产、花卉等各个行业,关键是要尽快形成自己的品牌。其次,会展形式正在从传统的静态陈列转向融商务洽谈、展会参观、旅游观光、文化娱乐等项目于一体的动态形式,这是全球会展业发展的必然趋势。最后,面临激烈的行业市场竞争,我国的绝大多数会展企业都会努力拓展本企业的经营项目,形成“一业为主,多种经营”的格局,以分担经营风险,增强企业综合竞争力。

四、中国会展业的重点城市介绍

中国会展业的发展与改革开放同步,是改革开放为中国会展业注入了生机和活力,使之以年均近20%的速度增长,并在短短20年中成长为一个新兴产业。会展业在贸易往来、技术交流、信息沟通、经济合作诸方面发挥着日益重要的作用,在中国经济舞台上扮演着越来越重要的角色。中国会展业已经形成了百舸争流、千帆竞渡的发展态势,各类为展会服务的运输、搭建、广告等公司如雨后春笋般纷纷涌现,形成了百花齐放、春色满园的喜人局面。

北京、上海、广州、大连、厦门、深圳、成都等城市的展馆建设日臻完善,同时由于具备在经济、人才、信息、技术、市场等方面的突出优势,这些城市的会展功能开始凸显,展览业蓬勃发展、蒸蒸日上,占据了我国会展业的半壁江山。北京、上海、广州成为一线展览城市,在这些城市的带动和示范下,我国会展业的发展开始从沿海走向内地,从国内走向国际,不断向纵深发展。

据国际大会协会(ICCA)统计,2005年全球共召开5 313个国际会议,举办国际会议的国家名列前三位的是美国376个、德国320个、西班牙275个,中国举办国际会议153个,在世界排名第13位。举办国际会议的城市名列全球前三位的是：维也纳129个、新加坡125个、巴塞罗那116个，北京举办了65个国际会议，位于世界城市目的地第13位，上海举办国际会议39个，位于城市世界会议目的地第31位。近年来我国举办国际会议的数量呈上升趋势。

（一）北京会展业：一马当先

北京是我国的首都，是全国的政治、经济和国际交流中心，科技、文化、经济、设施、旅游、人才等各方面的资源优势为北京会展业的发展提供了独特的条件和环境。尤其是中国加入世贸和北京申奥成功，为北京会展业的发展带来了更加广阔的发展空间。北京市已将会展业列入未来5年的重点发展产业之中，希望将北京建设成为国际会展中心。

北京的会展业是伴随着改革开放逐步发展壮大的，特别是进入20世纪90代以来，北京会展业呈现出了繁荣发展的景象，在国民经济中所占的比重不断提高，对首都经济的促进作用日益明显。总体看来，北京会展业的发展呈现出以下发展态势。

1. 会展企业蓬勃发展

目前，在北京工商部门注册的具有经营会展业务的公司已超过2 000家，在全国具备举办大型国际展览资格的近250家展览公司中，北京就有130多家，占据了半壁江山。在北京，各类会展企业已经初步形成了场馆、广告、装修、运输、旅游、咨询、法律等为会展提供综合服务的配套服务体系。

2. 会展场馆加速建设

北京市现在拥有大型单体展览场所13个，这些场所的总面积54万平方米，其中会议室面积2.3万平方米，室内展厅面积16万平方米，室外展览面积6万平方米。

目前北京市会展场馆数量和面积的不足已经严重制约了北京市会展业的发展。为满足北京市会展业迅猛发展的需要，北京市积极加快会展场馆的规划与建设。目前正在规划中的会展场馆有：在北京顺义空港城建设新中国国际展览中心，场馆面积达20万平方米；在朝阳区十八里店北京物流港建设的北京新视野国际博览中心，展览面积15万平方米；在北京经济技术开发区将建设总面积36万平方米的汽车展场。北京奥林匹克中心也在规划部分会展场馆。

此外，中国国际展览中心易地重建后，将成为亚洲最大的展馆。易地重建的展览中心建筑面积达到46万平方米，其中展馆面积20万平方米，已于2008年建成并投入使用。北京市展览场馆的情况（如表3－2）。

表 3–2　北京市展览场馆一览表

展馆名称	隶属关系	展馆使用面积（万平方米）	建筑面积（万平方米）	展馆数量
中国国际展览中心	中国国际贸易促进委员会	6	8	
北京展览馆	北京市旅游局	2.2		12
全国农业展览馆	农业部	1	2.4	10
中国国际贸易中心展览部	外经贸部	1		
中国国际科技会展中心	中国工程院	1.5	12	3
北京国际会议中心	北京北辰实业有限公司	0.9		

资料来源：新华会展网。

3. 品牌特征日益明显

北京市会展业在全国起步较早，20 世纪 90 年代以来，北京先后成功地举办了世界妇女大会、国际档案大会、国际建筑师大会、万国邮联大会等几十个国际大型会议，以及大运会、亚运会等国际大型盛会，已经具备了举办大型会议的成功经验，得到了世界的公认与赞扬，这成为北京培育国际会展名牌的重要前提。

北京是我国的首都，中央国家机关、大型国有企业总部、跨国公司在华总部云集，权威机构集中，市场资源集中，北京会展业的发展从一开始就定位于大型、高档次、国际化的会议展览上，这为北京会展业品牌化发展奠定了坚实的市场基础。

目前，在我国获得 UFI 认证的 13 个展会中，5 个在北京，分别是机床展、冶金展、印刷展、纺机展和制冷展。

（二）上海会展业：迅速崛起

上海的展览业起步于新中国成立之后。改革开放之前，主要举办的是一些友好国家成就展和国内的工业展，每年举办的展览会数量只有二十来个，那时展览会还是人们眼中的“稀罕事”。随着上海改革开放的扩大，特别是党中央、国务院开发、开放浦东的决策在国际上取得了重大的影响后，海外对华的经贸发展重点移向上海，上海成为我国的经济与金融中心。上海人颇具头脑和细致的办展观念，这使上海会展业迅速崛起，其发展思路明晰，近年来取得了骄人的业绩，会展规模以每年 20% 的速度递增。上海正在为跻身国际会展城市而积极努力。

1. 会展效益初见端倪

上海市目前已拥有一批通晓外语、管理、贸易、营销和国际惯例的会展专业人才队伍。与会展相关的企业达2 600家，已经初步形成完整的会展及相关产业链。在场馆的建设及规模、会展人才的素质、相关配套行业的整体服务水平、国际性大展比重等方面,上海与会展发达国家和地区的差距正在慢慢缩小。

上海市委、市政府非常重视会展业的发展,已将会展业列入今后5~10年重点发展的都市型服务业,制定了将上海建成“国际性会议展览中心”的战略目标,并推出多项鼓励政策。

2. 场馆建设初具规模

目前,上海场馆建设初具规模。现已拥有大型展馆13家,分别是上海展览中心(展览场地2万平方米)、上海国际展览中心(1.2万平方米)、上海世贸商城(2万平方米)、上海光大会展中心(3.5万平方米)、上海国际会议中心(0.3万平方米)、上海国际农业展览馆(0.3万平方米)和上海新国际博览中心等。除了正在规划筹建中的上海新国际博览中心外,其他展馆的展览面积都还不足5万平方米,且还分散在浦东、虹桥、漕河泾等各处。同时展馆功能单一,配套服务设施落后,缺乏整体规划,这在某种程度上也影响了上海市会展业的发展。

上海市正在加快会展场馆的建设步伐,根据上海新国际博览中心的可行性研究报告统计,上海累计展馆面积正以每年8.6%的速度增加。由德国汉诺威公司、德国慕尼黑展览有限公司和德国杜塞尔多夫展览有限公司共同出资的德国博览国际有限公司,与上海市浦东土地发展(控股)公司共同投资的上海新国际博览中心展览面积将达25万平方米(其中室内展览面积20万平方米,室外展览面积5万平方米),将为亚洲最大的展览中心,并跻身世界20大展览中心之列。届时上海市室内展览面积将达到35.38万平方米,室外展览面积达到8.5万平方米左右。

3. 品牌培育初见成效

目前上海市会展业的竞争已经趋于国际化和白热化。从《财富》论坛、APEC会议、亚行年会、《福布斯》全球CEO论坛到汉诺威亚洲信息技术展(CeBIT Asia),上海会展业已经逐步走上国际化、规模化与品牌化的道路,“中国国际模具技术和设备展”已加入国际展览联盟(UFI)。上海会展经济已呈稳步融入世界会展经济发展格局的态势,上海作为会展城市的国际形象和知名度得到空前的提升,开始彰显“会展之都”的风采。

(1)展览会数量已呈现加速扩容的态势,涉及工业、教育、服装、建材等;各个行业的会展连续举办。华交会、国际电子元件展、国际服装博览会、国际客车展、菲律宾贸易展、国际建筑装饰展、国际染料展等数十个展览会如期举行;国际船艇展和酒店展、国际生物医药展、国际花卉展、国际自行车展、国际汽车工业展即将开幕,境内外客商踊跃参展、参观或采购。

(2)开始引入了不少会展新概念,会展业发展形式日趋丰富。如上海世贸商城与美国达拉斯市场管理中心达成合作协议,将国际上采购商和生产商普遍采纳的"常年展览中心"新模式引入上海。即在提供短期展览场所的同时,导入企业办证、审计、商务融资、产品认证等常年展览贸易服务。

(3)2010 年世博会的申办成功,成为上海会展经济发展的"添加剂",为上海建设世界级会展城市提供了历史性机遇。以展示世界先进科学、技术和文化成果为内容的"世界博览会",是和奥运会、世界杯并称为"三大盛会"的世界上最富声誉的博览会。世博会体现的是政治和经济的双重效益,有头脑、有雄心的上海会展界抓住了机会,上海正在向"亚洲会展之都"迈进。

4. 体制改革率先突围

与北京会展界的努力相比,上海会展业更多的是借助开放的市场环境和灵活的市场机制,从会展业体制改革方面入手来提升自身在会展业方面的竞争力。首先是大力转变政府职能,政府致力于场馆建设与规划,协调展商与服务商之间方方面面的关系,从而进一步强化展览公司的市场主体地位。同时,2002 年上海市率先成立了全国第一家会展行业协会——上海市会展行业协会,促进了会展业市场体系运作规范的形成。

目前,由上海市政府法制办和市外经贸委牵头,涉及多个委办参加的展览法规调研组,正在制定国内第一个展览法规——《上海展览法》,该法规的指导思想是理顺行政主管部门和海关、商检、工商、税务等部门之间的法律关系,克服会展业多头管理的弊病,以及明确展览公司办展的资质要求和法律程序,通过展览协会来加强行业管理。

(三)广州会展业:百展争雄

广州是华南政治、经济、文化的中心,也是国内会展业发展最早、会展经济最活跃的地区之一。展览的数量、展览面积、展会规模和影响力,都位居全国前列。开放程度高是广州会展业最大的特点。

1957 年创办的广交会,号称"中国第一展"。广交会已走过了 50 个春秋,举办了 102 届,展览面积达 16 万平方米,是中国目前历史最长、层次最高、规模最大、商品种类最全、到会客商最多、成交效果最好的综合性国际贸易盛会。依托广交会的影响力和优势产业的强劲支撑,广州地区会展业出现了百展争雄的格局。在各类展会中,区域性展会成为广州展览会的主流。同时也包括国家级的会展,国外的来华专业展,还有民营展览机构所办的各类专业展。

广州目前有两个展览馆,分别是广州国际会展中心和广交会展馆,都为超大型展馆,分别有 16 万平方米和 17 万平方米的展览面积。随着会展经济的发展,广州会展业为求得更大发展,市政府已在东南琶洲岛规划建设新的博览中心——广州新会展中心。根据规划,新会展中心占地 92 万平方米,全部建成后将是世界最大的展览中心。目前首期已经完工,建筑面积已达39万平方米,是迄今亚洲最大、世界第二的展览中心。新会展中心的启用将为广州会展业迎来“第二春”。

广州会展业的发展在改善城市基础设施、环境整治、市容美化、强化城市功能等方面都取得了显著成效。广州将以“中国第一展”为龙头,通过与香港、深圳强强联合,尽快打造珠江三角的会展航母,成为国际性的会展城市。

(四)香港会展业:会展业的国际名城

香港每年举行的大型展览活动超过80项,参展商多达2万家;每年在香港举办的大型会议超过420个,来自世界各地的与会代表多达3.7万人。除了本行业的可观收入之外,展览业的潜力在于它巨大的辐射效益。据香港展览会议协会提供的资料,访港旅客在展览业消费1港元,即可为其他相关行业带来额外4.2港元的收入。此外,参观展览人士平均在港逗留时间一般为5天,他们平均每天在零售及娱乐方面的消费分别是普通游客及本地市民的2倍至13倍。

香港赢得“国际会展之都”的美誉,主要得益于以下几个优势。

1. 区位优势

香港位于亚洲中心,背倚中国大陆地区,面向南中国海,是我国华南的门户,远东国际航海和航空交通的要冲。并且香港地区拥有发达的国际航空运输业和繁荣的国际航海运输业,距离亚洲各个主要商业城市的飞机航程最多不超过5个小时,是沟通亚洲各地、联结欧美和大洋洲的枢纽,地理位置十分优越。良好的区位、便捷的交通是香港地区成为亚太地区会展中心的基础。

2. 资源优势

(1)经济资源。由于香港特区政府一直采取自由的经济政策,金融市场全部放开,外币自由兑换,资金进出完全自由,从而使大量的外资涌入香港,这大大推动了香港经济的发展,加速了香港经济国际化和自由化的进程,又使香港成为银行多、资金多、股市繁荣、金市兴旺的国际金融中心。加上先进的设备,完善的金融、保险、通信等服务系统,使香港成为世界贸易中心,转口贸易、进出口贸易异常发达。国际性金融中心和贸易中心的地位,为香港会展业的发展提供了良好的经济环境。

(2)政策资源。香港一直坚持自由的贸易政策,大量商品免除关税,进出口贸易手续简便,不设置任何关税或非关税壁垒,是世界上开放度最大的自由港城。

(3)信息资源。香港配备了现代化的通信设备,并且和美国、加拿大、英国等国家建立了国际联机情报检索系统,拥有完善的资料库,资讯来源四通八达,畅通无阻，是世界上信息产业最发达的地区之一，为置身其中的客户提供了多元化、现代化的选择。同时，世界上普及率最高的两种语言——汉语和英语作为香港地区的官方语言，使香港与各国参展商沟通无障碍。卓越的资讯中心地位是香港地区会展业发展，吸引参展商与观展商的重要原因之一。

（4）旅游资源。香港地区作为亚热带的天然良港，拥有宜人的气候和迷人的自然风景，并且香港熔中西文化于一炉，文化底蕴深厚，人文景观丰富，这使其成为赫赫有名的世界性旅游胜地。发达的旅游业也为香港地区吸引了大批的商务客人，大大地促进了香港国际会展业的发展。香港旅游协会的统计资料表明，商务与会议客人占香港游客的30%之多。

同时，香港地区的酒店业十分发达，具有文华、丽晶、半岛等一大批世界级的名牌酒店集团，拥有现代化的设备、先进的经营管理和一流水准的服务，接待能力较强，能满足商务客人的多种需要。这些都成为香港地区大力发展会展业的先决条件。

3. 产业优势

香港回归祖国后，与内地的经济往来日益密切。随着内地改革开放步伐的加快，特别是中国开发西部战略的实施、"入世"的成功以及 CEPA 协议的签署，更为香港展览业的蓬勃发展提供了坚实的产业基础，不断巩固香港展览之都的地位。

4. 管理优势

香港展览业的崛起，是与其高效、合理、先进的管理机制密不可分的。在这一过程中，香港贸易发展局扮演了重要角色。

香港贸发局是香港投资展览的主要机构，在三十多年的发展历程中，贸发局以"市场宣传"和"客户服务"为中心，积极推动了香港会展业的发展。贸发局已在全球设立 42 个分处，包括我国内地的 11 个办事处，从而便于与海外商会联系，组织买家组团来港参加展览。另外，贸发局还积累了一个非常庞大的资料库，组成了一个包括世界各地 60 万买家制造商的目录，其中中国香港 10 万家、中国内地 12 万家、海外 38 万家。通过这些资料的分类分析，便可在办展时有针对性地发出邀请；并且定期组织买家联谊酒会、论坛以及商情新闻发布会等。

在展馆使用方面，展览的场地、时段的安排，由展览馆管理机构按国际惯例协调，香港贸发局并无特权，权利由掌管会展场地的私人商业机构——香港新世界管理公司掌握，从而确保展览安排的公平、公正与合理。

香港会展业的行业协会是香港展览会议协会，于 1990 年成立，目前有会员 44 个，包括展览会主办者、承建商、货运、场馆、贸发局、旅游协会、生产力促进局、酒店及旅行社(包括香港中国旅行社)等。

5. 服务优势

优质的硬件设施与软件服务为香港会展业的蓬勃发展奠定了良好的基础。

香港会展场馆主要就是香港会议展览中心,分为旧翼和新翼两部分。投资16亿港元的香港会议展览中心(旧翼)于1988年落成。1994年投资48亿港元的香港会议展览中心(新翼)一期工程已经完成并投入使用,展览面积达6.3万平方米。二期工程于2005年完成,展览面积扩展到10万平方米。

香港会议展览中心不仅具备一流的设备,其先进的服务也备受称赞。香港会议展览中心(新翼)总面积达24.8万平方米,其中展览场地的面积仅为总面积的1/4,其他3/4是用来做配套服务设施的。同时,香港会展业还为会展客户提供全方位的服务。如展会开始时,政府官员通常会到现场进行政策、法规解答,银行会到现场服务。会展的主办者会与酒店、旅游机构密切合作,从而为会展参加者提供较完善的服务等。

6. 品牌优势

香港服装节是世界"七大时装展览之一",也是亚洲历史最悠久和最具规模的时装展销活动。此外,香港还相继举办了首届国际文具展、大型玩具展、资讯基建博览会、亚洲规模最大的家庭用品展和礼品展、国际钟表展、国际美容美发展、国际旅游展等大型国际展览。

除了知名展览外,许多大型国际会议也在香港召开,如2001全球《财富》论坛、2001科技世界国际会议、世界服务业大会、第12届世界生产力大会、第14届太平洋经济合作组织会议等。香港的名牌展会造就了香港会展业的发展优势。

第四章

会展企业

◆学习目标◆

1. 掌握会展企业的定义与特征
2. 了解会展企业的组织结构与组织部门
3. 掌握现代会展场馆的特征与设计
4. 熟悉国内外著名会展场馆
5. 了解国内外知名会展企业概况
6. 了解国内外知名品牌会展的概况
7. 熟悉我国会展企业经营中存在的问题

会展原本是工业生产的附庸，但随着全球化浪潮的推进和后工业化社会的来临，会展业开始以独立的面目出现在国际贸易舞台上。会展企业在会展业的发展中发挥了相当重要的作用，本章主要介绍国内外知名的会展中心、会展公司及其举办的成功的著名展会。

第一节 会展场馆

在这一节中，我们将介绍会展场馆的定义、基本要求，国内外会展场馆的特点和发展概况，同时还对国内外知名会展场馆做了较为详尽的介绍。

一、会展场馆的定义

会展场馆作为会展经济发展的载体，被誉为会展经济发展的火车头。一般会展场馆是举办会议、展览会等的场所。它是为各种类型的商品展示、行业活动、会议交流、信息发布、经济贸易等集中举办各种活动的场所。会展场馆是一种建筑产品,同一般工业产品相比,其显著特点是体形庞大。会展场馆一般场地规模都很大,拥有的设施设备种类繁多,投资额巨大,需要建设维护的费用也很高。作为一个会展场馆,应具备以下条件:

(1)它是由一个建筑物或者多个建筑物组成的接待设施;

(2)它必须能够提供展览设施,并能够提供其他相关的设施;

(3)它的服务对象是公众,既包括外来的参观者、参加者,也包括当地的社会公众;

(4)它是商业性质的,所以使用者要付一定的费用。

随着社会的进步和发展,会展场馆的设施和功能日趋多样、丰富。这些设施和功能包括停车场、餐厅、休息场所及通信、娱乐、新闻、商务、住宿、其他临时办公场所等。

二、现代会展场馆的基本特征

(一)场馆规模宏大

规模宏大是现代化展览中心的重要标志。现在国外新建的展览中心占地面积一般都超过100万平方米,德国汉诺威展览中心的占地面积约100万平方米,包括27个展厅,仅展厅的面积就达到49万平方米。出于前瞻性的考虑,国外新的展览中心均留有一定比例的预留地,以便将来增建展馆。

(二)服务设施齐全

现代化展览中心不仅有展馆,还有会议中心、餐饮服务场所和设施,使展览中心既可以举办展览、开会,又可以进行文艺表演、体育比赛。为解决参展商停车难问题,展览中心建有大面积的停车场,如慕尼黑展览中心的停车场可以容纳1万个车位,德国汉诺威展览中心的停车场可以容纳5万个车位。香港新建的亚洲国际博览中心,附近有高尔夫球场和集娱乐与购物为一体的大型购物中心,给客人提供了良好的环境。

(三)智能化水平高

高科技在现代化展览中心得到充分的利用。目前国外展览中心基本上都配备了智能化程度很高的网络系统。比如观众、参展商电子登录系统,电脑查询系统等。此外,多媒体、手机短信等多种通信手段也在展馆内得到了应用。此外,高科技也用于传递会议信息,许多饭店都配有展示会议信息的内部电视频道,当客人醒来的时候,他们仅需要打开电视就可以获得当日的活动安排。

(四)设计以人为本

展览中心是为展商和观众提供服务的场所。因此在展览中心的规划和建造中,满足他们的各种需求,是必须认真研究的问题。现代化展览中心突出了"以人为本"的建设理念。

首先,场址选择"以人为本"。现代化展览中心的场址选择一并将交通条件、环境条件和地形条件作为选址的首要要素进行考虑并进行论证,同时场址选定后,仍要与市政规划相吻合。

其次,内部布局"以人为本"。展览中心内部合理布局,可以使展览中心内部管理有序,方便参展商和观众,提高工作效率。如在慕尼黑展览中心,人在展馆连廊里走,货物在地面上运,避免人流物流交织影响内部交通。餐饮网点分布到各个展馆周围,便于展商、观众就近就餐。会议中心与展馆保持一定距离,避免与展览发生冲突。场址内保留大片绿地,以便展商、观众在工作或参观之余有休闲场所休息。

最后,展馆设计"以人为本"。现代化展览中心的展馆基本上都是单层、单体,面积约1万平方米,高度13~16米。通过观众调查及多方论证发现,上二层展馆的观众会减少一定的百分比,到三层的则更少。单层单体1万平方米的展馆,正好是长140米,宽70米,处于人眼的正常视觉范围内,这样观众不容易迷失方向。高度13~16米是基于展台装修设计的要求,且适合布展作业。

(五)布局经济实用

国外展览中心很注重经济实用性。如慕尼黑展览中心外观并不豪华,看上去类似一排排的厂房或仓库,展馆内也没有大理石的墙和花岗岩的地,但展商和观众需要的设施一应俱全,非常实用。尽管现代化展览中心占地规模大,但在考虑土地使用时,仍要"斤斤计较",绝不浪费。如两个展馆之间距离定在38米,正好是集装箱卡车掉头的最小宽度。

(六)政府大力支持

现代化展览中心公益性很强,因而其从规划建造起就得到政府的大力支持。如慕尼黑展览中心的投资,巴伐利亚州政府和慕尼黑市政府各出资49%,剩余2%由当地的手工业协会出资。巴黎北展览中心是由巴黎市工商会出资建设的,但政府在土地等方面给予了很多优惠政策。我国地方政府在这方面的表现就更突出,有些城市在建展览中心时,政府不仅出钱出政策,而且还出人,组成以市长亲自挂帅的筹建领导小组。

三、国内外会展场馆发展概况

(一)国外会展场馆发展概况

在国外尤其是在德国、意大利、法国等会展业发达国家,会展场馆的空间发展模式表现为积聚的特点,其最大优势是容易实现规模效应。其中,“积聚”的内涵主要指由大规模带来的非同一般的影响力和品牌效果。事实上,国外会展场馆的发展是聚中有散的,只不过这里的“散”不是松散,而是一种合理布局。

1. 总体上重点集中,合理分散

会展发达国家凭借自己在资金、技术、交通及服务等方面的优势,建造大规模的现代化场馆,举办高水平的展览会,在国际会展市场竞争中占据着主导地位。从总体布局上来看,会展业发达国家或地区的场馆建设具有“重点集中、合理分散”的特点。所谓重点集中,包括两层含义:一是指会展场馆主要集中在几个大城市,以便集中力量培育国际会展名城;二是指各会展城市的场馆建设规模较大,便于统一规划、集中布展。例如,德国是名副其实的展览大国,它拥有23个博览会场地(展览面积超过10万平方米的有8个),展览总面积高达240万平方米。全国的展览场地主要分布在汉诺威、科隆、慕尼黑、法兰克福及杜塞尔多夫等城市,其中,仅汉诺威就拥有展览面积达68万平方米的巨型场馆,而且周边各项基础设施完善,正因为如此,世界上许多国际性的品牌展览会都落户德国。

所谓合理分散,即指几乎每个会展业发达国家都制定了科学的会展业发展规划,表现在场馆上便是突出重点、分级开发,以确保本国会展业具有持续发展的潜力。例如,目前意大利的大型国际展览会主要在米兰、波洛尼亚、巴里和维罗纳四个城市举办,这些城市都是著名的旅游城市,但相隔一定的距离且各自的品牌展览也不一样,因而在开展会展活动上各具特色;同时,为促进意大利经济的进一步发展,也形成了一些地区性会展中心。

2. 单个场馆规模优先,以人为本

相对会展业总体布局的聚中有散而言,国外会展场馆更加讲究规模,大部分场馆的展览面积都在10万平方米以上;在建筑设计和设施安排上则强调以人为本,即尽量为参展商和观展人员提供方便。如2000年5月在德国汉诺威举办的印刷机械展Drupa是全球最具影响的展览会之一。整个展览会分18个馆展出,展览总面积达15.8万平方米,有来自42个国家的1 800多家厂商参展,来自德国及世界各地的约40万观众观展。场馆的各项设施和服务均以人为本,旨在为参展商和观众提供全方位的配套服务。观众一进展馆便能得到一份用多种文字编写的参观指南,各展馆的展览内容、观众出口、公共交通及停车场一目了然；展场中间的露天场地设有饮食和休闲中心，除提供快餐外还有各式风味餐厅；不同展馆之间有遮雨通道相连，在有些地方参观者还能乘坐电动通道直接进入不同展区。

3. 场馆建设持续优化，不断扩张

随着会展业的快速发展，大多原有的场馆已经不能满足要求，必须改建和扩建。以可持续发展原则来指导会展中心的规划建设、改建扩建，是欧美国家新老会展中心普遍遵从的理念，即在规划时重视扩建方式、后续工程或改建工程，且不影响建成部分的使用。如法兰克福、科隆和柏林会展中心就采用这种模式。它们逐步拆除老的、不适用的建筑而以新的大跨度、大规模、高效率的建筑取代，在不断的建设过程中，应用新技术，适应新需求，完善新功能。如科隆会展中心就在原地将围院式建筑逐步改造为大跨度的展厅，并以连廊将各个展馆相连通。再如法兰克福会展中心，它拥有从1909年一直到2001年建设的包括穹顶式多功能会堂、超高层办公楼、大跨度的新型展厅等各类型的建筑。其形态清楚地刻画出多次改扩建的痕迹。这样的扩建投资规模比较小，实施灵活，多以加建单独的大型展馆、连接通廊或主要的入口大厅等内容为主。

（二）我国会展场馆的发展现状

1. 全国场馆总面积持续增加

2003年全国已经完成的新建和扩建场馆总建筑面积650 404平方米，其中新增室内展览面积463 284平方米，其中2002年新增室内展览面积412 100平方米，2001年新增室内展览面积324 630平方米。与此同时，2003年全国有超过579 000平方米建筑面积的新馆破土动工，全国会展场馆保持快速增长的步伐。如西南地区的直辖市重庆和四川省城成都，就有多个场馆的计划在酝酿中。成都市已经率先定夺方案，在城南建造一座20万平方米大型展览中心的计划已经浮出水面，规划2005年完成建设。

令人关注的大城市会展中心只是全国会展场馆市场的一部分，另一支生力军正在悄然的发展壮大，那就是中小城市会展中心的崛起，如2002年建成的浙江台州、山东菏泽等地的场馆。2004年全国各地仍有不少中等及县级城市正在为建设会展场馆做规划、招标和融资。

2. 单个场馆规模不断增大

中国目前已经认识到会展场馆在规模上与国外的差距，因此，近来新建的会展场馆面积不断扩大。如上海新国际博览中心规划展馆面积为25万平方米。现在中国国际展览中心新馆已有北京开馆。新国展是我国规模最庞大、功能最完善的国际化、综合性、现代化展览中心之一，在亚洲乃至世界也处于一流水平。新国展共有16个单体、单层、无柱的专业化展厅，总规划用地155.5公顷,地上总建筑面积66万平方米。目前开馆的是新国展一期工程。一期工程共建成8个展馆,配套设施有综合楼、动力中心、仓储项目等,展厅地上使用面积达到10万平方米,平均每个展厅面积1.25万平方米。

3. 区域会议展览带已经形成

我国区域会议展览空间已经初步成长起来,由于会展经济对城市具有强烈的依附性,因此,会展带与城市带在空间上具有一致性。目前我国最大的两个城市群,同时也是我国经济较为发达的两个区域——珠三角和长三角区域已经成为我国未来会展经济发展的增长点。

(1)长三角展览带

长三角展览带城市纷纷将会展定位为经济增长的重要支柱产业,各种展览场馆不断兴建。2003年宁波国际会议展览中心、杭州市国际会议展览中心等五家展览场馆的建成和完成扩建工程,加上2003年内破土动工的会展场馆,如苏州国际博览中心、上海汽车会展中心和杭州西湖会议中心,使长江三角洲展览带成为2003年度全国场馆市场最为活跃的区域。以杭州为例,杭州和平会展中心扩建工程的完成,以及杭州市国际会议展览中心的落成,使杭州的室内展览总面积达到了156 396平方米,具有接待大展的硬件能力,解决了杭州会展发展受制于场地局限的瓶颈问题。宁波国际会议展览中心可搭建2 500个国际标准展位、提供1 600个车位,为长江三角洲南翼地区提供了展览业发展的平台。

(2)珠三角展览带

珠三角是我国会展经济发展历史最为悠久的区域,如久负盛名的广交会,新兴的深圳高交会等都是该区域著名的品牌会展。加上该区域工业经济较为发达,更为会展经济的发展和会展场馆的建设提供了有力支撑。

2003年1月2日,亚洲最大、国际第二大的会展中心——广州国际会展中心(面积仅次于德国汉诺威展览中心)投入使用。已竣工的首期工程占地43万平方米,总建筑面积39万平方米。它拥有三层共16个标准展厅,展厅总面积16万平方米,可容纳国际标准展位10 200个。新馆的介入驱动了展览会重新布局,参展商、参观者和相关服务企业在城市中的流向发生变化。同时,随着深圳会展中心的完工,以及位于香港新机场的亚洲国际博览馆2005年的落成,使得包括香港在内的珠江三角洲展览带的室内展览总面积增加了173 109平方米,珠三角会展业的发展有了更广阔的空间。

(3)环渤海展览带

以北京、大连为代表的环渤海城市带因为具有政治、经济和文化意义,也成为雄踞东亚地区的会展城市带。

4. 会展场馆集聚与分散并存

无论是会展中心城市在特定区域内的空间布局,还是会展中心城市内的会展场馆的空间布局,都同时存在集聚与分散并存的局面。会展场馆的集聚有利于单体会展企业降低基础设施和市场营销成本,形成规模效应,而分散则利于树立新的形象。在会展中心的宏观区位上,环渤海带、长江三角洲与珠江三角洲形成了三个会展中心城市集聚带,在会展中心城市内,有的城市也形成了集聚带。以广州为例,广州的中国商品交易会与新建的广州锦汉国际展览中心形成了相对集中的展览区。另外,在广州,会展中心的分散趋势也很明显,如由于广州会展业规模的扩大,在琶洲岛规划建设并于2003年秋季中国商品交易会投入使用的新会展中心,形成了一个新的城市副中心。

四、世界知名会展场馆

世界四大展览中心分别是:德国汉诺威博览中心是世界第一大展览中心,中国广州国际会议展览中心是目前亚洲最大、世界第二大的会展中心,德国法兰克福国际展览中心是世界第三大展览中心,德国科隆展览中心是世界第四大展览中心。

下面将按照国家和城市来分别介绍世界上知名度较高的展览中心:

1. 汉诺威博览中心

汉诺威博览中心每年都吸引250多万观众前往参观。汉诺威博览中心是世界最大的展览场馆,总面积100万平方米。加上新建成的27号馆,室内展示面积已近50万平方米。这座世界最大的展览场拥有完美的基础设施和艺术级的技术手段。它以26 000余位参展商和230万观众的年流量为基础而设计。整个场地占地100万平方米,共27个展馆,室内展览面积达到49.8万平方米。最新落成的27号展馆位于展场西南角,展览面积为31 930平方米,造价6 140万欧元。8/9号馆、13号馆和26号馆建筑风格独特。展场内值得一提的建筑还有:面积达到16 000平方米木结构“EXPO Canopy”,建于1958年并于2000世博会期间装修一新的标志性建筑“Hermes Tower”,以及“Exponale”——这个欧洲最大的人行桥连通城市高速路和8号馆。除了室内展览空间,展场还提供58 000平方米的室外展览面积。

展场交通非常方便,北面和东面各有一条干线地铁,还有连通法兰克福、汉诺威和汉堡的德国南北干线的火车站(“汉诺威展场”)。两条“空中走廊”(装备有人行电梯),一条从西面连通火车站和13号馆入口,一条从东面连通停车场和8/9号馆。一条新的地铁线路提供了从汉诺威机场途经汉诺威中央火车站到达展场的快速通道。展场的停车场可停放50 000部车辆,其中有遮盖的泊位有8 700个。

2. 新慕尼黑展览中心

新慕尼黑展览中心于1998年2月12日正式开馆投入使用,室内面积20万平方米,展厅面积均在11 000平方米左右,A1~A6和B1~B5展厅净高11米,B6展厅为16米。所有展厅采用无柱设计,均能进行阴暗化处理。所有室内外摊位均为同样的技术设施,保证了展览场地的等值性;会议厅及新闻发布厅紧挨着展厅,为展商提供便利服务。在通信技术方面,用高速信息网络来传输声音、图像和信息,实现参展商在馆内和对外的通信联系。入口处、展厅、国际会议中心均配以终端技术和多媒体技术。入口处有6m×4m的大屏幕电视墙,会议中心有3m×4m的大型广告牌。每个展厅有300个远程通信接口、300个电脑接口和80个宽带电缆接口。在电话系统方面,每个参展商都可获得1个电话号码,并且在慕尼黑不同的展览会上均可使用。紧接展馆的永久室外场地60 000平方米,另有70 000平方米的室外场地,在展览区外有150 000平方米的附加室外场地和停车场,所有室外场地均与室内场地有相同的装置。

新慕尼黑贸易展览中心的设计思路非常清晰并富有逻辑性。它为包括参展商和参观者在内的未来使用者提供了下列优越条件:

(1)没有固定隔墙,为展台布置提供了最大限度的灵活性。如此优越的展览条件在德国国内无与伦比。

(2)由于中心内的空间可以根据不同情况被分割,因此为使用者提供了很大的灵活性。

(3)展厅内的任何方位都具有同等的吸引力。

(4)参展商和参观者在展厅内能轻松地辨认方位。

(5)为参观者提供有效的指示系统。

(6)交通便利。在东西入口处有两个地铁站、两个高速公路交汇点和1.3万个泊车位。

(7)室外空间开阔、风景优美,为参展商和参观者提供了良好的休息场所。

在新慕尼黑贸易展览中心内,建有可容纳6 500人的慕尼轩国际会议中心(ICM)。它既可以配合展览事务,也可以单独举办会议。ICM拥有多个可容纳20至3 000人的大小不等的房间,提供灵活的使用空间。

3. 法兰克福展览中心

法兰克福展览中心是世界第三大展场,室内展场32.1万平方米,室外展厅90 000平方米。每年,这里举办50多个展览会,其中汽车展、春秋两季消费品展都是世界同类展中最大的。法兰克福展览中心(Frankfurter Messegelände)的使用面积达1 417 486平方米,它位于市区的正中,与法兰克福繁忙的高速公路网紧紧相连。作为最重要的交通枢纽之一,法兰克福不仅有德国交通最繁忙的火车站,还有欧洲最大的洲际机场,二者距展览中心只需几分钟的路程。

法兰克福展览中心(Frankfurter Messegelände)占地面积达47.5万平方米,其中32.4万平方米为10个博览会大厅,另外的8.3万平方米为露天展场。节日大厅(Festhalle,即2号厅)专为举办各种特殊活动而设,它的拱形屋顶高达40米。5号大厅则在它的两个楼层里为超重负荷设置了一种特别能承重的结构。共有10个展馆,42个会议室,27个餐厅;场内有4 000个停车位,场外有20 000个停车位。

4. 德国科隆展览中心

科隆展览中心按市场的需求不断扩建,从最初的15.9万平方米扩建到27.5万平方米,至1999年末,展览中心的面积已扩建到28.6万平方米。展场由相连的14个展馆组成,展厅面积达286 000平方米,另外还有52 000平方米的露天展场。展场可举办最多容纳12 000人的会议,理想的方式是同时举办会议和展览会。科隆展览公司拥有自己的会议有限公司,可组织与展览会相对独立的会议。国外业务部分专门由1996年成立的独立分公司"科隆展览有限公司国际服务中心"(ISC)来负责,它拥有450名员工及遍及全球的84个代表处。

展览中心位于莱茵河畔,与世界著名的科隆大教堂隔河相望。从科隆市内乘坐火车、搭乘轮船、驾车或步行均可在数分钟之内到达展场。在展会期间,所有重要的长途列车不仅停靠科隆火车总站,而且还停靠位于科隆—道伊茨的博览会车站。从杜塞尔多夫和科隆—波恩国际机场也可以在很短的时间内抵达展场。此外,在展览会期间,所有的参展客人均可凭入场券免费乘坐以科隆为中心的周边地区的公交车辆。

5. 米兰国际展览中心

米兰国际展览中心是欧洲主要的展览中心之一,共有26个展厅,总面积37.5万平方米,其中包括新馆的7.7万平方米,有30个入口。1998年有3.1万个展商参展,其中16%来自国外,吸引了360万名参观者;1998年财政收入2 932亿里拉。1999年共举办73个展览。新展馆于1997年9月建成,耗资3 800亿里拉。展馆为2层,与旧馆以玻璃天桥相连。配有8个餐厅,60个酒吧,6个比萨店,8个自助咖啡馆。服务中心位于城市露天市场的中心,交通便利,四通八达。设有外币自动兑换机(可兑换17种外币现金)、银行、药房、美发厅、烟草店、旅行社等设施;提供直升机出租、酒店咨询、植物出租、汽车出租、保险代理、特快专递、行李寄存等服务。展览中心还十分重视场地的服务和货物搬运工作,运货车在展厅内部开行,行车路线为专线,与观众的路线分开。在货物装卸区有功率强大的通排风装置，还有许多货运升降机，这些设施足以使米兰展览中心在21世纪保持领先地位。会议中心设28个会议室，规模从50～700人不等。展览中心在需要时也可用作会议室并可容纳近5 000人。近年来会议中心约承办950个会议，接待人会者23万人，其中30%来自国外。

6. 韩国国际展览中心(KINTEX)

KINTEX是为了解决展览、国际会议面积的供应不足，实现国内展览、国际会议事业的国际化，由政府和自治团体共同出资建设的展览中心。

KINTEX在2005年4月29日正式对外开放，作为整体三个阶段的第一阶段，在6.8万坪的土地上建造了3层高的展览、国际会议设施。室内的展览面积为53 975平方米，分为5个展厅，展览设施的地板负荷为5吨/平方米，最大的特征是可以举办国内展览中心很难举办的大型重量产品的展览及活动。韩国会议展览中心位于韩国首都首尔，拥有最尖端会议设施和展览设施。会议设施包括可同时容纳6 500人的会议和展览兼用的会议室，此外，还有剧场式会议中心"Auditorium"和各种会议室。展览设施包括太平洋馆、大西洋馆、印度洋馆等展览室。

7. 东京国际展览中心

东京国际展览中心是日本规模最大、技术最先进的展览中心，由东京市政府修建，1996年4月建成。截至1997年9月，共接待了1150万贸易和消费参展观众。整个展览中心面积24.3万平方米，建筑面积14.1万平方米，展览面积8万平方米，采用钢结构、钢筋混凝土建筑。它由3部分组成：塔楼，高58米，共8层，拥有一个地下停车场；西展厅(2层)；东展厅(3层)，拥有一个地下停车场。主要展览厅位于西厅和东厅内。西厅有4个展览区，被设计成小型展览区。邻近的室外和屋顶展区也可根据需要用于展览。东厅有6个展览区，两边各3个，由长廊相连，可变成一个大型展区。塔楼中有规模不一的会议室，最大的国际会议厅可容纳1 000人。配置有一个250英寸高清晰度的录像放映机、音响灯光设施、会议系统、高新视听系统和8个语种同声翻译器。东京国际展览中心采用最新视听和数据信息传送系统来连接展览厅和会议中心。计算机系统可处理输入、输出并提供展览信息、会场信息、地方交通及天气、新闻等其他信息。具体设施包括：大型屏幕(安装在入口广场，播出大量与展览有关的图像资料)；大型电子信息牌(展览中心的主要通道安放有6个大型电子信息牌，起着引导观众的作用)；小型电子信息牌(展览中心内共有67个小型电子信息牌，向观众指引馆内设施及地方交通，展览组织者也可将此用于消息发布栏)；演播室(由一楼的演播室控制整个视听信息)。此外，还设有接待室、会客室、餐厅、休息室、购物中心等。

8. 香港会展中心

香港会展中心归香港贸易发展局拥有，是亚洲首个专为展览会议而兴建的大型设施，并由香港会议展览中心管理有限公司负责管理。香港会展中心位于亚洲贸易“要塞”，有助于推动香港成为区内的商贸都会，规模仅次于日本，是亚洲第二大的展览设施。2 幢世界级酒店，可提供1 500间客房；1 幢办公大楼；1 幢服务式住宅。设施方面包括：5 间展览厅总面积 46 600平方米；2 间会议厅共6 100平方米，可容纳6 100人；2 间演讲厅共 800 平方米；可容纳1 000人；52 间会议室共6 900平方米；聚会前接待场地8 000平方米；7 家餐厅可同时接待1 870人；商务中心 150 平方米；停车场可供1 300辆私家车及 50 辆小巴停泊；可供租用的面积63 580平方米；1 天可容纳140 000人。

9. 新加坡国际展览中心(SUNTEC)

新加坡国际展览中心面积 10 万平方米，是亚太地区最大展馆之一。主楼 6 层，有大型地下停车场。距机场 20 分钟车程、距商业区 10 分钟车程，并具备 5000 个客房的酒店配套服务。会议中心设在 2、3 层，有 26 个会议室，可容纳 3 535人。其中无柱大型会议室可容纳 1.2 万人，拥有特制伸缩椅和 21m × 10m 的自动翻卷屏幕。多功能厅设在 2 层，面积2 150平方米，能拆分为 3 个小功能厅，剧院式坐椅2 120个。视听室设在 3 层，600 个座位，具备视、听、光、电多种设施。会议中心可进行卫星电视会议、12 种语言的同声翻译。

10. 广州国际会展中心

广州国际会展中心是中国最大的国际会展、投资贸易基地之一，是 21 世纪广州城市新形象的标志性建筑和旅游观光景点之一。按国际标准新落成的广州国际会展中心，是目前亚洲最大、国际第二大的会展中心，面积仅次于德国汉诺威展览中心。已竣工的首期工程占地 43 万平方米，总建筑面积 39 万平方米，拥有三层共 16 个标准展厅，展厅总面积 16 万平方米，有国际标准展位 10 200个；架空层停车位1 800个，室外大型车辆停车位 40 个；馆内外场地宽敞，服务设施齐全，兼备会议、展览、商务洽谈、演示、表演、宴会、新闻发布以及大型集会、庆典等功能，是对外贸易、商务交流、科技展示的理想场所。

早在 1993 年，鉴于广交会当时的展馆已不能满足交易会业务逐年扩大的实际需要和广州会展业蓬勃发展的势头，国家外经贸部提出要将中国进出口商品交易会展馆迁址重建，办成规模宏大、设施先进的世界级博览会。广州国际会展中心应运而生。

会展中心位于珠水环绕的琶洲岛。琶洲岛上接科学城和五山大学群，下接广州大学城及莲花山旅游休闲中心，交通条件和地理位置可谓得天独厚。为给一年一度的广交会营造良好宽松的人文环境，华南快速干线和东环高速公路从西到东将琶洲全岛分为明显的A、B、C三个区，广州会展中心就位于心脏地带B区的核心，其周围正在发展起与会议和展览相关联的配套设施，如酒店、写字楼、银行、商业服务网点和博物馆等。这一地区正在形成以会展博览、国际商务、信息交流、高新技术研发、旅游服务为主导，兼具高素质居住生活功能的生态型新城市副中心。

广州会展中心占地70万平方米，建筑面积50万平方米，由设有8 000个国际标准展位的展览厅和能满足3万人同时用餐、活动的配套服务设施组成。这里不仅可以进行商品展览、商贸洽谈，还兼顾举办宴会、新闻发布以及大型集会、庆典等功能。会展中心的建成使广交会这张城市名片的分量越来越重。

在设计上，会展中心是一座注重建筑节能及室内外生态环境、集建筑艺术和现代科技于一体的现代化智能建筑。它采取“北低逐渐南高”的流线形设计，体现出“飘”的动态意念。一条宽约40米、长近450米的“珠江散步道”既把会展中心内部分隔成两部分，同时也是连接南北场馆和上下楼层的多功能通道。走进“珠江散步道”，人们可以手扶自动步梯隔窗观赏独具风情的棕榈树，欣赏珠江两岸瑰丽的人文风景，也可以在咖啡馆、休闲区与朋友促膝畅谈，尽享现代生活情趣。

11. 上海新国际博览中心(SNIEC)

上海新国际博览中心(SNIEC)由上海陆家嘴(集团)有限公司，德国汉诺威展览公司、德国杜塞尔多夫展览公司、德国慕尼黑展览有限公司联合投资建造。坐落于上海浦东开发区，比邻世纪公园。SNIEC东距浦东国际机场35公里，西距虹桥国际机场32公里。中国首条磁悬浮列车和地铁2号线在中心附近会聚，多条公交线路编织起的交通网络拉近了中心与城市各个角落的距离。自2001年11月2日正式开业以来，上海新国际博览中心(SNIEC)每年举办约60余场知名展览会，正吸引着越来越多的展会在此举行。SNIEC凭借其方便的交通地理位置、单层无柱式为特点的展馆设施以及多种多样的现场服务，已博得世界的广泛关注。作为一个多功能的场馆，SNIEC也是举办各种社会、公司活动的理想场地。

全部建成后将拥有17个展馆和一座塔楼，总面积为25万平方米，其中室内20万平方米、室外5万平方米。2005年年初又开工新建2个展馆，从而使展馆数从7个增加到9个。这是继2003年投资4.48亿元人民币兴建6号、7号展馆后，上海新国际博览中心的又一次扩容。中心服务区设在大厅两端。在拱廊一端的服务区内及展馆之间设有商店。展馆设有灵活性分割、卡车入口、地坪装卸、设备、办公室、小卖部及餐厅和板条箱仓库。其入口大厅明亮气派，可安排来宾登记、信息查询或作为小憩、洽谈之地。观众从这可方便快捷地进出各个展馆。整个展馆高挑宽敞，设备先进，配备齐全，能满足各类展览会的要求，中心还设有商务中心、邮电、银行、报关、运输、速递、广告等各种服务项目。目前，SNIEC 拥有 9 个无柱展厅，面积达103 500平方米，室外展览面积100 000平方米。SNIEC 的全面扩建将于 2010 年完成，届时室内面积将达到200 000平方米，室外面积130 000平方米。SNIEC 的扩建将进一步巩固其在中国市场的领导地位，并确保上海作为东亚地区会展中心的地位。

第二节　国内外知名会展企业

从经济总量和经济规模的角度来考察，世界会展经济在世界各国的发展很不平衡。欧洲是世界会展业的发源地，经过一百多年的积累和发展，欧洲会展经济整体实力最强，规模最大。在这个地区中，德国、意大利、法国、英国都是世界级的会展业大国。下面我们就来介绍一些世界知名的会展企业。

一、国外知名会展公司

（一）德国

1. 汉诺威展览公司

总部设于德国汉诺威市的德国汉诺威展览公司成立于 1947 年，拥有世界最大的展览场馆——汉诺威博览中心，净展出面积 49.7 万平方米。凭借丰富的办展经验和不断创新的办展理念，德国汉诺威展览公司每年举办逾 50 场专业贸易展览，共吸引来自 100 多个国家 179 万名观众和16 000名记者前往参观。每年吸引的展商总数约21 000家。公司的展览主题主要是资本货物。每年举办的汉诺威消费电子、信息及通信博览会（CeBIT）是世界规模最大的展览会，净展出面积超过 40 万平方米，而汉诺威工业博览会则是全球最有影响力的展览会。主要展会还有：国际林业木工展览会（LIGNA + HANNOVER）、欧洲机床展览会（EMO Hannover）、国际生物技术展览会（BIOTECHNICA）、国际农业机械展览会（AGRITECHNICA）。

汉诺威展览公司的核心业务是在德国汉诺威及由其选定的国家举办领先的国际贸易展览会。汉诺威展览公司举办的旗舰展的主要特点是对国际观众和展商具有巨大号召力。这些旗舰展览会旨在反映行业最新动向，引领国际市场潮流，同时，这些展会也是展示先进应用技术、发布最新前沿科技和研发成果的平台。作为世界领先的展览公司之一，它在全球拥有 790 位员工，60 个海外分公司和办事处。汉诺威博览中心总面积达到 100 万平方米，基础设施一流。公司年收入达到 2.5 亿欧元。

作为德国十大展览公司之一的汉诺威展览公司是最早进入中国市场的国际展览公司之一。早在1979年就与中国政府首次接触。1984年公司开始正式开展对中国的业务，并于1987年在中国工商管理局进行了注册登记，这也是目前唯一在中国进行官方正式注册的德国展览公司。公司在北京及上海都设有自己的办事处，并活跃在中国的各大城市、各大型展览会上。汉诺威展览公司举办的形式多样的海外展览会证明了公司在国际市场的参与精神与开拓精神。

2. 法兰克福展览公司

法兰克福展览公司是德国最大的展览公司之一。在公司所在地每年就举办近130个国际性的专业展览会。这些展览会吸引了来自全世界的14.3万家企业和约千万观众。其中包括13个在国际上最具影响的权威性专业展览会。如法兰克福图书展、国际汽车展、国际家用纺织品展、国际家庭设置装潢展等。在参展商中国外参展商的比例高达60%。

3. 杜塞尔多夫展览公司

杜塞尔多夫展览公司成立于1947年。该公司所在地交通便捷，风景优美，基础设施健全，其附属的展览中心是世界上重要的博览会举办地。杜塞尔多夫展览公司所组织的展览会主要涉及机械和设备、医疗和健康、贸易和服务、时装、娱乐活动和艺术等领域。

为了加强展览会作为交流场所的功能，杜塞尔多夫展览公司还把原来的东、西两家博览会中心及原来设在博览会场地上的杜塞尔多夫市国际会议中心合并起来，成立了杜塞尔多夫会议中心有限公司（简称CCD），以便协调和加强与博览会有关的各种专业会议、报告会、讨论会和研讨会及社交活动。现在CCD所有的场地面积可容纳7 000人，而且场地内布置灵活性大，可适应不同规模各种活动的要求。

4. 慕尼黑国际展览公司

慕尼黑国际展览公司是世界十大知名展览公司之一，创建于1946年，是德国展览行业中最老的一员。该公司每年在全球范围内举办近40个博览会，涉及行业包括资本货物、高科技和消费品，并在各个领域都拥有专业超群的品牌，如资本货物类的工程机械、物流运输、环保科技、饮料酿造技术及房地产商务；消费品行业的体育休闲用品、高档消费品、时尚和化妆品；高科技产业的电子元器件、通信和电信、分析仪器和生命科学、材料和产品工程等，贸易和手工业类的展会则是公司的另一亮点。每年有90多个国家的30 000多家企业来到慕尼黑参展，观众遍及全球180多个国家和地区，总人数超过200万。此外，公司还在亚洲、南北美洲举办各类专业博览会。慕尼黑在89个国家拥有5家子公司和75个代表处，公司网络覆盖全球。

慕尼黑国际展览公司是较早进入中国的国际展览企业。在1975年,慕尼黑国际展览公司便在北京举行了首届德国技术展览会。1995年,慕尼黑国际展览公司同中国国际展览公司成立了中国展览业的首家合资公司,即京慕国际展览公司。2000年,慕尼黑国际展览公司在上海成立了独资子公司,次年开始运作。2001年9月,慕尼黑国际展览公司与上海浦东土地发展控股公司、德国汉诺威展览公司、杜塞尔多夫展览公司合资建造的上海新国际博览中心竣工。

5. 德国科隆展览公司

科隆举办博览会的历史可以追溯到1922年。作为一家法律上和经济上独立的企业,科隆展览公司拥有约490名员工,在全球86个国家设有分公司、代表处和代理,是世界上最大的展览公司之一,每年定期主办的40多个国际专业博览会和展览会是世界上25个行业的主导博览会,全球90%以上的出口型产品在此展出。科隆博览会的核心主题包括:居室、园林与休闲;通信、媒体与时装;技术与环境;健康与设施;家具、室内装饰与纺织品;食品行业;艺术与文化。其中包括:科隆国际家具展(IMM Cologne)、科隆国际家用电器展(Domotechnica)、科隆国际五金工具展/应用天地博览会(International Hardware Fair/Practical World)、科隆国际糖果及零食展(ISM)、世界食品博览会(Anuga)、科隆国际家具生产、木工及室内装饰展(Interzum Cologne)、国际服装生产技术及纺织品加工博览会(IMB)、国际体育用品、露营设备及花园生活博览会(Spoga)、国际园艺博览会(GAFA)、科隆国际自行车展(IFMA Cologne)、国际摩托车和滑板车展览会(INTERMOT)等。

科隆博览会中大多数的展览会只对专业观众开放。展览会吸引了世界上42 000家参展商和来自175多个国家的200万名观众。展览面积达420万平方米。科隆博览会的国际化程度在全球首屈一指,平均一半的展商和三分之一的观众来自国外。

科隆展览公司长期致力于举办相关行业的顶级博览会。此外科隆展览公司特别重视开拓极具发展潜力的中国市场。一方面鼓励更多的中国客户前往科隆参展或参观;另一方面加强在亚洲特别是在中国举办专业展会的力度。2002年在新加坡设立了亚太区总部,并在北京设立了独资分公司,全权负责中国大陆地区的业务,同时在香港也设立了独资公司负责香港地区的业务。2004年科隆展览中国有限公司又分别在上海和广州设立了分支机构负责华中、华南地区业务。

(二)欧洲其他国家

1. 英国励展博览集团

励展博览集团是世界首屈一指的展览会主办机构,是全球第一大展览集团。专门举办高水平的大型国际展览会。每年举办的展览会超过470个，遍及全球五大洲的29个国家。主要的服务范围包括：航空、电子、娱乐、饮食、资讯科技及通信、休闲、生产、市场及业务推广、出版、零售及旅游等行业。

励展博览集团在美国、英国、澳大利亚、泰国和新加坡均有处于市场领先地位的品牌展览。励展博览集团在北京设有办事处，在中国举办了多个展览会，而且拟将其在亚洲的品牌展览会移师中国举行。

知识链接4—1：

励展中国——应用全球化思维 解决本地之所需

励展博览集团为全球领先的展览会主办机构，在全球设有33个代表机构，每年主办的大型国际展览会超过460个，涵盖52个行业，足迹遍及美洲、欧洲、中东及亚太区的38个国家，真正做到了“运用全球化思维，解决当地之所需”。

励展博览集团致力于长期服务中国市场，并通过不断开发新项目和建立广泛的合作伙伴关系发展壮大，通过其强大的全球销售网络、充足的资源、专业的理念和良好的声誉，为中国各个行业提供高效一流的展览会。励展博览集团中国公司(励展中国)在北京、上海和香港设有分支机构。继2003年在上海成立了第一家合资公司——上海励华国际展览有限公司后，励展又于2005年联手国药集团创立了国药励展展览有限责任公司。励展中国现有员工约200人，每年在中国各地主办逾20个权威的行业展览会。

(资料来源：励展中国官方网站)

二、国内知名会展企业

(一)展览服务公司

国内会展企业的排名，根据展览企业的综合实力(办展数量、规模、市场份额、国内外影响力等)评估，规模较大、实力较强的专业展览企业有以下11家：

中国国际展览中心集团公司、上海市国际展览公司、宁波国际展览公司、大连国际展览公司、上海现代国际展览有限公司、广州国际展览公司、上海浦东国际展览公司、厦门国际展览公司、雅式展览服务有限公司(香港)、京慕国际展览有限公司、长城国际展览有限公司。

本书以一线会展城市的排名来介绍中国的主要会展企业：

1. 北京

(1)中国国际展览中心集团公司

中国国际展览中心集团公司(简称“中展集团”)隶属于中国国际贸易促进

委员会暨中国国际商会,是中国展览馆协会的理事长单位、国际展览业协会(UFI)成员和国际展览会管理协会(IAEM)成员。其主体业务集场馆经营、国内组展、出国展览及工程施工于一体,是全国最大的从事展览行业的集团公司。中国国际展览中心建立于1985年,经过20多年的发展,现已发展成为集展馆经营、国内组展、海外出展、展览工程于一身,业务范围成龙配套的集团企业。

(2)京慕国际展览有限公司

京慕国际展览有限公司成立于1995年,是由慕尼黑国际博览集团亚洲公司(MMI Asia - Munich International Trade Fairs Pte. Ltd.)和中国国际展览中心集团公司(CIEC - China International Center Group Co.)共同组建的中国展览业内第一家合资公司,同时也是慕尼黑国际博览会公司在中国的总代理。

京慕公司的核心业务为向中国厂商推介在国际上最具影响力的展会,并组织中国企业前往参加或参观这些展会,从而达到深入了解国际市场,结识商业伙伴并拓展销售渠道的目的。借助拥有众多丰富经验的专业人员和大量展会信息的优势,京慕公司为中国企业,特别是中小企业提供全方位、值得信赖的专业化服务。主要包括:组织出国参展、举办来华展览、国际博览会市场咨询顾问服务、国际水准的展台设计及搭建服务、境外商务考察服务。

(3)长城国际展览有限公司

长城国际展览有限责任公司是由商务部批准成立的专业国际展览公司,具有国(境)内外举办经贸展览会资格,成立于1995年11月。十几年来,公司在美洲、欧洲、亚洲、大洋洲、非洲的三十多个国家和地区主办和参加了数百个国际展览会。

公司通过招、投标,先后为国内外数千家企业进行展示设计,并承接特装布展项目。海外展览工程业务为国内企业参加欧美等国的大型展(博)览会,提供标准展位以及特装展位的策划、设计、施工和展台搭建工程的管理。公司在国内首创的“国际空间技术应用展”、“国际宠物及水族用品展”、“国际花卉园艺展”、“国际奶业展”等境内展览会,均已成为国际知名品牌展。长城国际展览有限责任公司已成为国内展览业崛起的一支生力军。

2. 上海

(1)上海浦东国际展览公司

上海浦东国际展览公司成立于1994年,隶属于中国国际贸易促进委员会上海浦东分会,是经过中华人民共和国对外贸易经济合作部批准的具有国际来展主办资质的专业性展览公司,主办与承办各类国际性展览会、展示会,组织与举办各类技术贸易交流会、洽谈会,为参展商办理海外来华参展展品的留购和售后服务,并提供与展览会相配套的旅游、食宿、交通等服务。公司一贯致力于加强中外各界在经济、贸易、技术方面的交流与合作，几年来举办了包括珠宝、钟表、礼品、食品、通信、航空、数控机床、专用车辆、家庭用车、摄影器材、建材、建筑设计、城市绿化、电脑软件、网站推广、集成电路、卡通漫画、金卡、多式联运、房地产等十几个行业的五十多个展览会，组织了80万人次参观展览会，展览贸易成交逾5亿美元。

(2)上海现代国际展览有限公司

上海现代国际展览有限公司是上海世博集团旗下的专业展览公司，全国首家通过ISO 9000国际质量体系认证的展览主办企业，并于2004年被批准成为UFI(国际展览业协会)的正式会员。公司一贯致力于在促进国内外贸易和科技交流方面发挥桥梁和纽带作用。公司策划主办国际国内展览，成绩斐然。尤其是广告印刷包装纸业展、建材及建筑节能展、生物技术展、家用车商用车展等项目具有一定的品牌效应。其中前两个展览会通过了UFI认证。此外，汽车材料与制造设备展览会、广告礼品展等展会都是极具培养潜力的展览品牌。

除此之外，公司还着力开展出国展业务。作为上海的一支重要的设计布展队伍，公司曾受国务院部委和上海市人民政府的委托，多次承办大型展览会的设计布展工作。如：上海申办2010年世博会展台、一切始于世博——世博会150年历史回顾展、中法互办文化年——巴黎－上海周、国庆50周年、55周年展览活动、爱知世博会中国馆上海周环境布置、'05建设节约型社会展览会上海展区、第三届东盟博览会上海展区等。在做好政府展览的同时，公司逐步向展示策划方向发展，并且入围2010年上海世博会中国馆、主题馆展示设计策划方案，成为入围的国内唯一展览企业。

(3)上海博华国际展览有限公司

上海博华国际展览有限公司是亚洲博闻有限公司的成员之一，是由原上海华展国际展览有限公司和隶属于亚洲博闻负责中国大陆业务的博闻中国有限公司联合组建的中外合资企业。这种合作融合了博闻的全球实力和经验与华展在国内的业务网络及举办大型国际展览会的专业优势。上海博华目前每年的27项展览活动，吸引着大量的海内外参展公司及买家。

(4)上海市国际展览公司

上海市国际展览有限公司成立于1984年7月1日，为中国国际贸易促进委员会上海市分会的全资子公司，2004年2月上海世博(集团)有限公司成立后，由上海世博(集团)有限公司与中国国际贸易促进委员会上海市分会共同投资。公司成立以来，已举办过各类大中型国际来华展览500多个，拥有一批具有较高知名度和影响力的品牌展览会，并成功举办过一批国家级展览会。

上海市国际展览有限公司自1996年起成为国际博览会联盟的正式会员。

"中国国际模具技术和设备展览会"、"上海国际汽车工业展览会"和"中国国际染料工业暨有机颜料、纺织化学品展览会"是国际博览联盟认可的展览会。

2005 年，在上海市政府首次评出的 8 个优质展览会中，公司举办的"上海国际汽车工业展览会"、"上海国际纺织工业展览会"、"中国国际自行车展览会"、"中国国际信息通信展"、"上海国际服装纺织品贸易博览会"等5 个展览会榜上有名。

公司下属的一些投资和合资公司，提供从展览运输、展馆管理、展览搭建、广告业务、展品留购、会议会务的全方位展览服务，并形成会展服务产业链。有专门负责大型国际展览会的组织工作以及配套服务工作的上海国际展览服务公司；有专门为国外来华展览和出国展览提供展品运输、报关报检和现场服务的上海国际展览运输有限公司；有从事展馆管理和展馆出租的上海国际展览中心有限公司和宁波国际会议展览中心；有专门从事展览搭建、设计和制作的上海司马展览建造有限公司；有专门为国际展览、国际会议和国际性商业公关推广活动提供全方位专业策划、设计和制作的上海亚太广告公司和上海大广贸促广告有限公司；有专门为展商和观众提供会务安排及其他服务的上海达华商务展览中心。

3. 广州

广州国际展览公司

广东国际贸易展览公司是中国第一家国有专业展览公司，成立于 1981 年，地处广州市越秀商业区，是中国国际贸易促进委员会·中国国际商会广东省分会的直属单位，并为 1997 年国务院办公厅审定的 197 家（其中广东省 10 家）可独立组织出国展览业务的机构之一。

广东国际贸易展览公司利用中国国际贸易促进委员会的资源优势，先后组织举办国内外展览会 600 多场，为大中小企业提供了无限商机。为帮助企业技术革新，提高抗风险能力，从 20 世纪 90 年代初，公司陆续组织召开技术交流会和研讨会1 500多场次，引进国外先进技术设备价值共计 6 亿多美元，充分发挥了中外贸易平台和技术交流纽带作用。

广州国际展览公司一直奉行专业化、国际化的发展方向，秉承遵循市场导向、关注企业需求、完善客户服务的原则，在业内赢得了良好声誉，并成为广东贸促会展览业务的骨干企业。在与国际组织的业务往来中，公司与各国驻广州商会、国内外行业协会及包括美国、加拿大、澳大利亚、德国、法国、日本、马来西亚、新加坡及中国香港、中国台湾等地区的相关行业建立了广泛长期的友好合作关系。

随着业务的不断扩展，公司不断吸引国内外人才及先进技术，现已形成了集组织展览、筹办会议、培训人才、协助企业商务出展为一体的全方位服务体系。

4. 香港

雅式展览服务有限公司(香港)

香港雅式展览服务有限公司为亚太区主要的展览主办单位及工贸杂志出版机构。雅式在中国及亚洲地区举办国际性展览逾25年,凭着其丰富的经验、对市场的敏锐触角及对客户需要的了解,雅式已被业界公认为中国展览业的佼佼者。

雅式的展览获得多个国家和地区官方展团热烈参与,其中多个展团多年来从没间断给予支持;每年约有100万来自中国各地及海外的业内人士前来参观雅式举办的展览;雅式积极在新兴工业城市——义乌及东莞举办国际性展览,进军地区性市场;联合世界知名展览主办者——法兰克福展览(香港)有限公司及杜塞尔多夫(中国)有限公司于国内主要的消费品生产基地——东莞举办礼品、家庭用品及鞋/鞋机展;同时,雅式亦与德国科隆国际展览有限公司于香港联手举办五金交易会。

(二)会议服务公司

1. 中旅国际会议展览有限公司(CTSice)

中旅国际会议展览有限公司(CTSice)是国务院国资委直接管理的中国中旅集团和中国旅行社总社的合资公司。成立于1999年,在国家工商总局注册,具有组织、承办国际会议、展览和活动的资质和充足经验,是"国际大会与会议协会"(ICCA—International Congress & Convention Association)会员。

中旅国际会议展览有限公司是一家致力于为政府机构、行业协会、国际组织、跨国公司和大型企业提供专业化的会议展览策划、组织实施以及相关服务的专业机构。总部设在北京,在上海设有办事处。

中旅国际会议展览有限公司秉承"专业、创新、双赢"的服务理念,借助"中旅"品牌,依托中国中旅集团和中国旅行社总社遍布全国各地和境外众多的分支机构和合作伙伴,凭借强大的策划组织能力和商业运作能力以及可靠的会议展览管理(软件)系统,为大型会议(无论在国内还是境外)、出国展、来华展、自主展览提供集成解决方案。

2. 广州白云国际会议中心

广州白云国际会议中心是广东省和广州市的重点工程,由省市政府及越秀集团共同投资约40亿元兴建,是集会议、展览、酒店、演出、宴会、写字楼于一体的大型综合性会议中心。建成后,由广州白云国际会议中心有限公司负责经营管理。

会议中心总建筑面积31.6万平方米,主体建筑包括B、C、D三栋会议展览中心和A、E两栋东方国际会议酒店。会议中心拥有17多万平方米的会议场地,其中包括6万平方米的展览场地及各类会议厅堂共65个,包括2 500个座位的世纪大会堂、250 座位的主席团专用会议厅和中型会议厅，一间1 200座位的岭南会议厅、两间 500 座位的国际会议厅、21 个地级市命名的中型会议厅及其他中小型会议室，东方宴会厅等。会场内配备同声传译系统、电子表决系统、中央控制系统、会议发言系统和声控系统、会议音视频电子刻录系统等国际先进设施、设备，能够满足不同规模、类型的会议需要。东方国际会议酒店分为南座（A 栋）和北座，两座酒店占地 14 万平方米，拥有1 112间客房，配套设施完善，服务项目一应俱全。中心建筑面积约 31.6 万平方米，内设大大小小 62 个会议厅，被分配在 3 个主体中。兼具综合演出功能的2 500座位的大会堂位于北边 D 栋会议中心，被命名为"世纪大会堂"，它是白云国际会议中心最大的会议厅。

3. 上海国际会议展览有限公司

上海国际会议展览有限公司成立于 1999 年 8 月，由上海国际会议中心和上海东浩国际商务有限公司共同组建而成。公司在上海国际会议中心内经营全国一流水准的会议、展览场地，拥有 20 多个规格不同、人数不等（15 ~ 3 000 人）的会议场馆及最先进的视听设备，7 楼上海厅是目前国内最大的无柱大厅（面积4 400平方米，可同时容纳2 000人用餐或3 000人开会）。公司在为客户提供会议厅、展览场地方面优质服务的同时，也提供会议、展览的整体筹划咨询、人员接待安排及会场布置、设计、施工等服务，形成以会议策划、会场设施、会务服务三位一体的配套业务，全方位、综合性地为社会提供专业的会务服务。上海国际会议中心已成为国际上最具权威的国际会议协会（ICCA）的正式成员单位。公司是上海会议展览协会成员，同时还是上海具有办理展览会批文资质的 18 家会展公司之一。

公司成立后承办的第一个高层次的国际会议——1999 年财富全球论坛上海年会，在各方面的支持和配合下，取得了圆满的成功。此后公司又承接了许多较高层次的会议和展览。

除了经营一流的会展场馆，上海国际会议中心所属东方滨江大酒店以其舒适的休憩环境、球体内错落有致的东西方风味的餐厅、碧波荡漾的室内游泳池，为会议客人及商住客户提供良好的配套设施。上海国际会议中心是适合会展、餐饮、住宿等各类活动的最佳场所，可为召开各种规模的国际会议、专业会议、小型会议及各类展览、展示提供极大的便利。

三、国内外知名展会

（一）国际知名展会

1. 汉诺威工业博览会

汉诺威工业博览会是全球顶级、世界排名第一的专业性、涉及工业领域最大的国际性贸易展览会，每年举办一届。该博览会创办于1947年，迄今已有60余年的历史。它不仅拥有世界最大规模的展示场地，而且技术含量极高，被公认是联系全球工业设计、加工制造、技术应用和国际贸易的最重要的平台之一。发展至今，该展已被称为“全球工业贸易领域的旗舰展”和“最具影响力、涉及工业产品及技术最广泛的国际性工业贸易展览会”。

2. 法兰克福春秋季国际消费品贸易展览会

法兰克福春秋季国际消费品展是世界上展出规模最大、贸易效果最好的高品质消费品类贸易博览会，每年春秋两季在世界第三大展览中心德国法兰克福国际展览中心举行，该展不仅是各国参展商产品信息交流的中心，同时也是广大参展商结识新客户的理想场所。据法兰克福展会统计资料，2006年，共有来自80个国家的企业摆设了3500个摊位，净展出面积达190 000平方米，接待来自117个国家的专业观众90 000人，其中约45%的客商来自国外。除了德国以外，买家数量比较多的国家分别为：意大利、瑞士、荷兰、奥地利和法国，和2005年相比，现场成交额也有一定比例的提高。2007年的秋季消费品展览会展出总面积达123 000平方米，共有3 250家参展商参加展出，来自世界近100个国家的94 000位专业人士参观了此次展览。

3. 北美国际汽车展——底特律国际车展

北美国际汽车展由底特律汽车经销商协会主办，创始于1907年，其前身是底特律汽车展，1989年更名为北美国际汽车展。北美国际汽车展是目前世界上历史最长、规模最大的汽车展之一，与法兰克福、日内瓦、巴黎和东京国际汽车展齐名，属国际顶级汽车展，是全球汽车工业的重要展示窗口，也是世界汽车最新科技与潮流的一个风向标。

1900年11月，纽约美国汽车俱乐部召开了第一届世界汽车博览会，1907年转迁到底特律汽车城，当时会场设在贝乐斯啤酒花园，小小的展示区中参加的厂商只有17家，车辆不过33辆。1957年，欧洲车厂终于远渡重洋而来，首次出现了沃尔沃、奔驰、保时捷的身影，获得了美国民众的高度重视，底特律车展的“王旗”正式树起。从1965年起，展览移师Cobo会议展览中心。1989年底特律车展更名为北美国际汽车展，每年一月办展。北美车展每年总能出现四五十辆新车。众多人被吸引到车展的原因，除了对汽车的兴趣外，还因为车展办得像个大的假日集会，热闹非凡。密歇根州近年来每次车展都能进账5 000万美元以上。2006年共有来自47个国家和美国49个行政州的35 114名世界顶级汽车专家出席盛会。其中18%的与会人员来自全球的各个汽车工程管理社团组织，40%的与会人员来自汽车业OEM和顶级供应商。共有来自全球的千余家企业亮相大会，集中展示世界汽车工业最前沿的理念与技术，诠释世界汽车工业发展动向。

4. 法兰克福车展(Automechanika)

Automechanika 于 1971 年诞生于德国莱茵河畔的法兰克福。“Automechanika”是法兰克福展览公司在全球推广得最为成功的品牌之一,有“汽车奥运会”之称。每两年举办一次的法兰克福国际车展一般安排在 9 月中旬开展,为期两周左右。参展的商家主要来自欧洲、美国和日本,尤其以欧洲汽车商居多。法兰克福地处德国,唱主角的自然是德国企业,这似乎与底特律车展、东京车展的地域性如出一辙。法兰克福展览有限公司在上个世纪 90 年代及本世纪初期陆续把 Automechanika 品牌移植到全球汽配市场最具战略性地位和发展潜力的地区,如今,根植于四个大洲的 9 个展览会都被烙上了 Automechanika 这一象征着品质保证的封印,并因此为国外企业进入当地市场提供了绝佳的立足点。法兰克福车展展出面积达282 700平方米,共有1 100多家汽车厂商参加。不仅大众、通用、戴姆勒－克莱斯勒、福特等世界著名汽车企业悉数到齐,而且吸引了来自 75 个国家的13 000名记者。

5. 德国慕尼黑冬季国际体育用品博览会 ISPO

德国慕尼黑国际体育用品博览会由慕尼黑国际展览集团(MMI)主办,始办于 1970 年,每年分冬、夏两季举办,该展会只对专业观众开放,迄今为止已举办了三十多届,是目前世界上体育运动用品及时尚用品题材最广泛的展览。由于该展览对体育运动用品产业的生产及产品销售均产生深远影响,且仅对专业观众开放,所以每年都吸引了大量客商到会参观、订购。展会将展场划分为 12 个专题世界,分别是队制运动世界、足球世界、跑步世界、健身世界、户外运动世界、沙滩运动世界、滑板世界、滑道世界、球拍世界、运动服装世界、面料时尚世界以及国际运动用品世界。

6. 美国拉斯维加斯秋季电脑展(COMDEX FALL)

德国汉诺威电脑电信博览会(CEBIT)、美国拉斯维加斯秋季电脑展(Comdex Fall)和台北国际电脑展(COMPUTEX)是全球三大最具国际影响力的 IT 展会。每届展览会的成功举办,都把社会各界的目光锁定在同一焦点;展览会展示电脑产品的数量和超前的新技术,是其他同类 IT 展览所无法比拟的;这三大展览会对 IT 业界的发展方向都具有指导作用。

COMDEX 是 Computer Distribution Exposition(计算机代理分销业展览会)的缩写。该展创始于 1979 年,每年举办两届,分为春季和秋季。在美国拉斯维加斯举行的 COMDEX 秋季大展,是目前美国乃至世界上规模和影响最大的计算机展览会。展览会云集了国际著名的计算机公司,展出的计算机硬件、软件及系统代表了目前世界上最先进的水平。作为 IT 界规模空前的盛会,COMDEX

始终吸引着信息技术领域最前沿的商家，展出内容涵盖所有 IT 领域。2002 年的 COMDEX/Fall 有近1 100家公司参展，来自世界各地的120 000名信息技术专业人士参观此展。观众包括了公司管理层、小型商家及网络企业家、企业主、技术供应商、风险资本商和投资商等。新技术的运用、新产品的展示，预示 IT 界的发展道路，为消费者指明未来产品的消费方向。

(二)国内知名展会

作为国际上最权威的展览行业协会之一，国际展览联盟(UFI)近年来对中国会展业的关注持续走高，同时，国内众多展会、组展单位也纷纷主动"联姻"UFI，以期携 UFI 权威性扩大自身影响力。近年来，中国有近 20 余个展会通过了 UFI 认证。在 UFI 成员数量上，中国已超越俄罗斯、德国、意大利、法国、新加坡等展览大国，成为 UFI 成员数量最多的国家。UFI 认证的展会数量也已超过意大利、法国，仅次于德国和俄罗斯，排世界第三位，呈现出强大的发展势头。

在中国内地举办的 UFI 认证展会列举如下：

(1)上海国际汽车工业展览会

(2)中国国际工程机械、建材机械、工程车辆及设备博览会(德国)

(3)北京国际工程机械展览与技术交流会

(4)中国长春国际汽车博览会

(5)中国国际服装服饰博览会

(6)中国国际投资贸易洽谈会

(7)国际医疗仪器设备展览会

(8)北京国际印刷技术展览会

(9)中国国际制冷、空调、供暖、通风及仪器冷冻加工展览会

(10)中国东莞国际鞋展、鞋机展

(11)中国(深圳)国际钟表珠宝礼品展览会

(12)中国国际医药展览会暨技术交流会

(13)中国国际塑料橡胶工业展览会(香港)

(14)中国国际机械设备展览会暨中国机床工具商品展览交易会

(15)中国国际石油石化技术装备展

(16)中国国际纺织机械展览会

(17)中国国际安全生产及职业健康展览会

(18)大连国际服装博览会暨中国服装出口洽谈会

(19)中国国际模具技术和设备展览会

(20)中国国际地面材料及铺装技术展览会

(21)国际酒店餐饮设备展

(22)中国国际家具生产装潢与装饰机械及配件展览
(23)高交会信息技术展
(24)国际名家具(东莞)展览会
(25)中国锦汉礼品、家居用品及装饰品展览会
(26)锦汉纺织服装及面料展览会
(27)中国国际冶金和铸造、锻压、工业炉展
(28)多国仪器仪表学术会议暨展览会
(29)中国国际加工、包装及印刷科技展览
(30)中国国际流体机械展(新加坡)
(31)中国国际通信设备技术展览会
(32)上海国际广告印刷包装纸业展览会
(33)深圳国际服装服饰交易会
(34)深圳国际礼品、工艺品、钟表及家庭用品展览会
(35)深圳国际玩具及礼品展览会
(36)中国深圳国际机械及模具工业展览会
(37)中国国际石材产品及石材技术装备展览会
(38)华南国际包装技术展(香港)
(39)中国国际电力展(香港)
(40)顺德木工展(香港)
(41)华南国际印刷展(香港)
(42)中国国际林业、木工机械与供应展览
(43)义乌国际袜子、针织及服装工业展(香港)

下面详细介绍一下其中的几个典型展览会。

1. 广东中国商品交易会(Guangdong Chinese Product Exchanging Exhibition)

广交会是“中国出口商品交易会”的别称,创办于1957年,由商务部及广东省人民政府主办,中国对外贸易中心承办。每年分春秋两季在广州举办,迄今已有近半个世纪的历史,共举办了102届,是中国目前历史最长、层次最高、规模最大、商品种类最全、到会客商最多、成交效果最好的综合性国际贸易盛会。从第95届起每届在中国出口商品交易会新旧两馆(广州流花路展馆和广州琶洲展馆)同时举行。

广交会每年春秋两届各分两期举行。具体展出时间为:

春交会:第一期:4月15日－20日 第二期:4月25日－30日

秋交会:第一期:10月15日－20日 第二期:10月25日－30日

广交会的展位分为三类,即:保证性展位、招展性展位和分配性展位。每一

展区分别对应有分配性展位或招展性展位，大部分展区设有保证性展位，用于安排优秀企业参展。

2. 高交会信息技术展

高交会，全称是中国国际高新技术成果交易会，是在中国政府倡导下，由国家对外贸易经济合作部、科学技术部、信息产业部、中国科学院和深圳市人民政府联合主办的年度盛会，这就是俗称的“三部一院一市”。它是继中国出口商品交易会（广州）、中国投资贸易洽谈会（厦门）之后，经国家批准举办的又一个国家级交易会。高交会每年 10 月 12 - 17 日在中国深圳举行，首届高交会于 1999 年 10 月举办至 2007 年已连续成功举办了九届。

高交会以高新技术成果交易为鲜明特色，广邀企业、大学、科研机构、跨国公司和港澳台高科技企业参加，由三大部分构成：高新技术成果交易；高新技术产品展示和交易；高新技术论坛。

3. 上海国际汽车工业展览会（International Automobile & Manufacturing Technology Exhibition [Auto Shanghai]）

上海国际汽车工业展览会创办于 1985 年，是中国最早的专业国际汽车展览会。2004 年 6 月，上海国际汽车展顺利通过了国际博览联盟（UFI）的认证，成为中国第一个被 UFI 认可的汽车展。伴随着中国汽车工业与国际汽车工业的发展，经过 20 多年的积累，上海国际汽车展已成长为中国最权威、国际上最具影响力的汽车大展之一。从 2003 年起，除上海贸促会外，车展主办单位增加了权威性行业组织和拥有举办国家级大型汽车展经验的中国汽车工业协会和中国国际贸促会汽车行业分会，几家主办单位精诚合作，为上海车展从区域性车展发展成为全国性乃至国际汽车大展奠定了坚实的基础，确立了上海车展的地位和权威性。每隔 2 年在上海举办的上海国际汽车工业展览会不仅见证了世界和中国汽车产业的发展历程，也从一个方面反映了汽车进入普通百姓日常生活的时代步伐。

4. 中国国际模具技术和设备展览会（Die & Mould China）

中国国际模具技术和设备展览会自从 1986 年开办以来已经成功举办了十一届，并于 1996 年率先加入国际博览联盟（UFI），成为上海最早的 UFI 品牌展。逢公历双年五月在上海举办的中国国际模具技术和设备展是国内展会规模最大、影响面最广、知名度最高的模具专业展览会。经历了 20 年的发展，该展会规模从第一届的3 000平方米增加到到上届（2006 年）的60 000平方米，办展水平和对外影响日益扩大。中国模具工业协会现有团体会员1 500多个，是模具工业唯一全国性的协会。中国国际模具技术和设备展览会已被接纳为国际展览联盟（UFI）成员。

5. 中国国际林业、木工机械与供应展览(WoodMac China)

中国国际林业、木工机械与供应展览是木材机械加工行业的专业展会,它为该行业的制造商和供应商提供了一个全球性的交易平台,可以向中国和世界各地的采购商充分展示最新的木材加工技术。

中国国际林业、木工机械与供应展览由中国林业机械协会及华北、华东和华南的木材加工行业协会提供支持,并已获得代表13个欧洲木材加工协会的欧洲木工机械制造商协会(EUMABOIS)的专门认可。木材加工各个领域的参展商便可以在此展示该行业的尖端技术以及具有价格竞争力的产品。"WoodMac中国"如今已得到了行业更多的支持。中国林业机械协会及各地方木工机械协会、商会达成一致协议,共同支持在上海地区举行的"WoodMac China"展会;与此同时,欧洲木工制造商协会(EUMABOIS)也宣布2007年至2011年期间独家支持上海地区举行的"WoodMac China"。

6. 中国国际食品和饮料展览会(SIAL CHINA)

法国SIAL国际食品和饮料展览会创建于1964年,每两年一届,迄今已有40多年的历史,现已成为全球食品和饮料行业最大的展览贸易盛会。自2000年SIAL展移植中国以来,已成功举办了8届,成为中国规模最大、层次最高、效益最好的国际食品展。

中国国际食品和饮料展览会是由世界十大展览公司之一的法国爱博集团和中国商业发展中心共同主办的具有国际性、专业性、贸易性的食品盛会。现已成为中国和食品饮料行业的第一展会。

展销会为国内外食品企业提供一个开拓、展销产品,扩大品牌和企业知名度的良好交流平台,SIAL China 2007展会迎来了22 253位专业观众,其中15%(3 338位)来自中国大陆以外的国家或地区。专业贸易商涵盖了从食品进出口商、经销商、批发与零售商、超市与综合卖场,到酒店、餐饮业等食品与饮料采购的各个领域。国际参展商来自美国、法国、英国、巴西、比利时等海外50多个国家和地区。展会期间,亚太10个国家和地区的营销机构也组织当地采购商前来采购;家乐福、麦得龙两大超市集团则分别派出多名采购经理举办现场采购洽谈会。

第三节　我国会展企业的经营

和所有行业一样,中国会展业发展到现在也面临着规模经营和市场规范的问题。在这一节中,我们将就目前国内的会展企业运营现状进行分析,提出会展企业运营管理中应注意的问题,阐述会展企业运营应树立的经营理念。

一、我国会展企业运营中存在的问题

(一)规模问题

规模经营是现在国内会展经济急需发展的。目前,国内会展经济的主要特点是市场结构过于分散。一方面,小规模展览经营企业占据着绝大部分市场份额。全国具有主办、承办展览资格的展览企业有2 000余家,但这些企业的规模都比较小,办展能力也比较有限,平均每个企业年办展次数尚不足一次。另一方面是展览规模较小。有资料显示,在全国每年举办的展览中,展览面积超过5万平方米的展览每年不超过10个,2万平方米左右的展览约有20个,1万平方米左右和5 000平方米以下的展览分别占全部展览总量的50%和48%。这样的小规模展览公司和小规模的展览会是无益于会展经济发展的。

目前我国重复办展的现象比较普遍,例如,同样是家具展,在一个城市接连举办的事情时有发生。到目前,展览行业并没有准入机制,也没有全国性的行业协会加以协调,各种规模的公司只要拿到批文都可以办展,导致展会过多过乱,影响行业的整体发展。

在业内,更多人认为只有通过市场竞争才能使会展经济的规模问题得到客观解决。中国的会展行业起步较晚,和国外的会展公司相比,规模相对较小,但会展业的发展速度很快。因此,通过激烈的市场竞争,有一部分会展公司会主动出局,一部分具有相当规模的会展公司会逐步崛起。

(二)项目化运作问题

对于会展企业而言,会展项目本身就是展览行业的产品,因此会展项目的开发至关重要,选择了好的项目等于成功了一半。从目前会展项目立项的情况来看,主要有以下几种:一是从客户或者同行处听说某个展览会不错,所以抱着试试的态度立项,可能成功,也可能流产;另外一种是看到别的会展企业在组织某个项目,也模仿将其列入计划;还有可能是查阅某展会大全或通过网络查找某项会展,直接拿来组织。这些立项都存在一定的随意性,没有真正从会展企业自身的资源和所面临的外部环境来着手。真正的会展项目的开发需要通过全面的会展市场调研,从而确定会展主题进行立项。

(三)广告宣传问题

近年来,会展经济异军突起,汽车、旅游、建材、果品、药品等产品展示、推介会此起彼伏。它们在为地方经济发展、文化的交流注入新的活力的同时,却亦悄然涌动着一些不和谐音符。惊人的纸张浪费现象,即为其一。

现代社会发展需要会展经济的助推,会展经济也应当趋利避害,进一步顺应社会发展的现实。在当前国家致力建设节约型社会、促进资源的高效循环利用的大背景下,会展宣传应尽快向"节纸化"方向迈进。各参展厂商不妨倚重于多媒体宣传工具,不妨多搞些产品咨询、技术培训,借以搞好促销。即便有些纸质资料必须印制,也未必非得"贪大求美"不可。各生产厂商没必要从宣传资料入手死打硬拼,而应把工夫花在平时,将注意力紧盯在自己的产品质量是否过硬、服务质量是否优秀、宣传内容是否实用上。

(四)政府干预问题

目前中国会展企业被许多政府部门多头审批和多头管理,缺乏统一、协调,直接影响了会展业的发展。2002 年以来,我国开始实行会展的管办分离,各级政府不再直接举办会展,而是把企业推到会展业的前台,大大推进了会展的市场化和产业化进程;但要使会展业真正做到规范成长,还需要建立统一的政府指导机构和会展行业协会,重新整合全国的会展资源,对不同城市进行主导会展产业的合理规划和科学分工,尽量避免重复办展和无序竞争。在会展的管理方式上要变政府审批为注册登记,使会展从业人员更加专心于会展的市场化和专业化运作,而减少会展业以外的社会关系成本。

二、应具有的经营理念

(一)服务意识

目前国内的会展业不论是内容、规模、水平还是服务质量,都还无法与国际性展览公司相提并论。以香港为例,服务业是香港的强势领域,香港会展企业服务意识强、经验丰富、服务水准高、有拓展国际市场的渠道。香港公司进入内地市场后,将对内地会展企业服务水平的整体提升起很好的示范作用。一般而言,市场发育到一定程度时,竞争会越来越激烈,而竞争会促进服务水平和质量的提高。这些年内地的会展业竞争已经很激烈,但由于这种竞争有许多非市场的因素,在竞争中胜出的靠的不一定是服务水平与质量,因此内地会展业这些年主要是量的发展而不是质的提高。香港企业的大范围介入,将会增加国内会展企业的竞争,将有利于内地各类会展办展办会主体的成长。

(二)营销意识

调查发现,经营的很好的会展都是在全国很有权威的、很有知名度的、很有影响力的会展。与此同时,另一种情况值得引起注意。一些会展公司客户部的人员说,现在的会展不好做了,都在想办法改变策略,想在一夜之间把客户都塞得满满的。会展的竞争已经远远超越了人们对它的认识和想象。一般的会展营销公司经常会推出四个方面的促销计划,来挽救客户的量,而这些促销经常是牺牲很大、收获很小。

第一招:给广告增肥。会展公司会加大广告宣传力度,使更多的海内外参展商对展览会产生浓厚兴趣和极大的信任,用会展的实力和品牌吸引客源,用来扩张会展的规模。业内人士说这是"广告镀金"。

第二招:给成本穿鞋。预算、预算、再预算,在成本上大做文章,用降低成本来保证营业的安全。同时降低报价和进行规模开发经营,来吸引客户的加盟与购买量,实现规模优势向价格优势的合理转化。业内人士说这是"小农持家"。

第三招:给资格让步。为了能争取更多的客户来参加展会,实现上位的成功率,对来参加的客户降低资格门槛,打破自己的设定界限,让更多的潜在客户参加。业内人士说这是"大女待嫁"。

第四招:给条件更宽。为了稳定客户,会展公司开出了原来优惠以上的更优惠的条件,进行了一系列的优势组合,给出了一系列的策略套餐服务,从而更大限度地满足客户在展会上的需要,实现业务的高含金量价值。业内人士说这是"智慧开场"。

(三)品牌意识

对于会展企业而言,品牌效应是一个展览公司最宝贵的财富,没有品牌就意味着没有足够数量和质量的参展商。展会品牌经营的主要目的是通过对展会进行品牌化经营来提高展会的影响力和市场占有率,并努力使展会在相应题材的展览市场上形成一种相对垄断,也就是形成一种"品牌产权"。一旦一个展会在市场上形成了品牌产权,该展会就会拥有品牌知名、品质认知、品牌忠诚、品牌联想四大核心资产,这些资产是展会展开市场竞争最有力的武器。

企业经营品牌意识就是要提高会展企业的服务水平和服务档次,精心培育会展品牌和会展服务品牌。品牌竞争是现代国际竞争的精髓,物质生产企业的品牌竞争体现在自己的产品上,而服务行业的品牌竞争则体现在自己的服务上。具体到会展行业的品牌竞争既体现为会议和展览的品牌产品,又体现为特定企业提供的服务。会展企业要培育和形成自己的会展品牌和服务品牌,首先必须加强自身的能力建设。包括:

第一,判断决策能力。从世界市场会展行业和产业链发展角度,预测行业发展趋势,找准企业定位,把握市场机遇,能够在展览市场细分、目标市场确定、展览主题确立、服务商品组合、价格策略实施、推介渠道选择等方面做出及时的反映和准确的判断,做出准确的经营决策。

第二,资源整合能力。建立符合行业特点和自身发展需要的组织形式,增强市场适应性和资源调控能力,保证经营决策的适时与正确、资源整合的迅捷、企业运行的健康和高效。

第三,服务创新能力。保持积极向上的竞争态势,不断进行企业内制度创新和科技创新,提高会展服务的科技含量,增强管理的科学性,不断革新会展主题策划、会展活动安排、市场需求满足和相关服务提供的形式和内容，确保会展品牌和服务品牌旺盛的生命力和强大的竞争力。

第四，市场应变能力。密切关注市场需求变化、竞争对手和行业发展态势，不断根据市场变化调整自己的经营方针和经营策略，开发适应市场需求变化需要的产品和服务，提升自己在业内的竞争地位。

要紧紧围绕城市品牌，培育、打造一批充分体现中国“品质生活之城”特色的会展项目，创立城市会展品牌特色，实现与其他城市差异化发展。

(1)加强品牌策划与包装。通过资源整合，对会展活动进行策划与包装，实施“生活品质”序列化会展活动工程。把每年定期举办的休闲消费类会展活动串联成“休闲生活”序列；把烟花、婚庆、丝绸、服装、美容化妆类会展活动串联成“美丽生活”序列；把保健、体育、美食类会展活动串联成“健康生活”序列；把住房、家居、交通类会展活动串联成“舒适生活”序列；把文化、动漫、艺术、工艺品类会展活动串联成“艺术生活”序列；把与IT产业、数字技术相关的会展活动串联成“数字生活”序列；把投资、教育、人力资源等生产要素类会展活动串联成“创业生活”序列。同时设计和引进一些与“生活品质之城”宗旨相符合的会展活动，丰富现有会展活动序列。

(2)加强品牌的扶持与培育。通过自主培育、引进消化、嫁接提升等途径，凸显会展的生活品质序列。制定会展活动品牌培育(管理)措施，加强分类指导，大力提升展览项目作为市场交易平台的作用，提升会议项目专业领域的影响力，提升节庆文化活动的“亲民”和“节日”效应。完善会展评价办法，对影响大、效益好、年年办的优秀会展项目进行扶持和奖励，激励项目创品牌。对重点项目进行重点宣传推广。

(3)加强品牌的营销与推广。利用各种宣传手段，立足国内，面向国际，积极开展会展品牌的营销推广工作；组织重要会展推广活动，加大与主流媒体、专业媒体和各种对外部门的合作，加大会展宣传和营销推广的力度，扩大会展品牌的辐射力；大力促进会展业与旅游产业、休闲产业、文化产业、科技产业的结合。

(4)加强品牌的维护与管理。会同有关部门积极改善会展活动的举办环境，强化为项目单位服务意识，主动为品牌项目提供个性化的优质的公共服务与管理，制定符合行业实际、科学合理的会展评价体系和完善优胜劣汰的项目管理机制；聘请商标注册顾问，引导会展项目注册商标，加强对注册商标的管理和保护，以及与商标相关的图形和文字的版权保护；发挥行业协会的作用，加强行业自律活动，维护公平竞争的市场环境，保护会展品牌。

第五章

会展业与相关行业的关系

◆学习目标◆

1. 掌握会展业与会展产品的本质属性
2. 了解会展业的特点
3. 掌握会展业与旅游业、文化娱乐业的关系
4. 了解会展产业链的基本环节
5. 掌握会展业的相关产业
6. 掌握会展业与交通运输业的关系
7. 掌握会展业与商业零售业、广告印刷业的关系
8. 掌握会展业与信息通信业的关系

作为一种综合性的服务贸易行业，会展业的发展既需要相关产业的有力支撑和有效配合，同时又能极大带动、推动相关行业的快速发展。因此，分析掌握会展业与相关行业之间的关系，对于构建、优化会展产业链，提高会展业竞争力和推动区域经济总体水平的提高，都有明显的积极意义。

第一节　会展业：本质、结构与特征

作为一类新兴产业，科学把握会展业的本质属性、产业结构与基本特征，是我们正确分析会展业与相关行业之间关系的基本前提。只有弄清楚会展业自身的深层次结构及特点，才有可能科学分析它与其他产业之间的复杂关系。

一、会展业及会展产品的本质属性

(一)会展业的本质属性

一般而言,会展业(Convention and Exhibition Industry)是会议业和展览业的总称,是指在举办会展活动的过程中,由会议展览的组织者、会展场馆所有者以及会展设计建造者共同参与的一系列经济行为的统称。会展业隶属于服务业。

在国际上,会展业被归属于服务贸易领域。根据《国际服务贸易总协定》的主要条款及内容,在国际服务贸易的十二个部门分类中,会展业属于"职业服务"的范畴;WTO 展览服务的归类则属于服务贸易中(共 16 个大类)的"商业服务",在商业服务中属于"其他商业服务",在"其他商业服务"中属于"会议和展览服务"(属于 4 级分类)。在联合国中心产品目录为 CPC(Central Products Classification)87909;在日内瓦 WTO 统计和信息系统局(SISD)提供的国际服务贸易分类表中,全世界服务部门分为 11 大类 142 个部门。这 11 大类为:1 商业服务,2 通信,3 建筑和有关工程,4 销售,5 教育,6 环境,7 金融,8 健康和社会,9 旅游,10 娱乐文化体育,11 运输。在 1 类商业服务中 S 项为会议服务,并在 S 项中设立 T 分项,展览的类别归属为:1－S－T。

在我国,从国家统计局最新修订的《国民经济行业分类》(GB/ T 4754—2002)中可以看到,在"商务服务业"大类 L74 中增加了编号为 L7491 的"会议和展览服务业"小类,并把它定义为"为商品流通、促销、展示、经贸洽谈、民间交流、企业沟通、国际往来而举办的展览和会议等活动"。这一分类和定义正式确立了会展业在我国国民经济行业分类中的地位,从而结束了我国国民经济行业分类中没有会展行业的历史。2004 年 8 月,国家发展改革委员会正式把会展业列为"产业",表明会展业在国民经济中的战略作用已得到国家认可。

作为一种综合性、关联度非常高的服务贸易行业,会展业通过举办各种形式的展览会、博览会和国际会议等,吸引大量的商务旅游客流,并带动交通运输、餐饮、旅游、酒店、广告、印刷、零售、金融、保险、电信等多个相关产业的发展,对国民经济和社会进步会产生难以估量的影响和催化作用。

(二)会展产品的本质属性

在市场经济条件下,会展产品的经济性是第一性的。从市场供求角度来看,任何会展活动都是依靠自己为客户提供会议展览的各种服务来赚钱的。在会展服务过程中,既要使用到各种设施、设备等实物用品,又与会场、展馆等空间和场地密不可分,还需要交通、食宿、娱乐、旅游、金融、信贷等相关机构的有力配合。由此可见,会展服务是一种典型的综合型产品。

会展产品包括三个层次[①]:第一层次是核心产品层次,在这个层次会展组织机构为参与者提供交易、展示的机会和会展经历,这是会展参与者在会展过程中得到的核心收益,也是会展参与者参加会展的首要目的所在。

第二层次是实体产品层次,在这个层次会展机构为参与者提供场地、展位、座位、装饰、餐饮、纪念品等实物形式的产品,相应的,会展参与者得到的是享受这些实物带来的有形收益。

第三个层次是附加产品层次,在这个层次会展机构为参与者提供娱乐、表演、休闲、旅游、住宿、交通、停车场及其他服务(包括通信、金融、保险等),还提供与各种类型和身份的来宾打交道和进行社交的机会,这些是会展参与者参加会展得到的引申收益。在这三个层次中,附加产品层次往往是一个会展区别于另一个会展的品牌的特色和卖点所在,也是会展品牌特色的集中体现。

二、会展业产业结构:会展产业链

产业链是指围绕一个关键的最终产品,从形成到最终消费所涉及的各个不同产业部门之间的动态关系。产业链不同于一般的市场交易关系,它是建立在最终产品基础上相关企业集合的一种新型空间组织形式,是特定产业群集聚区内相关的独立企业之间结成的一种长期战略联盟关系,是通过获得整体竞争优势而区别于个别行业或企业的单一市场竞争行为。完备的产业链能够产生很大的吸附作用和价值增值作用,能够通过不断吸引新企业的加入、有效提高工作效率和提高各个环节的价值增值能力,为产业链中的企业及整个产业群带来更大的商业利润。

产业链是建立在产业内部分工和供需关系基础上的产业生态图谱,其存在以产业内部的分工与合作为前提。产业链可分为垂直的供需链和横向的协作链。从垂直的分工角度来看,产业链是指在一种最终产品的生产加工过程中——如,从最初的矿产资源或原材料一直到最终产品到达消费者手中——所包含的各个环节构成的整个纵向链条。在一个产业链中,每个环节都是一个相对的产业,因此,产业链也就是一个由多个相互链接的产业所构成的完整的链条。垂直的供需链一般是针对制造业而言的。会展业属于服务业,提供会展服务所涉及的各个产业之间具有横向关系或协作关系。

对会展产业链的认识,可以从不同角度进行:

(一)从会展产业关联结构框架来看会展产生链

根据会展产业价值链的流向,会展产业关联结构框架既包括直接从事会展

① 戴光全. 会展产品的本质属性. 中国会展,2006:21.

生产、制造、营销、消费的一些行业，也包括为会展活动提供支持、支撑和服务的一些行业，还包括国家和地方政府为会展业的发展而提供的法律和政策支持。

具体而言，我们可以从三个不同角度来认识会展产业链：

1. 会展产业链的基本环节和支撑体系①

(1)会展产业链的基本环节

第一是会议展览经营：专门策划、组织、经营会议展览活动的机构和环节。

第二是展馆服务：会展场馆提供的各种服务。

第三是工程设计制作：包括展台、会场设计和施工、展览工程公司、装修装饰公司、广告公司等。

第四是延伸服务：主体为供应商和服务商，供应商是指提供物流、公关礼仪、活动策划、新闻媒体、广告宣传等一系列展览支持服务的企业公司。服务商是指提供展览外围服务的各相关产业及部门，包括航空、通信、酒店、餐饮、旅游、商业、城市交通等。

第五是参展商、买家：指参加会议展览活动的主体，包括租用场馆展示产品的企业或其他组织和观众（专业观众即买家与一般观众）。

(2)会展产业链的支撑体系

会展产业作为一种综合性的经济活动，它的发展离不开经济社会提供的完善的支撑体系。首先是政府的政策环境是否有利于会展业的健康发展；其次是会展中介服务比如协会等是否健全；最后是海关、商检、工商、公安、消防、城管等公共职能服务是否支持会展产业。

基本环节和支撑体系二者共同构成会展产业生态系统。

2. 会展业的产业结构

一是狭义的会展产业，即产生直接会展经济效益的产业要素，包括会展组织策划企业、会展场馆企业和会展服务企业。

二是会展支撑产业，即产生间接经济效益的产业要素，包括交通运输业、通信业、咨询业、新闻出版业、娱乐业、广告业、广播电视业等。

三是涉及会展活动的基础设施部门，即产生社会效益的产业要素，包括城市建设、环境绿化、交通建设、污染治理等。

3. 会展业的产业内链与产业外链

产业内链所涉及的产业是指那些在会展举办地必需的配套产业；产业外链所涉及的产业是指那些可以在更大范围内选择其产品的产业。

具体地说，产业内链指的是会展场馆、住宿、餐饮、旅游景区、交通运输、邮

---

① 马洁，刘松萍．会展概论．广州：华南理工大学出版社，2005.

电通信业等因素，产业外链包括因素众多，例如策划业、咨询业、视听设备供应商、灯光照明供应商、广告代理商、装饰装潢师、娱乐供应商、主持人、急救公司、旗帜供应商、鲜花供应商、保险经纪人和承销商、律师、印刷商、公关咨询师、烟火设计师、保安公司、特技效果供应商，等等。

（二）从会展产业运作的基本流程来看会展产业链

会展产业价值链，是以专业会展公司和会展场所为核心，由参会参展商、信息传播机构、会展工程公司、会展服务机构及最终消费者等多个部分共同构成的链条。我们可以从“上游—中游—下游—延伸”这样的会展运作流程的角度来认识会展产业链。[①]

（1）会展产业链上游。主要以会展公司为中心，形成了会展的策划开发、会展的组织实施、会展宣传等。其经营实际上就是创意策划、表现手段和设计理念的统一。上游企业一般就是指会展活动拥有者，主要从事会展项目的策划与开发。其内容包括会展项目创意、整体策划、行业调查、市场分析、可行性研究、立项论证、会展项目的具体运作、项目实施等等。从具体运作实际看，上游企业可以是会展活动的开发者和拥有者，也可以是会展活动的专业管理公司。因此，一般是具有独立开发、运作能力的会展活动组织者，或主办单位、承办单位，即 Organizer。

（2）会展产业链中游。指为会展活动提供场馆、设施、服务的企业组织。主要是以会展场馆为中心的会议、展览、活动场地的出租和管理、场馆设施的更新与维护、会展服务等业务环节。

（3）会展产业链下游。这一环节范围最大，能直接或间接为会展活动、参与方和观众提供服务的部门，都可以包含在此范围之内。例如，展览展台装潢、展品运输、物品租赁、商务服务、商务旅游、公关礼宾、媒体广告、印务票务、信息数据、法律咨询等等。其实也就是指和会展相关的物流、餐饮、住宿、休闲、购物、交通、咨询、培训等企业。这些下游服务部门，实际上往往指的是会展活动的代理商（如运输代理、旅游代理等）或分包商（Sub - contractor）。他们一般通过投标竞标，向主办方争取这些服务项目。在专业化分工发达的国家和地区，这些相关服务的内容可以通过社会化服务来解决。跟专门从事会展活动的策划与组织的上游、中游企业不同的是，很多下游的服务公司可能不一定完全从事会展活动的业务，会展服务业务只是其整体业务中的一部分。如策划咨询公司、视听设备供应商、广告代理商、装饰装潢师、娱乐供应商、保险经纪人和承销商、印刷商等等。

---

① 过聚荣．会展导论．上海：上海交通大学出版社，2006.

(4)会展产业链的延伸。会展业是一种综合性的技术经济文化交流活动，绝不仅仅是一般的商品展示和人流聚集，它可以让很多行业都可以参与进来，从中得到发展的机会与利益。会展产业链的延伸一般有三种基本类型：第一类是系列化产业链延伸，即“会展场地出租—会展工程—会展物流—餐饮酒店—旅游”；第二类是一体化产业链延伸，即“会展策划—会展设计营销—会展培训研究—会展信息服务—网络会展增值服务”；第三类是多元化产业链延伸，即“会展—其他行业”，是以会展主业积累的资本进入投资回报率高的相关行业。

因此，广义的会展业涵盖社会生产、制造、营销、消费的各个环节，跨越第一、二、三产业，其体制包括国有、集体、私营、联营、个体、股份、外商投资、港澳台投资等多种类型。会展经济涉及客流、物流、信息流、文化流和资金流等关联环节。从内容上，它涉及策划、场馆服务、装饰装修、物流、仓储、海关、公关广告、旅游服务、酒店餐饮、市场调查等独立行业。上下游的产业链条涉及酒店、餐饮、旅游、零售、娱乐、交通、教育、医疗、储运、邮政、保险、海关、商检、咨询、通信、广告、传媒、网络、印刷、出版、金融、信托、律师等几十个行业。这些综合服务体系构成会展产业群。正是由于这样的原因，会展业被称为“刺激经济增长的强劲引擎”。这意味着会展业已经奠定了其在国民经济中不容忽视的产业地位。由此也可以看出，会展业的形成虽然也需要新的技术要素的支撑，但更多的是依赖于对社会文化经济层面的综合利用和开发。

由此也可见，会展服务分工越细，所涉及的上游产业越多。会展服务质量的高低，会展产业竞争力的强弱，与会展服务分工程度和产业配套完善程度密切相关。对于会展业这样一个需要众多产业配合的产业来说，如何有效组合各种配套产业，构建合理完善的会展产业链，就成为提高会展产业竞争力的关键问题。只有会展公司、广告、运输、搭建、旅游等会展产业链上的不同类型的企业明确分工，并建立责权明晰的合同关系，会展项目的运作才能更富有活力，会展业的可持续发展才有可能实现。

三、会展业的特点

要深入分析会展业跟其他产业之间的关系，还需要把握会展业作为一种产业所具有的一些明显特征。

(一)开放性

会展活动本身是物品、信息、人员、资金等要素突破地域限制、加速流动的产物。会展业是经济全球化浪潮催生出的一种新的经济形态。它是人类文明发展过程中“交流”的规模越来越大、程度越来越深的重要体现。因此，会展业带有天然的开放性。它主要体现在聚集、交流、传播、沟通等功能上。

（二）集约性与综合性

会展业作为一种多要素、多产业融合、跨区域、多维扩张的新型经济形态，具有很强的产业聚集效应。一个成功的会展活动的举办离不开四个相关单位：组织单位、接待单位、场馆单位、参加单位。由会展组织单位直接带动的行业有新闻机构、印刷出版、会展服务业等；由会展接待所带动的行业有医疗保健、餐饮、住宿、百货、旅游、娱乐等；由场馆设施需求带动的行业有商务中心、储运中心、房地产、建筑材料、建筑装潢等；由参加会展带动的行业则可包括各行各业、各个层面。因此，会展业是一个综合性与集约性都非常强的产业。

（三）关联带动性与渗透性

会展业的产业关联度高、产业链长，通过发展会展相关产业、打造产业链提高会展产业经济附加值和综合经济效益，是促进会展业快速发展的关键举措。其产业带动性，一方面是由于会展活动需要有其他行业地高效率、高质量的配套服务做支撑；另一方面，在举办大规模会展活动的同时能够有效推动城市建设，促进社会整体服务水平的提高，从而带动相关行业的发展。会展业的关联带动效应主要表现在：会展能够吸引大量参展、观展人员，从而刺激商品和劳务消费需求，推动商业、饮食服务业的发展；会展业特有的展品、展地和展期要素，决定了承展地必须为参展商提供商品展览、研讨会议、新闻通讯、住宿、餐饮等"一条龙"服务，这样，就带动了承展地的咨询业、保洁业、广告业、印刷业、旅游业等的快速发展；会展能够推动举办地加快交通业、运输业、电信业、环保业等基础产业的发展，从而全面提升举办地的综合经济实力。

根据国际展览联合会测算，国际上展览业的产业带动系数大约为1:9。即展览场馆的收入如果是1，相关的产业收入则为9。可见会展业的效益中要包括大量的间接效益和社会效益，也可以看出会展经济是建立在所依托的产业基础之上，反过来又作用于所依托产业的一种"多边性"经济门类。

（四）高收益性

一般而言，会展业的利润率在20% ~25%以上，是一个高收入、高盈利的行业。这还只是针对其经济收入而言的。其实，会展业给区域经济发展带来的收益还体现在其他多个方面。一是通过发展会展业有助于推动地区产业结构的改变和优化；二是对城市基础设施建设如会展场馆、交通通信设施、环境等方面的重要推动作用；三是对招商引资工作的有力促进；四是对大量就业岗位的创造与提供。此外，会展业对区域形象的优化与提升、对居民素质的锻炼与提高、对良好社会文化氛围的培育等等，都发挥着很重要的作用。

（五）前瞻性

会展活动作为一种交流平台，总是会吸引、聚集各个领域最新的信息，能够展示行业领域的新进展、新成果、新动向和新趋势。立足于展示现有成果、创造未来新成果,是会展活动得以持续发展的动力之源。这使它对行业及社会生活具有引导作用,其先导性非常突出。这一点是会展活动最大的魅力所在,也是其核心价值所在。正因为如此,会展业被称为城市发展的“晴雨表”,不仅反映着一个城市的综合经济实力和经济总体规模,更能反映经济发展的未来趋势,带有鲜明的导向性,属于一种典型的前瞻性经济。这也是会展业被誉为“朝阳产业”的根本原因。

第二节　会展业与旅游业、文化娱乐业的关系

旅游业是通过招徕、组织和接待旅行者而获得利润的产业,是典型的服务业。如果把来自异地的参加会展活动人群视为旅行者的话,那么旅游业跟会展业之间有着极为密切的内在联系。文化娱乐业则是提供休闲消遣、文化娱乐服务的产业,与作为商务工作的会展活动也有着非常紧密的关系。

一、会展业与旅游业的关系

从表面看,会展活动是人流的聚集与流动,是一种跨国界、跨地域的行为。就这一点而言,它与旅游业有着极其密切的关系。被誉为近代旅游业发端的1845年英国人托马斯·库克组织的570人参加国际禁酒大会的活动,其实就是会议旅游的典型反映。

从深层产业结构来看,会展业与旅游业是一种相互支持、相互依存、相互促进、相互推动的关系,它们是相对独立却又相互关联和相互交融的两个产业。在会展与旅游的互动发展中,旅游是会展发展的基础,旅游业的繁荣会为会展活动提供更为完善的服务,加速会展业的发展。会展业的进步可以优化社会资源的组合,带动其他行业更快地发展,也为旅游业带来更多的客人、更多的消费,延长客人逗留期,增加旅游业淡季时设施设备的利用率。

具体而言,优厚的旅游资源和鲜明的旅游形象是发展会展业的优势条件,是打造会展胜地的重要资源依凭。如海南博鳌因为其良好的生态环境和优美的自然人文景观,而成为亚洲论坛的举办地。周到、便利的旅游服务也是会展服务中生活服务的主体,直接影响着参展商及观众的心理体验。比如酒店住宿和餐饮服务,在这里餐饮所发挥的已经不是一种原初的生理功能,而是越来越多地跟会展自身内容结合在一起,成为会展活动有机组成部分,例如欢迎酒会、冷餐会、午餐会、送别晚宴等。这是旅游业对会展业的促进作用的直接体现。

会展业的凝聚效应和辐射效应则可拉动旅游业的发展,旅游“遇展而兴,遇会而旺”成为普遍规律。一方面会展活动本身就是“活动型吸引物”,能为地方带来更多的、更高层次的客人,直接提高地方的旅游效益。最明显的就是对酒店业的带动。展会举办期间,酒店入住率和就餐人数会大幅度提升。除了为会展参与者提供必要的住宿和餐饮服务外,酒店业还可以通过进一步的宣传促销来带动店内其他辅助设施的利用,消费店内其他服务。如南京国际展览中心附近的金陵之星大酒店,在2002年中国国内旅游交易会期间,该酒店的客房入住率由平时的60%猛增至90%,客房收入的增长幅度也达到50%。资料显示,广州酒店业对两届广交会的依存度已达30%左右。目前“广交会”举办时出现的高星级酒店价格“暴涨”及“房荒”现象更是明证。另一方面,会展业的繁荣刺激地方经济发展、产业兴旺、人气聚集、投资增加等,为旅游消费的持续发展提供不竭动力。目前会展旅游已成为商务旅游市场上的主要组成部分,因此受到各个旅游地所重视。

会展业和旅游业之间存在的这种内在产业联系,有助于带起一条集商务、交通、住宿、餐饮、娱乐、观光、购物为一体的“消费链”。二者成功结合并发展为会展旅游地的地方很多,最著名的当属瑞士达沃斯和中国海南的博鳌。以瑞士万人小镇达沃斯为例,它位于瑞士北部偏僻山区。伴随欧洲滑雪运动和冬季休闲浪潮的兴起,欧洲人发现了达沃斯这块净土,其与世隔绝的封闭环境为举行高层次的会议提供了绝佳场所。其会议中心建立于1969年,有从几十人到几千人不等的多个会议室,除了世界最先进、最齐全的会议设施外,还有尽善尽美的会议服务,每年承办大型会议近40个,中小型会议近180个,全年230天以上是被各种会议和活动所占用,参会人员涉及经济、科技、医疗、教育等领域,甚至一些挑剔的大跨国公司也把全球性的年会定在达沃斯举行,还最终成为全球瞩目的“世界经济论坛”的举办地。仅会议本身的收入就占达沃斯整个旅游业收入的10%以上。这是会展业与旅游业互动的最有力的佐证。

会展业和旅游业两者的联动性都很强,二者紧密结合,对相关行业资源进行组合和整合,可以更为充分地利用当地的旅游资源,全面展示所在地的经济、文化和社会风貌,产生更大经济效益,扩大对外的影响力和知名度,共同促进地方经济的繁荣和社会进步。

二、会展业与文化娱乐业的关系

会展活动是一种在短时间内举办的内容比较集中、节奏比较紧张的政务或商务活动,这一特点决定了它需要文化娱乐活动穿插其中以调节气氛。反过来讲,那些以文化娱乐为主题的展会,如动漫展、影视展、书画展等,本身就是文化娱乐业的重要组成部分。而且有些学者本来就把会展业归属于文化产业的范畴。这是会展业跟文化娱乐业之间产生关系的最为直接的缘由。

随着“体验经济”的风行和会展业运作水平的提高,文化娱乐活动在会展业中的功能与作用正在发生着变化。文化娱乐活动最初是用作会展活动的点缀,仅作为渲染气氛的手段。而在目前的会展活动运作中,文化娱乐越来越多地作为会展活动的有机补充,融入整个的运作流程之中,成为增加会展活动附加值、体现会展策划亮点、增加参与人员整体体验质量的重要依靠。成功的文化娱乐活动策划,将为会展活动大大增色,可以起到很好地调整节奏、提高效率的作用,可以使会展更加成功、更加难忘。它正在成为会展活动综合吸引力中的重要一环。开幕典礼、文娱晚会、文艺节目、表演剧目、主题晚会等,都可作为具体的活动形式。可以为与会者做现场表演,也可以有与会者的参与,完全以娱乐为目的;可以单独安排,也可以作为宴会或类似活动的一部分,有的则安排在全体大会之前,以烘托气氛。为客人安排的文化活动可以有多种:如商业区、步行游、历史古迹游,艺术博物馆举办的展出、特别展览,灯会、节日庆祝活动,体育赛事等等。对于国际性会展活动来说,文化活动尤其会受到宾客及与会者欢迎。对于会期较长的会展、在轮船或其他封闭地点举行的会议,尤其需要在文化娱乐活动的策划上多下工夫。因为这类会议很容易令人倦怠、乏味,影响效率。

从会展举办地的角度来看,加强会展业跟文化娱乐业之间的联系和融合,在促进会展活动自身运作水平提升之外,还有助于加深宾主了解、有效展示会展举办地的形象等功效。仅仅参加会展活动对一个地方的了解还是很表面的,而通过参加丰富多彩的文化娱乐活动,则可以对一个地方的地域文化特色、社会风貌等有更直观、更深入的了解,有助于展示会展举办地的真实形象,提高影响力。如 2001 年 APEC 贸易部长会议举办期间,与会者被邀请到周庄游览,当地政府在欢迎仪式上举行了独具水乡特色的龙舟表演,效果很好。

因此,完善文化娱乐设施,丰富文化娱乐项目,以会展业促进文化娱乐消费的发展,以文化娱乐业丰富充实会展业的内容,是会展举办地应着力做好的“功课”之一。

第三节　会展业与交通运输业的关系

作为人与物在特定时间内的集聚方式,会展活动对保证人、物及时到达目的地的交通运输、物流服务等有着很高的依赖性,也有着很高的要求。交通运输、物流服务的管理历来是会展后勤服务管理中的重要内容。

一、会展人流运输

会展人流运输主要是指会展活动中各类参与人员的交通运输问题。

从构成环节来看,会展人流运输主要包括:各地参会参展人员集中到会展举办地的大交通;参会参展人员在举办地(城市、地点间)内部的交通;参会参展人员会展活动结束后的交通(会展后的旅游交通、返回交通等)。

从交通方式来看,会展人流运输主要分为空中交通和地面交通两大类。空中交通一般是指大尺度的交通,比如,从客源地到会展举办地的交通以及从举办地返回的交通。这往往需要得到航空公司的支持,尤其是对国际性会展活动而言。航空公司对国际会议和展览的大力支持,已成为会展竞标成功的重要条件之一。会展组织者一般采用指定航空公司、首选航空公司等方式跟航空公司合作,培育良好的合作伙伴。这样,指定或首选的航空公司一般会提供减免费用、机票折扣优惠、免费座位等,还会免费或打折扣运送会展资料、海报等物品。有的航空公司在客人确认机票后可以直接为其预订酒店和出租车。而对于被指定或首选的航空公司而言,成为重要国际会展活动的合作伙伴,对其声誉的提升、品牌的建设将会有很大的促进作用。

地面交通是指机场到会场、机场到饭店、饭店到会场、饭店到旅游点以及会场到会场之间的地面交通。这对举办地公共交通系统、轨道交通、出租车等如何配合、方便客人移动提出了较高的要求。这一般由主办机构自己解决,也可以跟当地汽车公司或目的地管理公司(DMC)合作解决。可以充分利用当地铁路系统、机场接送巴士、酒店免费汽车、常规价和团体价出租车及私人大型轿车等交通资源。

如果会议地点比较偏僻,要更注意交通问题。有时需要租用小型私人机场飞机,可以考虑安排大巴往返最近机场或火车站,安排大型轿车接送或雇用出租车;而对于大型团体,还可以和当地地面交通调度合作争取获得帮助,按照预先商定时间往返最近的交通港和会议地点,为参与会展活动的客人提供尽可能多的便利。应特别注意的是,会展人流运输中贵宾的交通问题、会后旅游交通问题需给予足够重视。

二、会展物流运输

会展物流运输主要是指会议物品、展览物品的运输。会议物品包括日程表、小册子、会议材料、会议标志、名卡等信息资料,报到记录、文件袋、包裹等所有报到处和办公室需要的用品,会议期间要分发的物品,特别活动要颁发的奖品以及会议地点不能提供的其他用品等等。展览物品运输包括展位的运输、展品的运输、展览辅助物品的运输等。

物流是物品从供应地向接受地实体流动过程。根据实际需要将运输、储存、装卸、搬运、包装、加工、配送、信息处理等基本功能实施有机结合。会展物流系统可以分为:物流作业系统——仓储、包装、搬运、国内运输、进出口报关和清关、国际运输、展览中的装卸、搬运、布展等作业;物流信息系统——信息反馈、最佳运输路线的选择、全球定位系统等。具体流程及内容包括:车站、货场、机场提货——物流仓库装卸集结仓储——市内卡车运输——会展中心装卸区搬运展品至展位——展品开箱就位及包装,需要提供机械和人工、包装材料保管、代办展品保险、办理国际参展品手续等各种相关服务。国际展览运输协会(IELA – International Exhibition Logistics Association)对现场运输代理如联络、海关手续、搬运操作等有着明确的业务标准。

会展物流具有多品种、小批量、多批次、短周期等特点,会展组织者应联络有实力的物流企业,综合利用货物列车、船舶、飞机、民间运输工具(三轮车、手推车、平板车等)等各种手段,为展商提供高效及时服务。会展物流的任务就是安全、快捷、高效、经济地组织会展活动所需要的各种资源及各参展商的展销产品由供货地向会展场馆的转移、现场向购买者的过渡、结束后运回或再运到其他地点等。会展活动的时间性决定了会展物流必须快捷、及时和高效。会展物流系统的整体水平的高低,直接决定着会展活动的运营效率。

由此可知,会展业的顺利运行需要交通运输业、物流服务业的支持和保障,一个交通物流系统不发达的地方很难很好地发展会展业。但同时我们也可以清楚地看到,会展业的发展对交通运输业、物流服务业具有非常明显的带动作用。它会使大量的人流、物流汇集到举办城市,增加对城市交通运输业的有效需求,促进这些行业的发展。据资料显示,1998 年全世界会议代表所订的机票占全球机票销售量的50%左右,在美国,其航空客运量的25%来自于国际会议及奖励旅游;在每年两届的广交会期间,来自 170 多个国家和地区的 10 万多外商云集广州,仅出租车的日收入就比平时激增 300 万元左右。

第四节　会展业与商业零售业、广告印刷业的关系

一、会展业与商业零售业的关系

会展活动期间,大量的人流集中涌入会增加对生活用品、旅游购物品及相关服务的需求,促进商业零售业的发展。一方面会展活动的筹备、举办需要集

中采购大量的相关物品,尤其是会展活动中的消耗品、生活用品等;另一方面,参会参展商在参加会展活动期间经常需要购买必须的生活用品,甚至工作物品,还要购买具有地方特色的旅游商品。这些都直接促进会展举办地商业零售业的发展。

国外学者早在上世纪 90 年代开始对会展活动的经济影响进行研究时,就注意到了购物消费在整体消费中的比重问题。奥兰多地区的情况是购物消费占参展商总支出的 10% 左右,韩国的情况是购物消费占到参展商总支出的 19% 左右。近年国内学者在研究此问题时,也发现类似规律的存在。在会展业实际发展中,北京市统计局对多家商场在 2001 年第 21 届世界大学生运动会期间的销售情况进行的统计结果显示,这些商场的销售额都因为大运会的举办而大幅增长,同比增长了 35% 以上;在第二届长春汽车博览会期间,长春市内 10 大商场交易额也同比增长 37.1%。这都说明会展业对商业零售业的促进带动作用非常明显。

二、会展业与广告设计印刷业

会展业从本质上讲是一种服务经济,从表面看则很大程度上属于一种“注意力经济”。它最为人所看重的“集聚效应”既包括人流、物流、信息流和资金流的集聚,还包括对注意力的集聚。而且对注意力的集聚在会展活动组织中的重要性越来越突出。一方面它直接影响着会展活动能否成功运行,同时它直接决定着会展活动最终的“形象效益”。而注意力的挖掘、开发与培育都离不开广告传播。第一是会展组织者的信息发布。会展产品开发的全过程,始终伴随着信息发布行为,需要通过各种媒体把会展信息告知潜在的参与者。第二是参展商的展位设计,展位是吸引观众注意力的第一要素,参展商一般都要在展位设计方面下大工夫,争取取得“亮眼”效果。而目前承担展位设计的除了少数专门的展台设计公司外,绝大多数设计工作是由广告公司承担和完成的。第三是参展商在展会现场发送的各种活页、手册等产品介绍资料,这些资料数量巨大,需要提前印刷完成。第四是会展活动现场烘托气氛的广告、引导观众的信息指南等。主办方、参展商在会展场馆拉出的大型条幅、提供给观众的指南手册,都属于广告印刷的范畴。

因此,会展业与广告设计印刷业之间也存在着密切的关系,会展业的快速发展会对广告印刷业有着很大的促进与推动作用。

第五节　会展业与信息通信业的关系

会展业本身就是一种"信息交流"产业,对信息技术、通信设备有着天然依赖性。可以说,会展活动的效率很大程度上取决于会展信息技术的进步与提高。目前会展场馆建设中对信息化、智能化水平的高度重视,就是典型证明。

会展活动的顺利举办一般需要以下信息通信设备与设施:

其一,现场通信计划——互联网、传真、收发用无线设备、移动电话、掌上分机、集群电话、对讲机、屏蔽仪等,以保证大规模信息集中的流动和交换。国际展览运输协会(IELA - International Exhibition Logistics Association)要求现场代理必须配备以下通信设备——国际电话线路、国际电传线路、国际传真。一般不允许通过地方电信部门提供这些服务。这是"联络"环节必要的设备要求。在大型国际性会展活动中,为满足频繁联络的需要,一般要求能使用专门的通信线路,如已在上海的历次国际会议中使用的800M 集群电话等。

其二,视听设备的安排——音响、麦克风、放映机、银幕、投影仪、影像屏、多影像演示支架和挂图、音响系统、投影和屏幕、灯光和录像等。放映设备指的是在会展场馆常用到的辅助器材,如幻灯机、投影机、动感投影机等。AV 设备指的是所有听和看的设备。其中双投影屏幕科技含量较高。

随着电话会议、电视会议、网络会议、网上展览等新型会展组织形式的兴起,会展场馆的信息化水平已被视为衡量其质量和级别的最为重要的指标之一。我国大多数会展场馆尤其是建国初期建造的展馆在这方面比较落后,已远远不能满足现在会展业发展的需要,目前正在经历大规模的改造和重建。我国会展企业的信息化建设工作目前也正在加强,有的已取得明显成绩。

2004 年年初,中国国际展览中心集团公司(中展集团)和 IBM 公司在北京共同宣布中展集团信息系统项目已经成功上线。该项目包括数字展馆、数字通信、电子计费、管理系统、呼叫中心和办公 OA 等几大模块。其技术水平远远领先国内,部分达到国际同行标准。该项目包括四大应用平台——集团内部办公应用系统、展览综合业务应用系统、展览业务 GIS 应用系统和综合业务查询系统,其中有二十几个子系统以及外部和内部两个网站。其中最有特色的几个系统是:展会信息管理系统——参展商可以从集团网站上查询各个展馆的技术数据、会场地点、户外场地、停车场、广告位等,还有动态测量功能。数字通信系统——因展品的电磁辐射和场馆的屏蔽等原因,展会期间,参展商的手机通话效果通常不理想,临时租用固定线路非常麻烦。该系统可以为参展商提供预置市话号码的数字移动电话,全面满足通信要求。展会现场服务收费管理系统——避免多头管理、手续繁琐、效率低下、服务不规范等。通过信息化建设，极大提高了中展集团自身管理水平及对参展商服务的标准和科技含量。

总之，会展活动自身“信息交流”的本质属性决定了它对信息通信有着较高的要求。同时，会展活动的举办拉大了人们在地域空间上的距离，提高了人们之间通信联系的频率，增加了对信息通信服务的需求，从而为信息通信业创造了新的利润增长点。

第六章

会展行业管理和主要国际组织

◆学习目标◆

1. 了解会展行政管理的主要模式
2. 掌握会展行政管理机构的主要职能
3. 熟悉国外会展行业协会的运作模式
4. 掌握会展行业协会的职责
5. 熟悉主要国际会议组织、主要国际展览组织、主要奖励旅游国际组织、主要节事活动国际组织的种类
6. 掌握国际会议协会(ICCA)、国际协会联盟(UIA)、国际展览局(BIE)、全球展览业协会(UFI)、奖励旅游管理协会(SITE)的简称和性质

会展行业管理是指政府会展主管部门及各类会展行业组织通过对会展总体规划和总量控制，制定出促进会展业发展的方针、政策和标准，并以此为手段，对各种类型的会展企业进行宏观的、间接的管理。从管理主体来看，可分为两类：一是政府行政管理部门，二是会展行业组织。

目前，在市场经济较为成熟的一些欧美国家和亚洲国家及地区，政府管理会展的职能已经和会展行业协会紧密地结合在一起，它们紧密合作、相辅相成，推动会展业健康有序地发展。

第一节　会展行政管理

在会展经济发达的国家和地区，会展业主要依靠市场机制的调节。但由于不同国家、不同地区影响会展业发展的条件存在差异，其管理模式也不尽相同。根据政府、行业协会调节力度大小，将会展行业管理模式分为：政府主导型、市场主导型及政府市场结合型三种模式。

一、会展行政管理的主要模式

（一）政府主导型

政府主导型是指政府通过投资及管理对会展业的发展起重要的推动作用，其中最具代表的国家是德国和新加坡。

德国是公认的展览强国，展览业在德国受到各级政府的高度重视。汉诺威、法兰克福、科隆、慕尼黑、杜塞尔多夫等城市将展览业作为支柱产业加以扶持，出台了一系列鼓励措施和优惠政策，以吸引展会组织者和参展商。

德国联邦经济科技部每年都要对出国展览提供直接的财政支持，同时还通过特定的组织或机构，组织德国企业赴国外参加展览会。德国的会展公司往往拥有自己的大型会展场馆，公司与会展场馆是一体的。会展场馆基本上都是公有性质的，一般由政府出资建设，州、市两级政府一般占会展公司股份的99%左右。展览公司由政府控股，实行企业化管理。例如，位于汉诺威的德国最大的展览公司——国展览公司由下萨克森州政府和汉诺威市政府分别控股49.8%。

德国贸易会展和会展业联盟AUMA，是由参展商、购买者和博览会组织者三方面力量组合而成的联合体。AUMA对德国展览业实行统一、权威性的管理，是德国唯一的中央级的展览管理机构，有着最高的权威性。它的职责主要包括：制定全国性的展览管理法律条例和相关政策、支配使用政府的展览预算、代表政府出席国际展览界的各种活动以及规划、投资和管理展览基础设施（如展馆、酒店、交通、旅游等）。德国政府和展览行业协会紧密结合，相辅相成，使展览业得到了有效管理。

新加坡对会展的管理模式也属于政府主导型。新加坡政府对会展业发展的扶持主要表现在加强基础设施建设上，尤其是对大型会展设施与配套设施建设的支持与投资上。新加坡博览中心就是有政府背景的新加坡港务集团投资建立的。博览中心展览面积达6万平方米，是亚洲最好的展馆之一。

新加坡旅游局下辖的展览会议署是新加坡政府对会展业进行协调管理的部门，成立于1974年，主要任务是协助、配合会展公司开展工作，对外介绍新加坡举办国际会展的优越条件，促销在新加坡举办的各种展会，扶持、服务、规范、协调和发展会展业。例如，特准国际贸易展览会资格计划（AIF），从国家的贸易政策和发展目标出发，对符合政府产业发展方向的展览会，或者对经过从质量、规模、参展人数、国际化程度等方面评估后认为符合标准的展览会，授予 AIF 资格证书，并且给予最高达 2 万新币的政府资助款。这些政策使优秀展会得到了有效的扶持。

（二）市场主导型

市场主导型管理模式是指会展业管理主要由市场主导，很少由政府或政府某个部门直接组展和办展，政府仅仅提供间接的支持和服务。代表性的国家与地区有法国、英国、加拿大、澳大利亚、瑞士等。

法国展览业的协调机构主要是法国博览会、展览会和会议协会。该协会有 336 个会员单位，分别包括 177 个展览公司，70 个展览场馆，52 个会议中心，以及一些展览服务公司。会员单位的营业总额约占行业市场份额的 85%。另外，法国的工商组织也介入展览业，如巴黎工商总会直接拥有并参与管理展览中心，其下属展览中心的展览面积占整个巴黎大区展览面积的 1/3。法国的展览和德国不一样，政府参与程度低，市场竞争相对较完全。展览公司不拥有场馆，而场地公司不组办展会，也不参与其经营。法国的业界人士坚持认为这种模式能够促进展览公司之间的公平竞争，也有利于场馆公司专心做好自己的场馆服务工作。

法国展览业的激烈竞争使展览公司日趋专业化和集团化。在 20 世纪五六十年代，许多专业性展会由行业协会主办。随着展览会之间竞争的日益激烈，行业协会逐渐把自己的展览会转让给专业展览公司，或者和专业展览公司合资经营展览会。另外，由于市场对展览会的要求越来越高，展览公司需要在资金、人力等装备方面做更大的投入，而小公司大多力不从心，被大公司纷纷兼并，展览公司集团化成为趋势。

英国政府虽然长期以来也非常重视展览业的发展，强调展览对于扩大出口发挥的推动作用，但英国目前没有专门的政府部门负责展览事务，主要通过财政手段来鼓励英国企业参加海外展览。英国举办展览完全出于商业行为，政府不直接介入，展览市场准入政策十分宽松，任何商业机构和贸易组织不需要经过特殊的审批程序便可以经营展览业务。展览公司的商业注册也和普通商业公司一样，没有额外的要求。同时各展览公司举办展览的内容只要合法均可自行确定，不需审批。英国规范展览行业主要遵循的是优胜劣汰的自然法则。英国协会的权威性远远不及德国，由于英国政府对展览行业不直接进行管理，因此行业协会发挥的是“维护质量”的职能。英国的各类协会组织制定各自的展览服务行为规范，仅对会员起指导和约束作用。

英国的展览行业高度开放，鼓励国际竞争，而且对本国企业基本没有保护政策。各种展览公司在竞争中纷纷通过兼并和收购手段来保持企业发展，而对于效益不好的下属公司和分支业务则尽快出售，以免影响整体实力。目前英国展览业发展的一个显著特点是公司规模变大，但业务范围却越来越专一，以便充分实现项目专业化和规模经济，以降低管理成本。

（三）政府市场结合型

政府市场结合型是指在会展业发展过程中政府参与和市场运作同时并行，美国和中国香港属于此类型。

以会展场馆管理为例，在美国，大部分展览中心都是公有的。在全美面积超过 2 500 平方米的展览中心中，大约 64%（约为 243 个）属于地方政府所有。在长期的产业发展过程中，形成了三种各有特点的公有展览中心管理模式。

1. 政府管理模式

这种方式是由地方政府成立大会和参观者事务局，负责管理公有展览中心。

大多数情况下政府并不能通过展览中心盈利，甚至要承担其亏损。但由于政府控制展览中心的经营可以更好地体现政府发展区域经济和特定产业的意图，并对展览市场进行宏观调控，故而这种模式仍然有其好处。在此模式里，展览会组织者预订展览场地需要到该机构事先登记，而不是去展览中心。在政府管理模式下，尽管某些服务也外包给专业承包商，但参观者事务局一般都有管理队伍，包括市场营销、销售和公共关系人员。对市政展览中心来说，盈利能力往往基于下列关键因素：经营实体的政治结构（一般认为，私人或权威机构/委员会的管理优于市政当局）；来自城市的对特定展览中心和整个观光事业的营销支持；最重要的是，展览中心经营和参观者事务局管理的质量。

政府管理模式虽然有利于政府获得某些重要的利益，但是也会造成展览中心经营绩效低下、市场机制扭曲等问题，不利于展览产业的长期发展。从美国的情况来看，拉斯维加斯和芝加哥等重要的展览城市都已不实行这种模式。

2. 委员会管理模式

这种模式由地方议会或政府成立一个单独的非营利管理委员会对议会或政府负责，经营公有展览中心。例如，依照内华达州的法律，拉斯维加斯成立了半官方的大会和参观者事务管理委员会。委员会管理往往是比政府管理更有效的模式。由于经营自主和收入独立，由一个管理委员会管理的展览中心，可以更少地受政府采购和城市服务需求的限制。

不过这种模式也有其弱点，那就是可能产生官僚主义等政治问题。此外，从企业治理的角度来看,委员会管理模式下存在着激励不足的问题。很多时候政府还是要充当救火队长,补贴公有展览中心经营的损失。

3. 私人管理模式

私人管理模式就是将公有展览中心的管理业务外包给私人展览管理公司。当前展览产业界一致认为,这是一个积极且难以逆转的趋势。越来越多的私人管理公司从市政府那里赢得公有展览中心的经营权和管理权。私人管理模式具有许多公认的优势:经营自主、富于活力,充分考虑成本效益,致力于客户服务,避免官僚主义,人力资源得到深度开发,盈利能力较强,雇用工人有灵活性。另外,对政府来说,财政风险相对较小。

当然,对地方政府而言,将公有展览中心交给私人公司管理也有一定风险,有可能失去对其营利动机的控制。由于不能排除所办展会不适应当地产业发展规划,私人管理公司利润最大化的经营可能不符合城市发展的整体利益。

中国香港会展业管理可归入政府市场结合型。香港特区政府高度重视会展业的作用,一方面特区政府会展管理部门香港贸易发展局致力于为香港公司,特别是中小企业,在全球寻找新的市场机会,协助它们把握商机,并为推广香港具备优良商贸环境的国际形象做出卓有成效的努力;另一方面,特区政府在场馆建设方面进行大量投资,然后实行商业运作。香港会展中心于 1987 年落成,香港特区政府投资 48 亿元,香港贸发局代表政府成为该中心业主,并收取毛收入一定百分比作为业主的投资回报。展馆管理机构不参与展会的筹办,以确保公平公正。香港的展览馆本身不主办展览,展览的场地、时段的安排,由展览馆管理机构按国际惯例去协调,政府不参与。展场收费分旺淡季,以有利于时段的安排。淡旺季的收费有较大的差异,由展馆按照市场机制来调节。这种管理模式对香港会展中心发展成为国际一流的会展场馆起到了巨大的促进作用。由此,香港连续 9 年被英国权威杂志《会议及奖励旅游》评为全球最佳会议中心。见证了 1997 年香港回归的香港会展中心规模并不大,仅属中等,但是每年举办各类活动2 000多次、接待国际旅客 320 万人次、会议 15 万多人次、商务活动约 32 万人次。会议中心的有效经营面积,平均每平方米每年接待约 100 人,这在国际上都属罕见。

二、会展行政管理机构的主要职能

发达国家和地区会展业发展的经验表明,作为国家经济和国际贸易发展战略中的一个重要环节,展览业受到了各国政府的高度重视,几乎所有发达国家都设有单一的国家级的展览管理机构。例如,德国的 AUMA(德国展览委员会)、法国的 CFME - ACTIM(法国海外展览委员会技术、工业和经济合作署)等等，这些展览管理机构的职责可能会有差异，但都有着一个共同的特点，即唯一性、全国性和权威性。在这些国家，唯一的、国家级的展览管理机构有着高度的权威性。这些机构的职能主要表现在以下几个方面：

1. 制定会展管理法律、法规、条例以及相关政策

德国是世界公认的展览强国，德国政府的德国展览委员会（AUMA）对展览会的管理也制定了各种措施，比如对展览名称给予类似商标的保护，以制止展览会雷同和撞车、保护名牌展览。但最主要的一条是增强市场的透明度。AUMA 在其章程中明确指出，AUMA 将在展览会的类别、展出地点、日期、展期、周期等方面进行协调，以保护参展者、组织者、参观者的利益。

新加坡是公认的亚洲展览大国，新加坡会展局从发展国际贸易、提升新加坡区域中心地位等宏观角度，制定了一整套扶持、服务、规范、协调和发展计划。

从目前我国会展业发展的实践来看，对会展业的准入、主办者的资质、展会的知识产权、展会质量评估、会展企业的税收等问题都需要有明确、详细、具有可操作性和权威性的法规条例和相关政策。

2. 支配使用政府的会展预算

一些欧亚发达会展国家和地区的政府，为了鼓励本国、本地区企业参加国际展览会、宣传本国企业、促进外贸出口，每年都会在政府的财政预算中拨出一块向参展企业提供间接的资金支持。各国的展览管理机构就承担着支配和使用这笔展览拨款的任务，并有完善的制度保证其实施。我国出国展览的审批和管理将可能由贸促会总体负责，国家将会拨出一块中央外贸发展基金来支持出展，希望借鉴会展业发达国家成功的经验，推进我国会展业走向世界。

3. 组织国家展览，代表政府出席国际会展界的各种活动

各国展览管理机构的另一个重要职能是根据本国外交和外贸政策的需要，举办国家性的商品技术展和组织国家展团到国外参展。德国 AUMA 每年都要与经济部、农林部、能源部等其他政府各部协调，制订一个国家展览的计划，这些国家展的计划一旦批准，便由 AUMA 会同有关部门协会选择专业展览公司进行具体运作，在上海举办的德国消费品展就是一个典型的例子。

目前国际上最具规模的官方性的展览组织是“国际展览局”（BIE）。它是以国家为代表的国际性展览机构，协调管理世博会相关事务，各成员代表其国家遵循“国际展览公约”，维持世界博览会的正常秩序，一般各国均由其主管展览的代表出席国际展览局的活动。中国国际贸易促进委员会一直代表中国政府参加国际展览局的各项活动。

4. 规划、投资和管理会展基础设施

展馆、会议中心和饭店是会展发展最重要的基础设施。高档宾馆、大型会

议中心和展馆的建设与建设大型公共基础设施一样，应有宏观调控。发达国家的展馆少有私人拥有，即使是市场经济比较发达、完善的美国，展馆一般也由各州各市的政府机构——展览旅游局进行投资建设。德国的展馆均由政府投资，是一个典型的国有企业。究其原因，除了展馆投资大、回收慢、社会效益大大超过其本身经济效益外，恐怕还有政府通过展馆及展馆经营来对展览市场进行调控的考虑。目前国内展览业无序竞争严重，与展馆建设的失控有关。展览市场发展有其规律，它受到经济发展水平、经济总量以及区位条件的制约。无视需求、盲目上马的展馆设施，不仅造成资源浪费，也增加了协调展览市场的难度。

第二节　会展行业组织

会展行业组织主要分为：国家级的行业组织和国际性的行业组织。

一、国外会展行业协会的运作模式

目前，国际上会展行业协会的运作模式，按照行业协会、政府、市场和企业之间的关系，主要可归纳为三种。第一种是以美国为代表的“水平运作模式”，第二种是以日本和德国为代表的“垂直运作模式”，第三种是以法国、中国香港为代表的“综合运作模式”。

(一) 水平运作模式——企业推动型

以美国为代表的“水平运作模式”是一种以会展企业自发组织、自愿参加为特点的行业协会模式，具有较强的民间性，在管理上自由放任，规范宽松。其最大的特点就是企业自主推动，会展企业在发展过程中，碰到同行业内部价格上的相互倾轧与产品质量问题时，会展企业组织出于维护自身利益和市场秩序的需要，被迫产生组建行业协会的冲动，尝试着用行业自律的方式规范市场行业秩序，例如，美国展览管理协会（IAEM）。显然，在这种背景下所成立的行业协会，其动力源就在于企业本身，其他的因素，如政府提供帮助或指导仅仅是动力源的外部因素。即会展企业只要存在相同的利益，就可以建立一个行业协会，政府对此既不干预，也不予资助。行业协会为企业提供技术与信息服务，协调政府、企业、消费者之间的关系，同时实力强劲的行业协会，如美国商会及美国制造商协会与联邦政府、议会都保持密切联系。当政企发生矛盾时，这些行业协会组织寻求议会的支持与介入，按照长期以来美国人所推崇的以对立制衡原则处理政府与行业协会之间的关系。

(二) 垂直运作模式——政府推动型

以日本和德国等国家为代表的“垂直运作模式”是一种政府行政作用参与

其中、大型会展企业起主导、中小会展企业广泛参与的行业协会模式。其突出特点是强调政府的推动作用，对内是政府机构，对外是民间团体。日本和德国的政府通过机构改革与职能调整，大大削减专业经济管理部门，使专业经济管理由过去偏重条条性的部门管理向偏重综合性的行业管理转化。这样，从政府职能中逐渐剥离出一些职能转交给行业协会，使行业协会在政府的主导下得以产生，并积极致力于高速发展本国市场经济，力图建立政府与社会合作或官民协调的宏观管理模式。行业协会具有庞大的组织机构和较高的组织化程度，协会的覆盖面广，政府与行业协会是一种合作协调关系。

(三)综合运作模式——市场推动型

以法国、瑞士、中国香港为代表的“综合运作模式”不像企业自主推动和政府主导推动那样单一，而是指在市场的推动下，政府参与管理，政府与会展企业在组建协会的过程中都倾注大量的精力，很难分清到底是企业还是政府哪一方起主导作用，可以说是企业和政府合力推动的产物。而且行业协会与政府的关系非常密切，如香港的香港展览会议协会(HKECOSA)的主要职责是配合政府宣传、把香港建成亚太展览之都、提供业务培训以提高行业水平、为会员单位制造商机、增强会员之间的联络、代表行业向媒体和政府表达统一意见，等等。

二、会展行业协会的特点和职责

在一个成熟的市场经济中，政府管理企业的职能会更多地通过非政府的行业管理协会来实现。行业协会组织将发挥更大的作用，承担起行业的主要管理职责。

(一)会展行业协会的特点

一个会展行业协会要真正发挥作用，应该具备四个特性：一是民间性；二是代表性；三是服务性；四是非营利性。

(二)会展行业协会的职责

在各国展览行业协会中比较活跃的有美国展览管理协会(IAEM)、英国展览业联合会(EFI)、新加坡会议展览协会(SACEOS)和香港展览会议协会(HKECOSA)等等，它们的主要职能是：

1. 制定行业规范，协调和管理行业内部事务

随着展览行业的发展与成熟，世界上发达国家的展览行业协会主要是利用市场机制和行规对展览业进行协调性的管理，其着眼点在于展览业的秩序、效益和发展。它的最主要职能就是行业管理和协调，一方面，它与政府密切配合，共同制定一套行业道德与行为规范，一旦有会员违反有关规定，就召开会议讨

论解决，甚至提出制裁措施，以维持公平竞争的秩序；另一方面，在展览会题目、展出时间安排、摊位价格、展览会质量水准等方面，在会员单位之间进行协调，以更好地维护会员的正当权益。

如英国展览业联合会对展览主办者、参展商、观众等进行了明确的定义，提出了国际展和国内展的标准和条件，规定了展览会组织过程中的基本要素。这些行规对展览企业的运作经营，起到了指导和规范的作用。新加坡展览会议协会的最主要职能之一就是在展览会题目、展出时间安排、摊位价格、展览会质量水准等方面，在会员单位之间进行协调，以更好地维护会员的正当权益。

2. 制定行业标准，评估行业会展资质

展会的品牌化是一种趋势，越来越受到重视，因此，展览协会在这方面承担着对展览会的调查和评估的职能。从世界范围看，最有效地对展览会进行评估和资质认可的组织是 UFI。该协会的成员是建立在品牌展览会的基础上的。UFI 对申请加入该协会的展览项目和其主办单位有着严格的要求和详细的审查程序，取得 UFI 的资质认可、使用 UFI 的标志便成为名牌展览会的重要标志。英国展览业联合会往往要会员对其展览会进行第三者审计，即聘请一家独立的审计公司对展览会的整体效果进行评估。

我国目前还没有评估制度，也无评估机构，参展商、观众上当受骗者也不乏其人，这已成为制约我国会展业健康发展的严重问题。

3. 交流和调研会展信息，促进会展市场的透明度

会展的全球化发展使市场从相对封闭状态向开放发展，会展的高度自由化流动打破了地域上的局限，这既有利于展览会主办者在确定办展时进行全面系统的分析，也方便了所有展会的参与者有的放矢地选择展览会。这些会展资料的收集、整理、分析、交流主要是由展览协会来完成的。

这几年，中国的会展交流，诸如网站建设、刊物出版等方面得到了加强。

4. 培训会展专业人才，提高展会的组织水平和质量

会展业具有很强的综合性与专业性，需要大量具有综合素质的策划、组织管理、服务等专业知识和技能的会展人才。会展行业协会在培养人才方面承担着重要的任务。如美国国际展览管理协会（IAEM）经过多年的研究实践，从 1975 年起建立了一套系统完整的专业人才培养的计划和内容，分别通过课堂学习、工作实践、参与协会活动和考试等方式给予被培训人员各种机会，每完成一个专业测定就给予一定的分数，累积到一定分数后，协会将授予一个资格证书，称作注册展览管理人（CFM）。一般取得这个证书要花 3 ~ 5 年的时间，而证书持有者在展览业界享有一定的地位和声誉。

知识链接6—1:

我国各地会展行业协会的基本情况

自从1998年北京在全国率先成立第一家地方性的会展行业协会(北京国际会议展览业协会)以来,全国各地相继成立了一些行业组织,下面简单介绍我国三大会展中心城市的行业协会。

1. 北京国际会议与展览业协会

1998年6月北京成立了我国第一家地方性的会展行业协会——北京国际展览业协会。2001年5月,经有关部门批准,北京国际展览业协会正式更名为北京国际会议展览业协会。协会的服务范围得到扩大,会员组织及各项功能也进一步得到加强。

北京国际会议展览业协会,是我国第一家国际会议展览业具有社团法人地位的中介组织,有会员单位160 多家,主要由北京地区与国际会展业务相关的公司、企业、团体和在京国际知名机构组成。其宗旨是:组织北京地区相关国际会展,规范会展业秩序,优化会展市场环境,提高会展质量和效益,开展国内外会展市场调研,沟通会展信息,交流举办会展的经验,保障会员合法权益,促进会员间了解与合作,加强与国际会议展览业界的联络与合作。

协会成立以来,在各有关单位大力支持下,经理事会和广大会员的共同努力,按照协会章程规定的任务,通过举办年会、专题研讨会、座谈会、出国考察访问和接待境外会展界专家及为会员单位咨询、协调、培训等多种形式,在促进会展市场的发展、提高会展组织水平和质量方面做了大量工作,因而受到会展业界的欢迎和好评。协会在国际会议展览领域的影响和作用也日益扩大。

北京国际会议展览业协会提供的服务项目主要有:①信息与联络服务;②会展人员培训服务;③会议和展览服务;④为政府主管部门服务;⑤会展相关法律服务等。

(资料来源:协会网址:http://www.bjfair.com/xiehui)

2. 上海市会展行业协会

上海市会展行业协会(Shanghai Convention & Exhibition Industries Association 缩写:SCEIA)于2002年4月成立,是由本市从事会议、展览及相关业务的企事业单位自愿组成的跨部门、跨所有制、非营利性的行业性社会团体法人,是具有广泛代表性的新型行业协会。

协会由会员单位组成,截止到2007年6月,协会已有会员406家,会员成分已呈多元结构,基本涵盖了会展主体业务以及与之相关的业务领域,其中副会长单位10家、常务理事单位5家,理事单位29家。

协会的常设机构为秘书处,下设办公室、联络部、项目部、信息部和服务中心。

协会成立五年来,本着遵守国家法律、法规,积极发挥"服务、代表、协调、自律"的四大职能,在市有关职能部门的指导下,协助政府从事行业管理,就保护会员的合法权益、提高行业整体素质、进行行业统计、形成行业自律机制、行业认证、组织国际交流与合作等方面做了全方位的开创性工作,同时一直致力于为会员单位提供全面的优质服务,体现行业协会的广泛性和代表性,从而真正构筑政府与企业之间沟通交流的和谐平台。

(资料来源:协会网址:http://www.sceia.com.cn/)

3. 广州市会展业行业协会

广州市会展业行业协会(GZCEIA),成立于2005年3月,是由广州地区从事会议、展览及相关活动的企事业单位发起,自愿组成的具有法人资格的行业性、非营利性社团组织。行业协会在广州市登记,接受广州市协作办公室的业务指导和广州市民间组织管理局的监督管理。协会的工作部门设办公室、会员(联络)部、项目部。

协会的宗旨是:遵守中华人民共和国宪法、法律、法规和国家政策,遵守社会道德风尚。在广州市会展业管理领导小组的指导下,协助政府从事行业管理,建立行业自律机制,规范行业市场秩序,优化行业市场环境,培育国际会展品牌,保护会员合法权益,提高行业整体素质,组织行业国际交流和合作,促进广州市会展行业的健康发展。

另外,宁波、重庆、昆明、深圳、合肥、天津、西安、福州、大连、广西和黑龙江等市省也相继成立了会展行业协会。

(资料来源:协会网址:http://www.gzceia.com/)

第三节　我国会展行业的管理

一、我国会展行业管理的现状及存在的问题

我国现代会展行业起步较晚,会展活动散见于其他行业,没有形成自己独立的行业,产业化程度很低,会展行业的经营管理长期处于较为随意茫然的发展状态。在计划经济条件下,会展处于垄断状态,只有一些政府部门、政府色彩较重的行业协会和贸促系统机构可以主办展会,没有明确的主管部门,没有形

成明确的经营管理体系，会展行业的经营管理模式问题几乎从来没有被提到议事日程予以认真考虑，国家多轮经济管理体制改革也从未涉及会展管理问题。因此，长期以来，中国会展行业的经营管理一直处于相对较为混乱的状态，具体表现在以下几个方面：

(1)政府管理职责不清，缺位、越位和不到位同时并存，缺乏必要的宏观指导，会展产业定位和产业政策不明。

(2)就具体会展活动而言，经贸、科技、文化、教育不同内容，国际、国内不同范围，展览、展销不同性质，分属不同政府主管部门审批，多头审批，多级审批，不同审批部门掌握的标准不尽一致。

(3)某些情况下，一些政府部门还承办一些会议和展览活动，集会展审批、监管与运营于一身。

(4)重审批，轻管理，以批代管；按业务分工多个政府部门审批，似乎大家都管，但从行业或产业发展的角度看，实际大家都不管，行业缺乏必要的政府主管部门，政出多门，缺乏必要的产业政策指导和统一法律法规协调。

(5)经营主体成分复杂，政府部门、准政府部门、商协会、各种经济成分的企业同在会展市场角逐，市场竞争机制在某种程度上受到扭曲，会展市场有失透明、公平、公开和公正。

(6)会展法律法规建设严重滞后，缺乏必要的市场管理规范和法律依据。

(7)行业中介组织滞后，既有的行业组织缺乏必要的权威性和凝聚力，行业自律能力较弱，市场竞争较为混乱，鱼目混珠，仿冒、欺诈、蒙骗现象时有发生。

所有这些都严重制约着中国会展产业的发展。随着中国会展行业的发展壮大，会展产业化进程的加快，尽快建立和完善适应中国社会主义市场经济建设进程，有利于促进我国会展产业发展，具有中国特色的会展行业经营管理体制势在必行。

二、我国会展行业管理的模式

为推动中国会展产业良性发展格局的形成，应当尽快建立政府宏观指导，企业规范经营，协会沟通协调，政府、企业和行业中介组织三位一体共同借助市场力量发挥作用的发展模式和管理体制。

(一)加强政府宏观指导与服务

在市场经济发达国家，并没有完全排斥政府对会展活动的参与，一些世界性会议和展览，没有政府参与，根本无法申办。在中国目前的发展阶段，为了扶持会展行业的发展，将中国会展行业做大做强，加快产业化进程，政府利用自己的权威性和资源，发起、倡导乃至主办某些会议和展览，只要不导致市场垄断，是应当允许的。但是，随着市场经济的完善和市场机制的健全，政府应当逐步淡出具体会展活动的微观操作，明确自己的功能定位，集中精力做好自己职责范围内的工作，切实解决好所谓政府管理服务缺位错位和不到位的问题。

在目前具体情况下，或者在今后一段时间内，我国政府在会展产业发展中的功能定位应当是：宏观指导、政策扶持、条件提供和市场培育。

1. 宏观指导

随着会展行业的不断发展，政府必须加强对会展行业发展的宏观指导，认真研究会展产业在国民经济体系中的定位，将会展产业的发展纳入国家或城市发展规划，研究制定会展产业发展中长期规划，明确会展产业中长期发展目标和产业政策；根据会展产业发展的战略定位和发展规划，创造和提供必要的硬件设施和市场条件，发挥产业政策的宏观调节功能，促进会展产业朝着既定的方向和目标发展。

需要强调的是会展产业定位非常重要。摸清情况、准确定位是研究制定政策，进行宏观指导的基础。各城市应当认真分析自己城市的文化传统、产业结构与消费结构特点和城市辐射能力，立足于挖掘当地会展资源，找准自己的市场定位，创办自己的会展品牌，发展具有当地特色的会展经济。

2. 政策扶持

从总体上看，中国会展行业尚处于发展的初级阶段，速度虽快，但规模不大，产业化程度不高，为了加快产业化进程，促进发展，需要制定相应的产业政策给予必要的政策扶持：比如设立会展专项发展基金，用于支持国际性大型定期专业展览和会议的申办、行业中介组织的建设、会展项目的宣传、品牌会展培育的政策性补贴、行业标准的研制、会展网络等信息服务体系的建设、市场调研和理论研究、高级专业人才的培训等；再比如，为了培育市场，在一段时间内和特定条件下，对会展行业实行适当的税收优惠政策，对于优质品牌展会给予专项资金补贴或税收减免优惠等。

当然，政府各有关各部门出台的涉及会展方面的政策应当保持必要的一致性和协调性，应当与总体产业发展政策相吻合，相协调。

3. 条件提供

条件提供指硬件基础设施提供和公共服务软件条件提供。基础设施主要包括会展场馆建设和配套基础设施建设。会展是城市功能的一个组成部分，必要的会展场馆建设和配套基础设施提供是城市功能的具体体现，因此也应当是政府职责范围内的事情。德国、美国等会展发达国家场馆建设大多有政府财政的支持和参与，国内一些城市会展场馆建设与运营成功的经验和失败的教训从正反两个方面验证了政府投入在会展场馆建设中的重要性。

4. 市场培育

与其他行业相比,中国会展市场的发育更晚,更不完善,更需要培育。一段时间内,政府应当加强会展市场的培育:加强法制建设,研究制定相关法律法规,制定必要的市场游戏规则,通过相关立法或政府法规,明确各类参与主体的权利义务和职责范围,确保会展市场运转发展有法可依,有章可循。此外还要加强市场主体培育和会展中介组织建设。

(二)强化企业自主经营与规范

在市场经济条件下,企业是市场的主体。从市场主体培育和企业制度能力建设角度考虑,实现会展行业的市场化、产业化、国际化和品牌化,首先必须实现经营主体企业化、企业服务品牌化、业务运作国际化。

1. 经营主体企业化

要加强会展企业的制度建设,包括企业外部制度建设和内部制度建设。企业外部制度建设是指理顺各类关系,实现会展运作主体的企业化经营。我国目前会展运作主体成分复杂,方式多样,管理很不规范。从运作主体看,有政府部门、商会协会、国有企业分支机构、民营企业和外商投资企业;从经营方式看,有财政统收统支、财政补贴与市场运作结合、机构财务统支、项目单独列支和企业自负盈亏;从管理方式看,有专门从事会展运作的长期法人机构,也有政府、商协会和大型企业分支机构,还有为会展项目单独组建的临时机构。不同行为主体,不同运作方式的经营不尽相同,管理各有特点,较为混乱,有失规范。在目前情况下,应当首先理顺关系,确立会展运作主体的企业化经营方式:政府逐步退出会展活动的微观操作,即使政府财政支持的会展项目也应当交由企业运作,或实行企业化运作;商协会组织应当将自己的行业协调和会展经营功能分离开来,成立专业化会展企业或专门机构,实行分灶吃饭,独立核算;企业应当按照现代企业制度改进自己的经营管理,克服某些中小型企业经营管理的随意性和盲目性,提高管理水平,加强规范运作。

2. 企业经营品牌化

就是要提高会展企业的服务水平和服务档次,精心培育会展品牌和会展服务品牌。品牌竞争是现代国际竞争的精髓,物质生产企业的品牌竞争体现在产品上,而服务行业的品牌竞争则体现服务上。具体到会展行业的品牌竞争既体现为会议和展览的品牌产品,又体现为特定企业提供的服务。会展企业要培育和形成自己的会展品牌和服务品牌,首先必须加强自身的能力建设。包括:第一,判断决策能力;第二,资源集合能力;第三,服务创新能力;第四,市场应变能力。

3. 业务运作国际化

就是要与国际会展市场接轨，按照国际通行的规范和要求进行业务运作和服务提供，确保会展活动运作和各类服务提供的合法、规范和长效，确立正确的企业价值取向，加强企业文化建设和诚信建设，实行文明经营，培育和形成企业自己的核心竞争力。在我国会展市场逐步开放，竞争日趋激烈，会展行业市场化、产业化、国际化进程加快的前提条件下，会展企业应当十分重视核心竞争力的强化，尽快形成自己有别于他人的会展品牌、服务品牌和竞争优势。

（三）促进协会行业沟通与协调

发达市场经济条件下，行业中介组织在团结业内企业、维护行业利益、实现行业自律、游说政府决策、促进行业发展方面可发挥十分重要的作用。中国会展行业中介组织的功能建设在学习借鉴发达国家经验的同时，应当充分考虑中国的基本国情、经济发展阶段和会展行业发展现状，建立具有中国特色的符合中国社会主义市场经济建设阶段特点的行业中介组织体系。

1. 协会功能建设

（1）联系企业，沟通政府。广泛团结企业，倾听企业的呼声，代表行业利益向政府有关部门反映企业带有普遍性的问题和合理要求，争取政府对行业发展的支持，促进和推动有利于行业发展的法制和环境建设；代表会展行业参与政府会展产业发展规划、相关法律法规的制定和决策论证，提出相关政策和立法建议，参加与行业利益有关的听证会；宣传政府产业政策、有关法律、法规并协助贯彻执行，发挥媒介桥梁作用。

（2）市场调研，信息服务。加强市场调查，协助进行或接受授权进行会展统计，进行统计分析，收集和积累市场信息和统计资料，建立会展行业数据库，为行业发展以及政府和企业提供各类信息和咨询服务，为政府和企业决策提供依据；正确引导和协调会展资源配置，避免重复办展和恶性竞争，发挥信息咨询服务作用。

（3）行业自律，市场规范。进行会展评估和推介，加强会展品牌保护和品牌展会推广；制定行业标准和市场规范，规范行业行为，维护公平竞争；接受授权，参与资质审查，进行资质认定，出具相关公信证明；协调各方关系，维护各方的合法权益；研究制定行业道德准则和行为规范，推动行业文化建设；依据法律法规、协会章程和行业规范，采取行动，惩戒违章违规行为；反对市场垄断，反对仿冒骗展，维护市场秩序，促进有序竞争；协助企业提高服务质量和管理水平，督促企业加强诚信建设，发挥行业自律作用。

（4）广泛联系，促进合作。加强与有关政府部门、研究机构、大专院校的沟通与联系，促进会展理论政策的研究和专业人才的培养，营造更为有利的发展环境;加强城市兄弟协会中介组织间的联系与合作,建立一种联系沟通机制,定期交流;加强与国际会展组织和其他国家同业协会的联系与合作,积极参加国际会展交流活动,学习和借鉴国际先进经验。

鉴于我国会展行业发展的实际情况,现阶段协会功能发挥首先应当是联系沟通,通过广泛的联系,将业内企业团结在自己的周围;沟通政府,争取政府对行业的全面了解和支持,然后才有可能进行行业规范和协调。没有业内企业的信任和政府的支持,行业自律和规范很难推行。联系沟通是前提,服务到位是基础,协调规范是手段,促进发展是目的。

2. 组织建设

中介组织行业管理协调作用的发挥,首先必须加强行业中介机构的组织建设。会展行业中介组织建设起步较晚,虽然至今还没有代表整个行业的全国性中介组织,但许多会展活动比较活跃的城市先后成立了会展行业协会或其他中介组织,全国也组建了展览馆协会和城市工业品贸易中心联合会。会展业中介组织应会展行业发展而生,随会展行业发展而长,起步虽晚,但发展势头较好:自下而上,带有一定行业自发和民间推进性质,业内利益代表性相对好于其他行业协会;政府色彩相对较淡,已经开始引起政府的重视。但是,我们也应当看到,毕竟会展行业中介组织建设起步较晚,政府重视的程度相对不高,协会服务功能有待提高,协会的权威性有待增强。今后一段时间内,我们应当根据我国实际情况,找准行业协会的功能定位,加强协会的组织建设和功能建设,充分发挥行业协会在会展发展中的调研、沟通、服务、自律功能,促进会展行业的健康发展。

会展行业协会的组织功能建设要解决好社会合法性、广泛代表性和公平公正性问题。要加快会展领域法制建设的步伐,通过立法或政府法令来明确会展中介组织的合法地位和市场协调功能;同时,在治理机制的竞争中,协会组织只有不断地进行服务和制度的创新,才能立于不败之地。作为企业利益的代表者,行业中介组织要在广泛行业覆盖面基础上,通过自己公正有效的服务,赢得成员企业的自愿承认和充分信任,确立自己的权威。打破部门门户之见,创造条件,组建全国性会展行业中介组织。

(四)做到政府、企业与协会各司其职

建立政府宏观指导与服务、企业自主经营与规范、协会行业沟通与协调三位一体的会展行业经营管理体制,也就是政府、企业和协会找准各自在市场上的定位,按照共同的游戏规则发挥自己应该发挥的作用。

政府应当转变自己的职能,跳出会展活动的微观运作,发挥宏观调控、政策支持、产业导向和市场监督作用。各级政府部门不再具体承办会议和展览,不再干预和具体参与展会的经营业务,逐步将会展行业的行政管理职能通过政府授权的方式向会展行业协会转移。譬如,政府通过加强与国际组织之间的沟通交流,争取获得更多大型国际会议、展览的主办权;政府获得主办权后要将承办权让渡给会展市场主体,由会展企业进行具体会议和展览的运作经营。另外,政府要通过法律法规对市场进行监管,对行业协会给予必要的指导和管理。

协会是沟通政府与企业的桥梁,发挥联系企业沟通政府,承上启下的作用。协会需要全面了解和掌握整个行业各方面的信息,提供各类有效服务,正确引导会展资源流向;配合政府制定一系列游戏规则,保证市场机制最大限度地发挥作用;加强自身建设,通过制定行业规范和服务标准,以行业自律的方式负责会展市场的协调和规范。

企业通过行业中介组织反映自己的呼声,争取政府对行业的政策支持,获得国家法律保护,享受各类合法权益;并按照大家共同制定的行为规范约束自己,在法律和行业规范许可的范围内诚信、合法、自主、规范经营,把握市场机遇,发展壮大。

知识链接6—2:

中国国际贸易促进委员会

中国国际贸易促进委员会是由中国经济贸易界有代表性的人士、企业和团体组成的全国民间对外经贸组织,成立于1952年5月。

中国国际贸易促进委员会简称中国贸促会,英文名称为:China Council for the Promotion of International Trade,缩写为CCPIT。

中国贸促会的宗旨是:遵循中华人民共和国的法律和政府的政策,开展促进对外贸易、利用外资、引进外国先进技术及各种形式的中外经济技术合作等活动,促进中国同世界各国、各地区之间的贸易和经济关系的发展,增进中国同世界各国人民以及经贸界之间的了解与友谊。

经中国政府批准,中国贸促会1988年6月组建了中国国际商会(China Chamber of International Commerce,英文缩写为CCOIC)。

目前,中国贸促会、中国国际商会已同世界上200多个国家和地区的工商企业界建立了广泛的经贸联系,与300多个对口组织签订了合作协议,并同一些国家的商会建立了联合商会;同时,中国贸促会还在16个国家和地区设有驻外代表处。在国内,中国贸促会、中国国际商会在各省、自治区、直辖市建立了50个地方分会、600多个支会和县级国际商会,还在机械、电子、轻工、纺织、农业、汽车、石化、商业、冶金、航空、航天、化工、建材、通用产业、供销合作、建设、粮食、矿业、煤炭、物流等部门建立了20个行业分会,并对中国对外服务工作行业协会予以指导,全国会员企业近7万家。

中国贸促会、中国国际商会及其所属业务部门已经加入了许多国际组织,其中包括世界知识产权组织、国际保护工业产权协会、国际许可证贸易工作者协会、国际海事委员会、国际博览会联盟、国际商事仲裁机构联合会、太平洋盆地经济理事会、国际商会等。

(资料来源:www. ccpit. org)

第四节 会展业主要国际组织

与会展业有关的国际专业组织在组织和管理世界会展业市场化的发展中,发挥了重大的作用。了解这些国际会展专业组织,积极和它们建立联系,成为它们的成员,参加相关活动,能使我们有更多的机会获取国际会展业发展的新趋势、新发展等各种信息,对我国会展业加速开发国际市场,参与国际竞争,推动会展业持续发展有着重要意义。

一、主要国际会议组织

(一)国际会议协会(ICCA)

国际会议协会(International Congress & Convention Association,简称ICCA),也称为国际大会和会议协会,是全球会议业最具权威性的国际专业组织之一。

国际会议协会(ICCA)创建于1963年,总部设在荷兰首都阿姆斯特丹。其目标是,通过合法的手段,促进各种类型的国际会议及展览的发展,评估实际操作方法,以促进旅游业最大限度地融入日益增长的国际会议市场。到2004年,在全球拥有80个国家的650多个机构和企业会员,中国已有近30家单位成为该协会成员。

国际会议协会(ICCA)结合会议产业专业部门所代表的类目,拥有自己的结构体系。根据成员不同的业务范围分为9类,并以一个英文字母作为成员类型的代号,包括会议旅游及目的地管理公司(旅行社)(A类)、航空公司(B类)、专业会议组织者(C类)、旅游及会议观光局(D类)、会议信息技术专业机构(E类)、会议饭店(F类)、会展中心(G类)、荣誉成员(H类)等。

作为会议产业的领导组织,国际会议协会包含了所有当前以及未来的专业部门,并通过以下方式为所有会员提供最优质的组织服务:

(1)提高成员举办会议的技巧及对行业的理解;

(2)为成员间交流信息提供便利;

(3)为成员最大限度地发展商业机会;

(4)根据客户的期望值提高专业水准。

国际会议协会(ICCA)采用的是一种区域性的组织结构,成立了区域分会、国家和地方委员会。将全世界划分为9个区域,并设立了9个区域分会:非洲分会、法语分会、北美分会、亚太分会、拉美分会、斯堪的纳维亚分会、中欧分会、地中海分会、英国/爱尔兰分会,并在17个国家和地区设立了委员会。

要加入ICCA,成为其会员,不但每年要交纳会费,而且在加入时还要一次性交纳一笔入会费。ICCA的会员可以享受其提供的如下产品与服务:①协会数据库说明;②协会数据库报告书;③协会数据库提供的按客户要求特制的表格名录;④公司数据库说明;⑤公司数据库提供的按客户要求特制的表格名录;⑥国际会议协会数据专题讨论会资料;⑦国际会议市场统计资料。

ICCA提供的产品和服务对于帮助其会员了解国际会议市场、获取行业信息、开展会议行业教育和调研活动,以及制定会议发展计划和策略,有着重要的参考价值。

ICCA对国际会议的统计标准制定下列严格条件:

(1)会议必须要定期举行,一次性会议不能列入统计范围;

(2)与会人数至少在50人以上;

(3)会议至少要在3个不同国家之间轮流举办。

知识链接6—3:

由ICCA评选出的2006年度排名前10位的会议城市和国家如表6-1:

表6-1 2006年度排名前10位的会议城市和国家

排名	城市	会议数量	排名	国家	会议数量
1	维也纳	147	1	美国	414
2	巴黎	130	2	德国	334
3	新加坡	127	3	英国	279
4	巴塞罗那	103	4	法国	269
5	柏林	91	5	西班牙	266
6	布达佩斯	86	6	意大利	209
7	首尔	85	7	巴西	207
8	布拉格	82	8	奥地利	204
9	哥本哈根	69	9	澳大利亚	190
10	里斯本	69	10	荷兰	187

(资料来源:http://www.istis.sh.cn/list/)

(二)国际协会联盟(UIA)

国际协会联盟(the Union of International Associations,简称 UIA),是一个非政府、非营利性的组织,1910 年成立于比利时布鲁塞尔,工作语言主要是英语和法语。其前身是于 1907 年在比利时布鲁塞尔成立的国际协会办公室。1919 年 10 月 25 日正式以一个具有科学宗旨的国际协会登记注册。

国际协会联盟(UIA)的宗旨是:收集、研究和传播国际组织的会议信息,这些信息涉及政府和非政府国际机构之间的关系、召开的会议以及它们处理的问题和采取的战略,并进行国际组织会议发展趋势的预测。

国际协会联盟(UIA)有 18 位正式工作成员,除此之外还有短期工作人员签订短期项目合同,每年预算约为 80 万美元。其收入来源主要依靠:会费、签订研究和咨询合同收入、出版物的销售以及提供服务。另外,还有部分收入来自政府的捐赠和赞助(主要是比利时、法国和瑞典政府及一些官方和私人机构的捐款和赞助)。

国际协会联盟(UIA)从 1910 年开始至今出版了 300 多种出版物和系列出版物。如《跨国协会》、《国际大会日程表》和《国际组织年鉴》等,UIA 以书面、光盘及互联网的形式提供的数据资料,对于广大使用者来说是科研、决策和工作的有效工具。

公司和个人可以通过支付会费加入国际协会联盟(UIA),但首先要得到 UIA 执行委员会的批准。UIA 的会员中有各种组织、基金会、政府机构和企业。

国际协会联盟(UIA)对于国际会议的评定标准如下:

(1)与会人数至少 300 人;

(2)至少 5 个国家参加;

(3)外国与会者占全体与会人数 40% 以上;

(4)会期至少 3 天。

上述统计不包括国内会议和宗教、政治、商业和体育等会议。

(三)国际专业会议组织者协会(IAPCO)

国际专业会议组织者协会(The International Association of Professional Congress Organizers,简称 IAPCO),成立于 1968 年,其前身是英国专业会议组织者协会。这是一个由专业的国际国内会议、特殊活动组织者及管理者组成的非营利性组织,服务于全球的专业会议组织者。其总部设在英国伦敦。

国际专业会议组织者协会(IAPCO)成员遍及全球,每年通过举行各种活动,进一步提高会议组织者的专业认知度,为专业会议组织者提供论坛,为其成员提供交流意见和经验的机会,开展和促进国际会议理论和实践的培训教育,保持和进一步提高大型会议和其他国内外会议和节事活动高水准和专业化的组织管理，不断提高其成员和会议行业人员的服务水平。因此，其成员质量保证受到全球会议服务商的认可。

凡从事国际会议的筹备和经营工作的个人和企业都可申请参加国际专业会议组织者协会（IAPCO），该协会对专业会议组织者设立了随着服务和经济影响而不断变化的标准。协会成员大致分五类：

（1）普通会员。需付会费，在全体会议上有表决权，普通会员主要针对专业会议组织公司，在公司、协会、院校、机构、会议中心等单位会议部门工作的个人，从事于国际会议筹备和经营所需服务组织工作的自由职业人。

（2）邀请会员。针对在国际会议领域有一定地位的个人。

（3）荣誉会员。

（4）项目经理会员。针对早已是国际专业会议组织者协会（IAPCO）成员的专业会议组织公司里的项目经理而设的会员类型。

（5）分支机构会员。针对有一个或更多分支机构或有至少75%控股权的持股机构，并要让其所有的机构都能使用国际专业会议组织者协会品牌的国际专业会议组织者协会会员。

随着亚太地区在国际会展市场份额的增加，国际专业会议组织者协会（IAPCO）会员正在亚太地区不断发展壮大。IAPCO正在亚洲举办各种教育项目，支持会议产业在其他新兴会议目的地的良好发展。中国地区只有香港国际会议顾问有限公司（International Conference Consultants Limited）是其成员。

（四）会议专业工作者国际联盟（MPI）

会议专业工作者国际联盟（Meeting Professional International，简称MPI）成立于1972年，总部设在美国的达拉斯。

MPI是全球会议和活动取得成功的主要力量，其使命是致力于成为会展行业中策划和开发会议这一领域内的未来领导性的全球组织，主要从事会议发展趋势的分析和预测，从事会议业的经济效益（会议业对个体、对组织者、对全球经济的战略意义及会议业的投资回报率）的分析工作。

为了获取更多的专业和技术资源、赢得专业发展和网络工作的机会及抓住战略同盟、折扣服务和分部成员之间互相沟通的机会，越来越多的企业、机构和组织加入了该组织。

MPI目前在全球60多个国家有近2万多个成员，其成员共分三类：策划协调管理会议的会议策划者、提供会议业所需产品与服务的供应商及大专院校会展专业或接待业的全日制在校学生。其中，会议策划者成员占总数的46%，其余的54%为后两类成员。

（五）会议产业委员会（CIC）

会议产业委员会（Convention Industry Council，简称 CIC）由四家社团组织的领导人于 1949 年发起成立。四家社团组织的领导人在一起讨论会议业的发展形势时建立了一个委员会，并制定了一套贸易标准，这就是著名的会议联络委员会（Convention Liaison Council）。这四家创始组织为：美国住宿业与汽车旅馆协会、美国社团组织经理人协会、国际服务业市场营销协会、国际会议和旅游局协会。2000 年更名为会议产业委员会，会议产业委员会制定了以下四个基本目标：①达成这些组织间对各自责任的相互理解和认同；②通过研究项目和教育项目，为处理会议程序创造一个坚实和稳定的基础；③在会员组织间举行大家共同感兴趣的教育项目和活动；④让众人知晓，会议对整个社区和国家经济的必要性。

多年来，该委员会一直是这个行业中的教育领导者，它创建了注册会议专业人士认证项目（Certified Meeting Professional Program）。CMP 认证项目从 1993 年起在国际推广，平均每年有1 000个项目得到 CMP 认证。

（六）国际会议中心协会（AIPC）

国际会议中心协会（Association International des Plalis de Congres，简称 AIPC）于 1958 年成立于罗马，为非营利组织，目前有来自世界 49 个国家和地区的 160 个国际会议中心会员。我国北京国际会议中心、香港会议和展览中心、台湾地区台北国际会议中心都是其会员。

AIPC 主要宗旨是：结合全世界会议中心资源，通过会员间的交流，交换有关会议管理、会议技术、会议沟通以及会议新需求等信息，向会员提供有关会议管理和顾问服务；通过会员间主管的交流，提升有关会议硬件管理与营运、财务运作、组织与员工发展、行销与客户管理和环保诉求等相关议题的水准。协会在行业术语的释义方面，统计数据方面以及国际会议等其他方面起着非常重要的作用。

AIPC 每年都要在世界上不同地方举行年会和委员大会，来自全球各地的人士共同讨论行业议题并交换意见。

二、主要国际展览组织

（一）国际展览局（BIE）

国际展览局（The Bureau of International Expositions，简称 BIE）是专门从事监督和保障《国际展览公约》的实施、协调和管理举办世博会并保证世博会水平的政府间国际组织。1928 年 11 月，31 个国家的代表在巴黎开会签订了《国际展览公约》。该公约规定了世博会的分类、举办周期、主办者和展出者的权利和义务、国际展览局(BIE)的权责、机构设置等。《国际展览公约》后来经过多次修改,成为协调和管理世博会的国际公约,由法国发起成立了国际展览局(简称BIE),总部设在巴黎。国际展览局(BIE)依照该公约的规定应运而生,行使各项职权,管理各国申办、举办世博会及参加国际展览局(BIE)的工作,保障公约的实施和世博会的水平。

国际展览局属政府间国际组织,其作用包括组织考察申办国的申办工作;协调展览会的日期;保证展览会的质量等。它的存在对规范、管理和协调世博会的举办,起到了很好的效果。国际展览局的收入,主要来自申办展览会的注册费和举办期间门票收入的一定比例。

国际展览局每年由在职主席主持召开两次全体成员国代表大会。这些会议由成员国代表和国际组织的观察员参加,成员为各缔约国政府。联合国成员国、不拥有联合国成员身份的国际法院章程成员国、联合国各专业机构或国际原子能机构的成员国可申请加入。各成员国派出一至三名代表组成国际展览局(BIE)的最高权力机构——国际展览局(BIE)全体大会,在该机构决定世博会举办国时,各成员国均有一票。会议上由代表们评审新项目(世博会)的申请,评估那些申办国申办世博会的报告。大会也听取分管各方面工作的四个委员会的工作报告。

国际展览局日常工作由秘书长负责,下设执行委员会、行政与预算委员会、条法委员会、信息委员会四个委员会,其工作职责为如下。

执行委员会:为世博会所展示的内容确定分类标准;审查所有申办的注册类(综合类)或认可类(专业类)世博会的申请,并提出该委员会的意见一并提交全体大会通过;执行全体大会赋予的任务;向其他委员会征询意见。

行政和预算委员会:对国际展览局的管理活动实施监控;对国际展览局的财务管理进行检查;制定国际展览局年度预算并提交全体大会通过。

条法委员会:审查世博会的特别规章,并将其提交全体大会通过;指定供世博会组织者使用的规章范本;制定国际展览局的内部规章。

信息委员会:出版国际展览局通讯,并研究和宣传国际展览局的活动。

每个委员会设一位主席和副主席,各委员会主席同时也是国际展览局副主席。这8个成员与国际展览局主席和秘书长构成了整个国际展览局工作的管理主体。所有委员会的职位均从所有的成员国代表中选举产生。国际展览局主席由全体大会选举产生,任期两年,可连任一届。

2003年12月12日,国际展览局第134次成员国代表大会在法国巴黎举行,前中国驻法国大使、中国外交学院院长吴建民当选为国际展览局主席。2005年12月1日在国际展览局第138次大会上吴建民连任国际展览局主席,任期2年。

国际展览局成员国遍布欧洲、北美洲、中美洲、南美洲、非洲、亚洲和大洋洲。截至2006年年底,国际展览局(BIE)共有98个成员国。1993年5月3日,BIE通过决议,接纳中国为其第114个成员国。同年12月5日,在巴黎召开的国际展览局第114次成员国代表大会上,中国被增选为BIE信息委员会的成员。1999年12月8日,在法国召开的BIE第126次会议上,中国首次当选为执行委员会成员。中国国际贸易促进委员会一直代表中国政府参加国际展览局的各项工作。

(二)全球展览业协会(UFI)

全球展览业协会(The Global Association of the Exhibition Industry),原名国际博览会联盟(法文 Union des Foires Internationales,简称UFI,或者英文 The Union of International Fairs,简称UIF),国际博览会联盟于1925年4月15日在意大利米兰市由20个欧洲主要的国际展会发起成立,总部设在法国巴黎。在2003年10月20日开罗第70届会员大会上,该组织更名为全球展览业协会,仍简称UFI。

UFI是世界主要博览会组织者、展览场所拥有方、各主要国际性及国家展览业协会的联盟。它已经从一个代表欧洲展览企业与展会的洲际组织发展成为一个全球性的展览业最重要的国际性组织。目前在五大洲的75个国家、172个城市中有300多个会员。

UFI的主要目标是代表其成员和全世界展览业将展览会作为一个独特的市场营销和沟通工具在全球进行宣传促销。它起着一个高效的网络平台作用,让展览业的专业人士在这个平台上互相交换各自的想法和经验。UFI也向其成员提供宝贵的涉及展览业各领域的研究成果,同时还提供教育培训和高层次研讨会的机会,并在其区域分会和工作委员会的框架内处理有关其成员共同利益的问题。

我国由中国贸促会等单位与UFI合作,分别于1987年、1997年在北京、上海举办UFI培训班,介绍国际展览知识、国际展览操作与管理。全国20多个省市的办展人员参加了这两项活动。

UFI没有个人成员,只有团体成员,包括公司协会、联合会等。UFI吸收两类成员:正式成员(Full Member)和非正式成员(Associate Member)。UFI的正式成员有权在它公司和它举办的经UFI认证的展会的所有印刷和其他宣传材料上使用UFI的标志来反映企业和展会的质量。

中国目前已有34个展会企业和组织加入了UFI,中国的UFI会员每年派人员参加UFI年会,介绍中国展会情况,了解国际展览发展趋势,推动中国展览业国际化。

此外,UFI 有一套成熟的展览评估体系,对其成员组织的展览会和交易会的参展商、专业观众、规模、水平、成交等进行严格评估,用严格的标准挑选一定数量展览会和交易会给予认证。经 UFI 认证(UFI Approved Event)的展会是高品质展览会的标志,意味着符合 UFI 质量标准,有良好的展览设施和基础设施,能为参展商和观众提供专业的服务,在一定的领域和地域内具有市场领先的优势和地位。得到 UFI 认证的展览会在吸引参展商、专业观众等方面具有很大优势。

当一个展会组织者加入 UFI 时,它所举办的展会中至少要有一个展会得到 UFI 的认证。另一方面,已成为 UFI 成员的展会组织者还可向 UFI 提出对其组织的其他展会进行认证的要求。

取得 UFI 认证的国际展会,必须符合以下认证条件:

(1)展会必须至少已经定期举办过 3 次;

(2)直接或间接外国参展商数量不少于总数量的 20%;

(3)外国观众数量不少于总观众数量的 4%;

(4)直接或间接外国参展商的展出净面积比例不少于总展出净面积的 20%。

知识链接 6—4:

长春贸促会作为新会员首次参加
全球展览业协会(UFI)北京年会

发布时间:2006—11—13 来自:吉林省贸促会

全球展览业协会(UFI)第 73 届年会于 2006 年 11 月 8 日—11 日在北京隆重举行。这是 UFI 自成立以来首次在中国大陆举办的国际性年会。长春贸促会作为新加入 UFI 的会员单位,由会长亲自带队,参加了该届北京年会。

UFI 有着悠久的历史。它成立于 1925 年,会员包括世界各地展览主办者、展馆经营者、展览行业协会以及相关产业服务商,是国际上最有影响的展览行业协会。UFI 年会于每年 10 月底或 11 月初在世界不同的城市举行。年会内容包括一系列专业委员会和各地区分部的会议、有关经济和展览业务的专题报告及相关讨论会等,是协会每年规模最大、全体会员参加的大会。UFI 作为展览业全球性协会,在全世界宣传展览会方面处于独特的位置。UFI 实行认证制度,对会员有严格的质量标准,只有展览业的最佳机构才能加入其中。UFI 认证在各国的展商和观众中都得到了认可,是世界公认的最重要的国际展览业组织。

目前中国内地已经有31个单位和43个展会项目加入了UFI,其数量居世界第三位。由于我国国内目前还没有统一的、权威的对展览项目、展览公司和展览服务企业的评定标准和级别设定,所以UFI认证就在目前一段时期里成为能够代表高水平的标志。

长春国际汽车博览会是中国大陆继上海车展之后第二个加入UFI的车展,长春市贸促会也作为东北为数不多的会员在上届莫斯科年会上通过认证。

(资料来源:吉林省贸促会)

(三)国际展览管理协会(IAEM)

国际展览管理协会(the International Association for Exhibition Management,简称IAEM)成立于1928年,总部设在美国得克萨斯州的达拉斯市,是当今展览业最重要的行业协会之一,管理和服务于全球展览市场。

该协会与UFI在国际展览界均享有盛誉,被认为是目前国际展览业最重要的行业组织,两者现已结成全球战略伙伴,共同促进国际会展业的发展与繁荣。其使命是通过国际性网络为成员提供独有和必要的服务、资源和教育,促进展览业的发展。

国际展览管理协会(IAEM)的基本目标包括以下几点:

(1)促进全球交易会和博览会行业的发展;

(2)定期为行业人员提供教育机会,提高其从业技能;

(3)发布展览业相关信息和统计数据;

(4)为展览业人员提供见面机会,交流信息和想法。

国际展览管理协会(IAEM)拥有以下各类成员:展览经理、准会员、商业机构成员、学生成员、教育机构成员、已退休成员、分部成员等。目前,IAEM已有会员3 600多人,来自全世界46个国家和地区,该协会成员举办的展览每年近1万多个。其董事会由13位董事组成。

国际展览管理协会(IAEM)中国区办事处目前已落户深圳。

国际展览管理协会(IAEM)通过许多渠道与成员交流,包括EXPO杂志、“行业新闻报道”和网址上每周发布的协会新闻等。

国际展览管理协会(IAEM)提供展览管理的注册培训认证项目,即CEM(Certified in Exhibition Management)的培训认证项目。该培训项目的必修课程包括:项目管理、选址、平面布置与设计、组织观展、服务承包商、活动经营、招展,选修课程包括:展示会开发、计划书制定、会议策划、住宿与交通、标书的制定与招标,高级课程为:经营自己的业务(包括策划与预算)、经营展会的法律问题、安全与风险问题的防止、登记注册、了解成人教育。高级课程专为取得 CEM 认证并可能使用 CEM 培训认证项目再去开展培训认证的个人所开设。

(四)世界场馆管理委员会(WCVM)

世界场馆管理委员会(The World Council for Venue Management,简称 WCVM),成立于 1997 年,WCVM 集结了全世界代表公共集会场馆行业专业人士和设施的一系列主要协会。

成立世界场馆管理委员会(WCVM),是为了促进公共集会场馆行业内专业知识提高和互相理解,它致力于通过在成员协会和这些协会成员中的信息和技术交流来提高沟通和促进专业发展。

WCVM 现有协会成员是:会议场馆国际协会(AIPC)、亚太会展委员会(APECC)、国际会议经理协会(IAAM)、欧洲活动中心协会(EVVC)、亚太场馆管理协会(VMA)和体育场馆经理协会(SMA)。

这些协会成员一起为5 000多个管理经营场馆设施并在这个行业中联合在一起的人士提供专业资源、论坛和其他有益的帮助。这些人士代表了世界上 1 200个会展中心、艺术演出中心、体育场馆、竞技场、剧院和公共娱乐和会议场所。

三、主要奖励旅游国际组织

国际奖励旅游协会(The Society of Incentive and Travel Executives,简称 SITE,也译为国际奖励旅游管理协会)成立于 1973 年,是全球唯一致力于用旅游作为激励有良好工作表现的专业人士的世界性组织,是目前国际上奖励旅游行业最知名的一个非营利性的专业协会,主要向会员提供奖励旅游方面的信息服务和教育性研讨会,以促进国际奖励旅游行业发展为宗旨,致力于为业内提供广泛的资源共享平台。

国际奖励旅游协会(SITE)会员的专业涉及航空、游轮、目的地管理公司(DMC)、酒店和度假地、奖励旅游公司、旅游局、会议中心、旅游批发商、研究机构、景点、餐馆、供应商等。

目前,国际奖励旅游协会(SITE)有2 000多个会员,分属 33 个大区的 82 个国家,总部设在美国芝加哥。会员国有澳大利亚、比利时、南非、新加坡、西班牙、泰国、土耳其、德国、英国、卢森堡、加拿大、爱尔兰、意大利、马来西亚、荷兰、葡萄牙、墨西哥、芬兰、中国香港、东非等,在印度尼西亚、马耳他、中国香港设有分会。2006 年 12 月“SITE 中国分会”在北京正式成立。

国际奖励旅游协会的会员能在以下方面获益:①被列入在线成员指南(Expertise Online),获得免费网址链接,获得分布在各国的会员的联系方式;②能够参加 SITE 在全球的分会活动和教育培训项目;③在参加 SITE 年会时享受优惠注册费;④在参加奖励旅游交易时获得展示台所需的 SITE 成员展示材料;⑤可以在个人名片和公司信笺上使用 SITE 的标志;⑥有资格参加 SITE 水晶奖大赛;⑦有机会获得 SITE 认证的称号;⑧能以会员价订购 SITE 的出版物,免费获得 SITE 提供的研究报告。

国际奖励旅游协会还设立了专门基金支持世界各地有关奖励旅游的课题研究,这对世界奖励旅游的发展起了很大的推动作用。

四、主要节事活动国际组织

(一)国际节日和节庆/节事联合会(IFEA)

国际节日和节庆/节事联合会(International Festivals & Events Association,简称 IFEA,也译为国际节日与活动协会)是一个更关心公众娱乐和消遣的节日和活动的全球性专业节庆组织,它的前身是创建于 1955 年的国际节日协会(The International Festival Association, IFA),1995 年加上 Event 成为现在的名称。总会设于美国爱达荷州首府博伊西城(Boise),会员以节日与活动主办者为主,在北美、欧洲、亚洲、大洋洲、拉丁美洲、中东地区设有分部,在全球五大洲的 38 个国家拥有组织各种规模节事活动的2 700多名会员,会员包括品牌活动和刚起步的活动、活动组织者和顾问、城市和政府部门、会议旅游局和商业代理、公司活动、公众和私人活动、赞助商、学术界和支持活动的供应商等。

IFEA 是自愿参与的协会组织,其目的是为那些以组织和展示节庆、活动以及市民和个人庆典为共同目的的活动商、供应商和相关专业人员和组织提供服务,核心宗旨是致力于突出当地文化和影响等特征基础之上的节庆、活动和市政庆典,通过各地市政的公众活动增强市民荣誉感,促进文化、遗产和社区团体的保护,使得未来社区团体和世界的发展依赖于这些民族传统节事庆典的存在。

IFEA 建立了“节日从业人员认证”标准(Certified Festival Executive,简称 CFE),作为对相关从业人员进行资格认证的依据。评审委员会每年从全球超过3 000项的节日和节庆/节事中,选出最优秀的项目,颁发荣誉奖,这一奖项是旅游业界中的权威奖项。协会在大洋洲、欧洲和北美等地设有分会。新加坡 2000 年凭着“欢庆缤纷新世纪”、“新加坡美食节”和“世界名厨峰会”活动得奖,成为第一个获该协会最高荣誉奖的亚洲国家。

(二)国际特殊节庆/节事协会(ISES)

国际特殊节庆/节事协会(International Special Events Society,简称 ISES),是成立于 1987 年总部设于美国的芝加哥的国际性特殊活动专业组织,主要处理公司和商业领域的活动。目前在全世界有41个办事处，由来自48个国家的超过4 000个活动专业会员组成，下设31个分部。成员囊括了从节日到商业展览的组织者、会议策划/规划、餐饮商、装饰装修公司(decorator)、花商、目的地管理公司、租赁公司、特殊活动专家、帐篷供应商、视听技术人员、音像技术、宴会和大会协调者、气球设计艺术专家、教育专家、记者、饭店销售管理商、专门娱乐公司、会展中心经理人、学术刊物、团体及会议协调(Convention Coordinators)等诸多节庆/节事领域的专业人员。

ISES的目的在于通过教育与培训，在引导行业活动顺利发展的同时使行业活动合法有序化，主张专业人士联合起来把活动作为一个整体而非个体看待，不仅帮助特殊活动专家们提高组织与管理的成效，而且搭建同行间积极的合作平台。其宗旨是发展和提升特殊活动业本身及建立与其他相关行业的专业网络。通过专业指导和道德约束完善特殊活动职业，使之公众化；咨询和宣传有用的商业信息；培养成员之间以及其他特殊活动专业人士的团结合作精神；促进高水平的商业实践等。ISES是特殊活动行业中代表和约束活动专业者的唯一国际组织管理机构，教育和专业奉献是它的基石。协会通过"特殊节庆/节事从业人员证书"(Certified Special Event Professional，简称CSEP)对特殊节庆/节事从业人员进行行业技术标准和职业道德认证。其著名的大型活动组织专业人员职业资格认证(CESP，Certified Special Events Professional)是由ISES和认证委员会共同授予的，获得CSEP资格认证的称号，是一名活动组织经理人在培训、经验、服务等方面达到最高层面的证明，也是其职业水准得到活动组织管理行业的同行们一致认可的标志。IFEA开展的主要业务有举办年度大会和节庆展览会、搭建全球广告商和赞助商事务推广的平台、进行节庆教育培训认证(CFEE)、提供节庆活动管理策划咨询、开展节庆品牌价值评估、为会员提供国际教育交流与互访的机会、网络与会刊服务并进行IFEA全球年度评选推荐等。IFEA每年都会从2 000多个来自世界40多个国家报送的节庆项目中评选出最富创造力、高质量的优秀推广项目并授予哈斯·维克森最高奖。

第七章

◆学习目标◆

1. 掌握会议运作的内涵与功能
2. 熟悉会前策划与准备工作主要包括的环节
3. 掌握会议场地选择的基本步骤
4. 掌握在制定会议预算时,主要考虑的费用
5. 熟悉会议的执行与实施的工作步骤
6. 掌握会后工作的意义及内容
7. 熟悉会议运作中常见的误区以及避免的措施

从会展业发展的角度看,会议业是会展业的重要组成部分,也是利润率较高、潜力很大的一个部分。从一般组织管理的角度看,会议是一项有效的管理工具,是履行管理责任和实施管理控制的有效手段,也是制订计划、获取信息和建立联系的主要手段。在信息交流速度日益加快、范围日益拓宽、内容日益加深的现代社会,会议对任何领域而言都显得越来越重要了。对于任何一个组织而言,要及时解决问题、形成决策或激励成员斗志,都离不开用开会的形式进行相互交流和沟通。这样一来,如何提高会议的质量和效率,如何实现会议的目的,既是会议公司或其他会议策划者面临的现实业务问题,也是组织领导人面临的一个挑战。因此,掌握会议运作的规律,把握会议运作的流程及特征,成为任何会议组织者都必须高度重视的问题。

第一节　会议运作概述

一、会议运作的内涵与内容

会议运作是指包括会议的策划、组织、实施、接待服务等一系列相关环节在内的会议操作系统。既包括对会议的运筹、策划，又包括对会议的操作。它比一般而言的会议组织与管理更为实在，也更贴合实际，是任何会议组织者都必须掌握的“必修课”。

会议运作的内容涵盖了从会议前的准备到会期的操作执行再到会后的总结评估在内的一个完整过程。在会议的准备阶段，也就是会议的策划与规划阶段，包含以下环节：会议项目立项与审批、成立筹备委员会、策划会议方案、宣传推广与营销、制发会议通知、组织报名、准备会议文件、布置会场、人员培训、会前检查；在会议举办阶段，包括注册报到、信息编发、后勤保障等内容；在会后阶段，包括清理会场、安排旅游活动、会议总结、会议评估等内容。由此可以看出，要提高会议组织工作的科学性，必须要对会议运作的各个环节、各个相关要素进行深入的研究。

二、会议运作的作用与目标

“会议室内烟雾缭绕，主持人在那里滔滔不绝讲个不停，与会者是东倒西歪、哈欠连天，交头接耳者、玩弄手机者、嬉皮笑脸者都有”，这是我们都不陌生的、且都有过亲身体验的开会场景，会议又长又不解决问题，导致领导苦恼、员工抱怨。究竟是什么原因造成的呢？应该说这主要是缘于会议组织管理者对会议本身的认识有很大局限，对会议运作规律及技巧缺乏很好的把握。

（一）会议运作的功能与作用

（1）揭示会议组织与管理的内在机理。

（2）明确会议组织的基本流程。

（3）总结会议运作的基本特征。

（4）归纳会议运作误区及应避免的问题。

（二）会议运作的基本目的

就是切实提高会议的质量与效率，顺利完成会议既定任务，同时又能够节约成本开支。

三、本章学习方法

在充分认识和理解会议的目的、目标、功能与作用等基本问题的基础上，全面把握会议运作的基本流程和相关要素。把理论学习跟不同类型的会议策划案例有机结合，是一种有效的学习方法。本章最后所附附录一中的两个不同类型的会议运作案例即用于此目的。

第二节　会议运作基本流程

会议的运作流程基本包括会前策划与准备、会中管理与执行、会后总结与评估三大阶段。各个阶段又包括多项内容。全面、科学掌握这部分内容对于提高会议策划与管理的质量与水平至关重要。

一、会前工作——策划与准备

（一）项目立项与审批

在我国当前会展业发展大环境中，很多会议、展览项目的举办都还要得到国家相关部门的批准。所以，我们在谈会前工作的时候，首先要讲立项与审批的问题。

1. 立项

酝酿会议主题，然后对预想的主题进行多方面论证，进行项目调研，是会议组织者开发新的会议产品时第一步要做的事情。首先要考虑预想主题是否违背国家的政策法令，这是个大前提。决不能为了使会议主题求新出奇而跟有关政策法规、风俗习惯等产生冲突。在保证这一点的情况下，还要通过各种途径包括查找书籍和报刊资料、网络检索、听主题报告会及参加有关的研讨会等，对预想会议主题进行论证。目的是要全面掌握会议主题所在行业的发展以及学术发展情况，同时还要了解相关方面竞争对手的情况。对预想主题的论证最终要形成一份“可行性研究报告”，进行立项。

2. 审批

将项目可行性分析报告提交到与会议主题相对应的政府主管部门进行审批。这实际上是要与主管部门进行合作，该部门在会议中可以充当“主办单位”的角色。审批下来后，可继续邀请其他相关主管部门以“支持单位”的身份出现。审批成功后，会议的组织机构、基本框架初步形成，即主办单位、支持单位、承办单位、支持媒体等。

需要指出的是，在会议市场上除专业会展公司策划的会议以外，还有一些国际组织召开的国际性会议。其运作流程有独特之处。国际会议的承办方式一般有三种:成员国或会员国轮流举办、地区性轮流主办、通过竞标方式主办。如果通过竞标方式主办的话,对于拟申请举办者而言,会前准备首先是会议申办工作,包括制作标书、接待评审委员、展示特色等环节。

(二)成立会议筹备委员会或会务工作组

根据会议项目实际筹备工作的需要,确定相关机构和人员成立会议筹备委员会或会务工作组,并赋予职权、明确职责、明确运行方式及时间节点安排,确保该机构能够有效运转。

(三)策划会议方案

会议方案是整个会议组织工作的纲要,会议方案的策划可以说是会前准备工作的"重中之重",其好坏直接影响甚至决定着会议的成败。

会议方案主要以文案形式体现,一般包括以下基本要素:

会议名称;

大会主题;

会议背景:简单地说就是为什么要举办此次会议?大会主题的理论依据是什么?需要分析行业现状、市场需求以及发展空间等;

会议目标:会议拟达到的目的、拟完成的任务;

组织机构:主办者、承办者、支持者等;

时间地点:要考虑到同期是否有竞争对手出现,还要考虑场馆档期安排;

日程安排:会议形式的策划;

会议议题:讨论、报告的主要内容,体现会议的目的、主题与任务;各类技术专题;

出席会议人员:主持人、嘉宾、出席人员、列席人员、记录人等;

大会特色:对会议新颖、独特方面的分析;

会议保障:会议组织保障与经费支持等。

会议方案策划中最为重要的环节是目标设定、主题确定、日程安排、场地选择和预算制定。

1. 设立会议目标

设立会议目标是会议策划人员的首要工作,是其他所有决定的基础。会议试图达成什么样的结果?会议准备做出什么样的决定?准备取得什么样的行动方案?会议目标是会议的终极目的,是会议最终要完成的任务。它为会议主旨和会议日程及类型设计提供一个良好的基础,是会议各项工作的指挥棒。在国际上,会议的目的一般分为继续教育、人际关系、奖励和公司四大类。设立会议目标时,必须要做充分的市场分析或需求分析,正确评估潜在与会者参加会议的不同需求。同时还要注意会议目标的可行性、可评估性,最好能够书面列出、能够用数字来表示。

2. 确定会议主题

会议主题是会议的灵魂,它直接反映着会议的目的与任务。它会影响社会公众和与会者对会议的关注程度。会议主题的确定需要多方论证,要切实迎合行业用户、厂商、专家等相关方的切实需求,并要提前通知与会者。政府类会议主题的确定则要紧扣经济社会发展中的重要问题,并能够契合各级干部和群众的心理预期。

3. 日程安排

日程策划是会议各项活动的核心。首先要确定一个会议期间所有要完成的活动的时间表,也就是会议议事日程表①。一般是先有一个初步的议事日程,然后再开始设计具体的时间表。这个时间表不仅指会议各项活动的时间安排,还包括会议组织机构的工作时间安排。它要能够反映出会议组织机构和与会者的期望。不宜安排得太过紧凑。其次要确定会议类型,选择合适的会议形式,不要太过单调、死板,尽可能丰富、生动一点。还要对会议组织机构进行细分,以功能为导向设立若干行动小组或分委员会,承担会议运行中的各项相关工作。

4. 场地选择(内容、步骤、途径)

会议场地的选择是会议早期策划中的一项重要工作,直接关系到会议的成败。场地选择包含两个层面:地点(如城市)的选择和具体场所的选择。

(1)场地选择着重考虑的因素

对会议举办地的选择一般要着重考虑以下因素:

会议室的数量、大小和质量;

住宿、餐饮条件;

会议支持的服务和设备;

举办地的知名度;

交通、安全状况。

从会议组织者自身而言,则要着重考虑以下方面。

会议类型与形式:比如,大型会议宜放在大都市,便于安排食宿;培训会议放在培训中心或旅游胜地培训点,那里有专门服务人员;研发类会议适合放在郊区酒店,那里安静有利于沉思默想;重大奖励表彰会议宜放在有较高知名度的场所(如北京人民大会堂),以显示非凡的意义。

---

① JeAnna Abbott, Agnes DeFranco, 王向宁. 会展管理. 北京:清华大学出版社,2004.

考虑预算：会议分为营利性与非营利性两类。前者选择举办地时要考虑潜在参会人员的可接受费用的预算。非营利性的会议也要考虑开会的成本问题。

与会者的期望与偏好：最好能够对潜在参会者对地点的期望与偏好情况做些调查和预测，更能激发其参会的积极性。

对具体会议场所（会议室）的选择需要考虑以下因素。

会议时间长短：会期长的，面积要大些，会期短的场地面积可稍小。

会议类型：讲座型会议、讨论会、现场演示会等各自对会场要求不一样。

出席人员数量、会场容量。

会议专用设施、设备情况：讲台、桌椅等设施，视听设备的状况。

餐饮住宿条件。

整体环境：安全、安静，少受外界噪声等不良因素的干扰。

会议举办场所一般有城市酒店、郊区酒店、机场酒店、度假区、会议中心等几种类型，各有其特点与优势。城市酒店交通便捷，参会者可以有更多的机会参观博物馆、去影剧院及购物等；郊区酒店交通也比较方便，环境相对清静，费用较低；机场酒店特别适合会期短、节奏快的比较紧急的会议类型；度假区环境幽静平和，有特色服务，特别适合奖励会议、追求品位的会议；会议中心则适合大型会议。随着会议操作个性化程度的提高，目前会议举办场所的选择也出现个性化倾向，如选择游船、老仓库、博物馆、山洞会场、画廊、历史古迹遗址、图书馆甚至动物园等地方。

与会者一般喜欢到风景秀丽或具有特色的地点参加会议，喜欢住在环境舒适、服务优质的酒店。这是一般规律。我国的会议以前多选择在风景区举办，后来随会议数量的剧增、国家整顿会风措施的出台以及经费方面的原因，不再以风景区为主，逐渐转到以城市为主的阶段。

（2）会议场地选择的步骤

初步筛选：根据会议目标、内容、类型及要求，初步选择开会场所；

确定候选名单：缩小选择范围，列出候选依据，供委员会决定；

地点推荐；

实地考察：列出考察项目清单，全面考察，多方交谈，获取更多信息；

最终选择。

（3）会议场地选择的途径

可以跟政府的会议旅游管理机构合作，如美国的"会议和旅游管理局（CVB）"，获得"会议策划者手册"等有价值的工具。

还可以跟场馆代寻经纪公司、目的地管理公司（DMC）、产业联盟、航空公司、国际连锁酒店中心销售处、行业展览会及同行机构等合作，获得信息支援。

另外，通过互联网、场馆目录、杂志等也可获取有用信息。

知识链接 7—1：

会场选择的基本步骤与方法

会议的成败，场地的选择相当重要。应如何选择适当的会议场地，以下 6 个基本步骤都需考虑进去：

1. 确定会议目的。
2. 确定会议形态。
3. 决定实质上的需求。
4. 考虑与会者的期望。
5. 选择何种会议地点与设备。
6. 评估选择的正确性。

针对这 6 个步骤，兹将有关内容说明如下。

一、确定会议目的

大部分会议的目的是教育、学术交流、商业讨论、专业提高或社交联谊等多重目的；少数活动是单一目的的。例如一般社团年会多半集合教育、学术交流、商业及休闲活动。而一般企业界会议的特色是激励性的研讨会结合休闲活动，如高尔夫球赛等。每一种会议有其特定理由、目的与期望，因此在考虑场地前要先了解清楚。

二、选择会议场地的工作清单

先列好工作清单，知道你在选择场地时需要注意哪些事项，如此更能帮助你正确选择适当的开会场地。

地区

1. 费用（成本）与便利性。
2. 是否邻近机场。
3. 轿车或出租车是否足够。
4. 充足的停车空间。
5. 如果需要，接送交通工具是否充足，费用情况。

环境

1. 当地有何观光点。
2. 购物。
3. 休闲活动。
4. 天气状况。

5. 环境是否良好。

6. 餐厅。

7. 当地治安是否良好。

8. 社区经济状况。

9. 当地给予外界的评价、过去会议举行情况。

10. 当地会议局或观光旅游局支持与服务情况。

11. 会议周边供应厂商的经验、设备是否足够,如视听器材公司、展览公司、事务机器公司与安全方面。

设备

1. 警卫人员与服务人员是否友好、做事效率如何。

2. 大厅(lobby)是否整洁,吸引人。

3. 报到处是否容易找到:

(1)是否有足够房间供工作人员使用。

(2)是否足以处理 check - in/check - out 的高峰时段。

(3)接待处的人力是否足够。

4. 当人数众多时是否有足够的电梯设备。

5. 询问处是否全天候有人值班。

6. 立即回复有关电话询问,尽快转送留言。

7. 对客人的服务:

(1)药店。

(2)礼品店。

(3)柜台服务。

(4)保险箱。

8. 舒适、整洁的饭店住房:

(1)家具是否完好。

(2)现代化冲浴设备。

(3)充足光线。

(4)足够的衣橱空间与衣架。

(5)烟雾警示器。

(6)火灾逃生资料是否清楚。

(7)冰箱和小酒吧。

(8)走道是否整洁,包括清洁人员是否迅速清理通道、烟灰。

(9)是否在每层楼有冰块和饮料。

(10)电梯服务。

(11)标准房与豪华房的大小。

(12)是否有特别楼层提供特殊服务。

(13)豪华套房的数量与形式,客厅、卧室尺寸和睡床类型的简介。

(14)订房的程序和方法。

(15)房间类别,如高楼层或低楼层,面海景或面山景。

(16)每一种类别的房间数。

(17)有多少房间数可以使用,如果需要,对早来晚走的与会者如何处理。

(18)会议房价与一般房价如何。

(19)何时能提供确定的会议房价。

(20)是否需要保证数量与订金。

(21)进房与退房的时间。

(22)什么时间取消已预订的房间。

(23)付款方式。

(24)接受哪几种信用卡。

(25)万一取消订房,退款方式如何。

会场空间(Meeting Space)

1. 会议室尺寸(面积)。

2. 当会议室做不同座位安排时,其容量如何。

3. 会议室隔音设备是否良好。

4. 电源开关、冷暖气控制是否单独分开。

5. 会议室的音响效果,是否有良好音响系统。

6. 固定设备如黑板、银幕和家具。

7. 障碍物如圆柱。

8. 视听设备:

(1)视听效果,是否后座的人可以看到银幕。

(2)会议室天花板高度。

(3)是否有装饰灯架。

(4)装饰的镜子是否会反光。

(5)是否有窗帘遮住窗户光线。

(6)电源控制位置。

9. 火灾逃生口。

10. 公共区域是否整洁。

11. 相同性质的会议室是否在同一层楼或分散在不同楼层。

12. 房间和公用电话是否很方便。

13. 洗手间数量、位置,是否干净。
14. 衣帽间数量、位置。
15. 其他服务:
(1)足够空间放置家具和器材。
(2)良好光线。
(3)很容易让与会者找到。
(4)足够的电源插座。
(5)安全性。
16. 设备:
(1)桌子。
①1.83 米宽 ×2.44 米长。
②一般教室桌宽 38.1 ~45.7 厘米。
(2)椅子:舒适并适合较长会议使用。
(3)舞台。
①不同高度的舞台。
②有地毯和铺裙边的舞台。
(4)讲台。
①站立式讲台。
②有灯光的讲台。
(5)黑板和布告栏。
(6)指示架。
(7)废纸篓与垃圾桶。
(8)照明灯与辅助灯设备。
(9)灯光控制盘。
(10)报到台。
(11)麦克风。
餐饮服务(Food & Beverage Service)
1. 公共区:
(1)清洁与外观。
(2)备菜区是否干净。
(3)在最忙时段是否有足够人力。
(4)工作人员态度。
(5)有效、快速的服务。
(6)各式菜单。

(7)价格范围。

(8)预订的方式(Reservation Policy)。

(9)是否可能增加食物放置区域(如走廊)作为早餐或简单午餐的场地。

2. 大型活动:

(1)费用(成本)。

(2)创意性。

(3)质量与服务。

(4)多样菜单。

(5)税和小费。

(6)在活动前要求涨价。

(7)特别服务。

(8)特制菜单。

(9)提供主题宴会(theme party)的建议。

(10)独特的茶点。

(11)素食和节食者的食物。

(12)餐桌布置。

(13)舞池。

(14)宴会桌的尺寸。

(15)8人座/10人座。

3. 酒的规定:禁止服务时段。

4. 现金交易酒吧规定:

(1)调酒师费用和最低计费小时。

(2)出纳人员费用。

(3)点心价格。

(4)保证数量规定。

(5)何时需要提供保证数量。

(6)准备的份量超过保证,数量的最大极限。

展览空间

1. 有多少卸货点,距离展览区多远。

2. 是否有货运接收区。

3. 设备:空气压缩机(Conpressed Air)的水、排水系统、电力、煤气、电话插座。

4. 最大地面承载量。

5. 警卫区。

6. 防火逃生口。

7. 展览与餐饮、洗手间、电话的距离。

8. 是否有充分时间进、出场。

9. 是否需要特别装潢来增强场地外观。

10. 灯光是否需要补强。

11. 展览场地是否接近会场。

12. 救护站是否靠近。

13. 是否可提供展览厂商一间临时办公室。

14. 存放打包箱的地区和方式。

(资料来源:海南861会议网:http://www.898861.com/mknow.asp)

5. 预算制定

在准备阶段要对会议费用做出科学的预算。会议费用一般要包括场地费、会场装饰费、设备费、交通费、人工费、茶水食宿费、文具资料费和其他费用。在制定会议预算时,主要考虑以下几方面的费用:

(1)交通费用:交通费用可以细分为出发地至会务地的交通费用、会议期间交通费用(住宿地至会所的交通、会所到餐饮地点的交通、会所到商务交际场地的交通、商务考察交通以及其他与会人员可能使用的预定交通)、欢送交通及返程交通费用三大方面。

(2)会议室(厅)费用。具体可细分为:①会议场地租金。通常包含某些常用设施。②会议设施租赁费用。主要是租赁一些特殊设备,如投影仪、笔记本电脑、移动式同声翻译系统、会场展示系统、多媒体系统、摄录设备等。③会场布置费用。通常包含在会场租赁费用中。有特殊要求的另外协商。④其他支持费用。通常包括广告及印刷、礼仪、秘书服务、运输与仓储、娱乐保健、媒介、公共关系等的费用。可由专业会议服务商代理。

(3)住宿费用。住宿费可能是会议主要的开支之一。找专业的会展服务商通常能获得较好的折扣。住宿费跟酒店的等级、房型等因素有关,还跟客房内开放的服务项目有关。

(4)餐饮费用。主要包括早餐(多为自助餐)、中餐及午餐(正餐)、酒水及服务、会场茶歇(多按人数预算)、联谊酒会或舞会等费用。

(5)视听设备、节目费用。在室外举行活动时需要做出预算。既包括设备本身的租赁费用(常按天计算),还包括设备的运输、安装调试及控制技术人员支持费用,有时还要包括背景音乐及娱乐音乐材料的费用、娱乐节目的费用。

(6)其他费用。会议举办过程中一些临时性安排产生的杂费,诸如打印、临时运输及装卸、纪念品、模特与礼仪服务、临时道具、传真及其他通信、快递服务、临时保健、翻译与向导、临时商务用车、汇兑等等。这部分难以准确预算。

会议费用的筹措办法一般有行政事业经费划拨、主办者分担、与会者分担、社会赞助、转让会议无形资产使用权(名称、会徽、吉祥物等的商业开发)等。

(四)宣传推广与营销

为吸引参会者、增加与会人数和扩大会议的社会影响,需要组织者做大量的宣传推广与营销工作。

宣传推广工作包括广告宣传和人员推广。前者包括印制会议宣传手册、发布会议通告、发电子邮件、邮寄会议材料、向媒体散发宣传资料等。同时还要重视新闻宣传,要下工夫写好提供给新闻界的新闻稿,跟大众媒体坦诚合作,尽量提供媒体新闻采访所需要的资料及服务。

营销与促销工作更为关键。营销计划必须建立在会议的目标和内容基础上,要认清目标市场,全面分析竞争环境,争取在价格、质量和信息传递等方面建立自己的竞争优势。要特别重视促销材料的制作,如明信片、广告单、小册子、信件、网站等,综合运用印刷品广告、直接邮寄、电话营销和电子营销等手段加强营销工作。

营销国际会议比国内会议更复杂。往往还需要向国际与会者提供入境、当地状况(天气、文化名胜、穿着、购物、支付方式等)、交通、住宿、风俗习惯等多方面的实用信息。

(五)制发会议通知

会议通知的功能是传递有关会议的内容、性质、时间地点、方式等基本信息,以便与会者做出抉择,让与会者做好赴会的思想准备和时间物质等准备。会议通知一般可分为邀请函、会议通知、请柬、海报、公告等。发会议通知的方式有多种,可根据会议性质和与会人群的特征确定。

(六)组织报名

要设计多种报名方式供参会者自由选择。如电话、电子邮件、传真、网站等都可利用。在时间上尽可能前移,增加现场报到前报名的人数所占的比例。

(七)准备会议文件

要准备好各种会议文件和证件等资料。会前资料主要包括会议专用信封、信纸、海报、通知、注册登记单等。会议期间资料包括会议议程手册、名牌、参加会议证书、晚会请柬、餐券、文摘要集、与会者名册等等。其中与会者与会务人员及其他相关人员佩戴使用的证件要格外重视。它是表明持证人在会议中的身份以及权利和义务的直接证据。包括出席证(代表证、列席证、嘉宾证、旁听证等)和工作证(工作证、记者采访证)两大类。

（八）布置会场

会场按功能一般可以区分为主席台、观众席和发言区三大部分。主席台的布置则为重中之重。那是观众和媒体聚焦的地方。要设置好会标、会徽、台幕、标语、讲台、桌椅、座签、装饰物等。以吸引观众目光，很好地烘托气氛。

设计和安排会场座位格局：可根据会议性质及人数选择剧院式、课堂式、宴会式、U形、董事会型、T形、E形、多U形等多种格局。类型选择以方便进出、方便沟通为准则。

排定会议座次：可采用职务、身份等多种排座方式。

配齐会议用品和设施：包括文具用品、生活用品、通风设备、照明设备、视听器材、通信设备、办公用品、装饰用品等。

会场装饰性布置：色调、灯光、气味、花卉、旗帜、画像、标语口号等。

除了主要的三大功能区外，会场一般还有一些其他功能区域：报到处、会间茶歇厅、衣帽存放间、视听设备控制室、同声传译室、嘉宾休息室等。也要注意做些适当的布置和装饰。

知识链接7—2：

各类会议的场地布置要点

政府部门主办的大型会议——一般安排在中心城市举行，要求档次高，座位数量多，同时能提供一系列中型会议室作为分组讨论室用。主会场布置应隆重、庄严、神圣，表达积极向上的兴奋喜悦之情。对会场的保卫安全卫生服务提出更高要求。往往要进行电台或电视直播，会后召开新闻发布会。要有为媒体记者安排的场地供转播、采访、休息。

培训会议——通过讲授、讨论、观看录像、现场演练等方式的交流来进行知识传授。要求有封闭会场，还要有各类拓展训练设施或场地，有高品质的休闲放松地。会场可采用课室式、宴会式或U形等布置。费脑较多，应保持空气流动通畅，温度可稍低一点，配备薄荷糖或冰水等。

研讨会议——专家参与，应选相对封闭、安静、不易打扰的地方，多选旅游胜地、郊区会所。要有夜间娱乐休闲、团队精神训练项目，交通相对方便等。

企业例会——分为企业员工例会、企业客户例会两大类。员工例会可以简单一些，但会后的员工聚餐需要精心策划；客户例会一是答谢，一是继续合作，有的还现场签单。一般会安排在高档、豪华的会议场所进行，以显示公司实力。客户年会要求喜庆欢快、充满活力。同时安排一些轻松愉悦的参与性活动，配备较多的休闲娱乐设施。特色餐饮很重要。座位安排很讲究。

新闻发布会——一般选择在高档有品位的酒店召开,目的是提高新闻的可信度和重要性。政府的、企业的区别很大。前者严肃、正式、简单,后者灵活。

宴会——是餐饮与会议的结合,其实也是会议的一种。宴会的现场气氛营造十分重要,它影响客人的心境和对客人的吸引力,关系到宴会的成败。宴会气氛由两方面组成:一是客观物理环境,包括宴会厅所能提供和控制的周围情况和条件,温度、湿度、空气质量、噪声,场地空间大小,家具气味等。这些会影响客人的舒适度和食欲。二是主观感官环境,是指与宴会主题相关的场地布置、场地装饰和宴会活动安排,场地装饰风格可以通过光线色彩、音乐绿化等烘托不同的主题,设计比较灵活,但一定是围绕宴会主体进行布置和设计。重点顾客对该主题宴会的总体期望,应给予重视。

(资料来源:张以琼. 会展场馆管理与服务. 广州:广东经济出版社,2007.)

(九)人员培训

会前筹备工作是否扎实,很大程度上取决于相关工作人员的业务素质与职业精神。如有条件,应组织相关工作人员进行专门培训,以有效提高其业务能力,从而提高各项工作的质量。

(十)会前检查

这是会前准备阶段的最后一个环节,应按照工作方案的要求,对会议筹备的各项工作做认真检查,以及时发现问题,确保万无一失。会前检查的方式一般有听取汇报和实地检查两种,尤其要重视实地检查。

知识链接7—3:

会前准备小贴士

1. 检查灯光、音箱、桌椅、空调是否完好,如有破损及时报修理;
2. 做好会议室内卫生工作,保持桌面、地面及各个角落的整洁;
3. 检查桌帘、沙发套是否干净、整齐;
4. 根据会议需求,合理摆放桌椅(如客人提出桌子需要变换形式,应在前一天摆放好);
5. 根据人数摆放茶杯及矿泉水或会议要求的其他饮品;
6. 如需要条幅,应在前一天挂到指定位置;
7. 调试投影设备,在会前与会议联系人做好投影的调试工作,以免会中出现差错,激光笔摆放到位;
8. 会议桌摆放纸和笔;

9. 根据会议要求在会议室门前摆放签字桌；

10. 如需要录音，要准备好空白录音带、卡座；

11. 在指定位置摆放“吸烟区”的指示牌和烟缸；

12. 需要屏蔽时，摆放安装到位，定时开关；

13. 如需要鲜花，及时预订好，根据会议要求，摆放到位；

14. 如需要果盘，要在前一天与供应商联系好，在会议开始前2小时送到位，要查看水果否新鲜，有无异味，开出收货单；

15. 如需要铺桌布，要铺好，做到干净整洁；

16. 如需要桌签，提前摆放到指定座位上。

（资料来源：http://www.15630.com/tour/）

二、会中工作——执行与实施

该阶段的工作任务就是按照预先制定的议程开会，做好控制工作，保证会议有序、高效进行。主要应做好以下几点：

（一）设立秘书处

会议秘书处在会议现场设立办公场所标志着会中管理工作的正式开始。秘书处统筹处理所有会议相关事宜，既是会议运转的枢纽，又是对外联络的窗口，工作比较繁杂。要确保将信息资料、供给等会议所需物品按时运送到会议地点，包括报到记录、文件袋、包裹、资料，以及报到处和办公室需要的物品、会议期间要分发的物品、特别活动要颁发的奖品；等等。

（二）召开会前预备会

目的在于梳理工作，各相关方坐在一起审阅会议日程安排，确保无误，确保没有遗漏；让酒店或会展中心一线的工作人员清楚知道自己的任务；对特殊客人的接待问题要提前考虑。

（三）接待与组织报到

组织接站：派专人、专车到机场、码头、车站分批分时段按要求接站。

注册报到：应尽可能简化报到程序，便于操作，缩短与会客人的等候时间。现在越来越多的会议把注册工作提至会前，如网上注册报到等。条件允许的话，40% ~70%的与会者会提前注册，这不仅有助于预算，而且能帮助组织者推算现场报到的人数。可通过互联网、电子邮件、传真、信函等方式完成。要精心组织会议开始前或进行过程中在会议场所进行的报到注册工作。重视报到处的布局设计，包括报到处本身、咨询台、灯光设计、留言板、信息中心、衣物领取处（冬季北方城市）、包裹存放处等，还要配备必要的设备如打印机、信用卡处理机或收银机等。这些都要有所考虑。

安排住宿:确认和分发房间,确认 VIP 用房及整理记录相关信息。

分发资料:分发会议资料、会议礼品、餐券,房间派送水果等。

(四)引导就座、开会

及时引导与会客人便捷抵达各自座位,按照会议议程开会。包括主题演讲、安排会议发言、组织分组讨论、处理临时事项等工作。

(五)编发会议信息

为扩大会议的影响,增强会内、会外的沟通,应及时收集并编发会议信息,制作会议简报。简报的编写要体现出简、真、新、快的特点。切实成为信息沟通的有效载体。

(六)安排会议后勤保障

安排会议餐饮:自助餐、围桌餐、宴会等不同形式的设计。

编印通讯录和拍摄集体照:通讯录应及早做好发到与会人员手中。

保障会议安全:会议场所的安全问题,如场地安全、秩序安全等。还包括会议期间会场防盗、消防等安全工作,参会代表的人、财、物等安全工作。尤其注意火灾、恐怖袭击、游行示威、自然灾害、医疗突发事件的防范。

提供医疗卫生服务:做好紧急医疗卫生服务和简单药品提供。

组织参观访问、旅游和文娱活动:确认旅游公司为该会议提供的旅游考察的吃、住、行、游、购、娱安排事宜。确认会议服务公司或娱乐机构提供的文娱表演项目如期上演。

安排会期交通工具:安排会议期间会议代表需用的交通工具,代办会议代表返程及他程的交通票务及其他委托代办服务。

(七)特殊人群的接待与特殊事件的处理

重视特殊客人如领导、少数民族代表、VIP、残障代表及家属等的安排及接待工作。加强对会议期间各种突发性特殊事件的处理及预防。

知识链接 7—4:

会中服务小窍门

1. 在会议开始前 1 小时,打开门、灯;

2. 调节好室内温度;

3. 打开音响,播放轻音乐,更换麦克电池;

4. 暖水瓶打好开水,以备会议开始后使用;

5. 水果清洗或切好装盘,放上牙签,摆放美观,用保鲜膜封好,放在会议桌上,同时,摆好小毛巾(冬天毛巾要先热);

6. 会议开始前30分钟,服务人员在门口站立服务、问好;

7. 会议开始后倒茶水,第一次续水为会议开始后15分钟,后每隔20分钟续一次水;

8. 会议室前后门有服务员站立服务,为出入客人及时开门,注意扩音设备音量大小并及时调节,为客人指引吸烟区、洗手间等;

9. 填写会议使用记录单;

10. 会议中间休息,要尽快整理会场,补充和更换各种用品。

(资料来源:http://www.meetinghn.com/)

三、会后工作——总结与评估

这是会议运作中最后一个阶段的工作,尽管不是主体性工作,但也是必不可少的重要环节之一。做好会后工作既是组织者善始善终的体现,更是提高会议运作水平的必需。会后工作包括会场清理、会务扫尾、会议评估、会议总结等内容,其中最为重要的是会议评估与总结。评估的作用与意义在于为会议运作各阶段工作的效率和效果提供评判依据,为日后相关工作的改善和提高积累经验。总结的作用与意义在于整理资料、统计有关数据、积累经验,通过考察过去以指导未来。

(一)清理、扫尾工作

(1)会场清理:及时撤除临时布置,归还租赁设备,整理和保存标志,把剩余货物运回。把会议用具用品清点归位。及时关闭投影、音响、麦克等设备,及时清理茶杯和矿泉水,及时打扫桌面、地面卫生,查看有无客人遗留物品,如发现应及时与会议接待人联系,并保存好。查看桌椅是否完好并摆放整齐,以备下次会议使用。关闭灯光、锁门等。

(2)返离服务:热情、周到欢送与会代表离开,提供会议人员的返程票务预订及分发、送站工作。

(3)资料汇编:把会议资料、领导讲话稿、代表发言稿、新闻报道资料等归类汇编、存档。

(4)会议代表的意见反馈及处理工作。

(二)会后宣传

把会议成果及时宣传报道,通过召开新闻发布会、记者招待会,提供新闻通讯稿、会议视频等办法,联系并督促媒体及时刊发或播出,以扩大会议的社会影响,增加会议的综合价值。

(三)感谢与表彰

感谢的对象包括所有的会议参加者、会议支持单位、会议合作单位、媒体等。可以通过当面致谢、电话感谢或送交感谢信等办法进行。对会议工作人员的感谢可通过开表彰会的办法来进行。

（四）费用结算

支付会议筹办、举办过程中产生的消费账单，结算所有会议费用。

（五）会议总结

对会议筹办、举办过程中的各项工作进行全面总结，形成书面总结报告。尤要重视各项数据的收集、统计与分析。会议总结中的重要内容是财务方面的总结与分析。包括会议决算、成本核算与效益分析、利润的推算、会议效率与效益分析等。可以做出近期支出报告和远期效益报告，这样会更加清晰。会议总结报告可以向主办单位负责人如公司总裁等汇报，也应争取向同事和职员汇报。让会议各相关方及时了解会议运作的第一手信息。这些统计、分析报告在以后的会议营销及策划中都会用到，对指导未来的工作有重要作用，应作为一种历史记录妥善保存。

（六）会议评估

（1）评估目的：真实了解会议运作质量，真心想要提高会议运作的质量。

（2）评估内容：会议日程方案、会议主题相关性、会议预算、发言人等应作为评估的重要对象与内容。

（3）评估实施：会议的组织者和与会者参与评估工作，国外则有专门的顾问公司或评估公司等机构为会议主办单位提供筹划、预测、统计和评估专业化服务。

（4）评估时间：在会议结束后立即进行或在结束后一两天进行为宜。

（5）评估方法：一般采用问卷调查、采访等方法。调查问卷表的内容要涵盖会址、住宿、食物、会中会后活动等。题量不易过大，应该可在5－10分钟完成为宜。调查问卷表的发放与回收可采用人工手动方法，也可采用电子方式自动完成。

（6）评估分析：汇总所收集的数据，进行统计分析，计算结果；把得出的结果与原定目标进行比较，找出不足或成绩所在。并针对不足提出新的行动措施。

到此为止，会议的运作完全结束。可以看出，规范的会议运作必定是多个环节环环相扣、多种要素有机交融的系统工程。

第三节　会议运作常见误区及注意事项

我们在工作中可以清楚发现，有的会议开得妙趣横生、富有成效，很好地完成了会议的任务；而有些会议却开得死气沉沉、枯燥乏味、毫无建树，招来怨声一片。有的会议可以做到“会美价廉”，而有的会议却“劳民伤财”且效果不佳。

为什么会这样呢？原因就在于会议运作中存在很多常见的误区，有些会议组织者没有注意这些误区，导致会议的效果很差。

一、目的不明、目标不清

不同目的的会议有不同的组织方式，只有明确了目的才能有效保证会议效果。任何形式的会议无非有三个目的，一是了解沟通信息；二是部署任务；三是分析解决问题。了解沟通信息的会议就是相互通报情况，告知相关的信息，沟通协调相关事宜，一般不会形成决定性事项；部署任务的会议更多是单方面的信息传递，即多为上向下传达指示、布置任务，与会者则是受命者；分析解决问题就是针对专题问题分析讨论，解决问题。很多企业将上述很多目的融为一体召开会议，结果是目的不明确，问题不清晰，自然造成会议冗长且效率极低。因此，每次的会议必须明确设计预期的效果，以此考虑会议的议程和相关计划的设计安排。

二、认识不够、准备不足

会议是一项有效的管理工具，是履行管理责任和实施管理控制的有效手段，但也是时间成本非常高的一种管理手段。组织者在观念上对此要有深刻认识，才能精心组织会议。企业在探索适合自己的管理工具和方法的时候，应在日常管理过程中的会议管理、时间管理等方面下大工夫，在改善会议交流方式、提高交流质量与效率方面多做努力。

三、责任不实

任何会议都由组织者、与会者、列席者等人员构成，不同的会议，其组织者、与会者和列席者均承担不同的职务角色和不同的会议责任。因此，会议的组织者、与会人员参加每一次会议时，在充分了解会议目的的前提下，要清晰自己的会议责任，没有无缘无故的会议，既然通知你参加会议，必然期望你能承担某一方面的工作或责任。需要充分的准备，不要只带耳朵参加会议，必须是心、脑、耳、口齐全。很多企业的管理者在参加会议时，只要不是自己主持或没有通知自己讲话，就悠闲的只带着“耳朵”来听，具体听什么、想要达到什么目的都不清楚，单纯为了开会而开会，这必然不能充分发挥会议的作用。

四、协作不够

会议运作可以借助专门的会议、旅游管理及策划机构。如政府的会议管理局、目的地管理公司（DMC）、饭店连锁集团销售部等。跟这些部门或机构充分合作，是提高会议运作效率的有效途径。同时，会议服务中的很多项目可以通过各类合约提供商提供，如花商、娱乐机构、设备租赁机构等。这些合作方、合约方之间的协调非常重要，但具体运作过程中恰恰最容易在相互协调方面出现问题。各相关方协作不够直接影响会议的正常运转。

五、控制乏力

会议主持人是会场的灵魂人物，应对会议进行有效的控制。会议中往往会出现偏离主题或发言超时等不可预测的现象，要求会议主持人要适时、恰当、艺术地掌控节奏，在不挫伤发言者积极性的同时又能很好地把握局势，从而提高会议效率。因此会议主持人要在会前做充分的准备和考虑。

六、法律意识不够

合约类服务越来越多，不会妥善利用这类服务会影响会议运作的效率。但要充分利用这类资源，前提是会议组织者善于通过签订合约、协议等跟合约类服务提供商进行合作。相关法律意识的匮乏将直接影响双方的合作。

七、重"实"不重"虚"

在会议准备及操作的整个过程中，只顾埋头扎实工作，对公关宣传、媒体关系、社会推广活动等"虚"的方面重视不够，没有制定周密、翔实的专项工作计划，也没有安排专门部门或人员从事这一工作，从而使这一重要工作显得随意、盲目，缺乏系统性和完整性。这种状况将直接影响会议的招商、会议内容的传播和会议效果的扩散。

八、对新技术手段的认识局限大

新技术的发展会为会议业带来很多便利，也给会议的运作方式和操作模式带来很多根本性变革。如电话会议、电视会议、交互式会议系统、多媒体视频会议系统（网络视频会议系统）等。除了这些会议沟通手段方面的技术进步外，会议场地所用的各种设备的技术含量也在飞速发展，灯光系统、音响系统、传译系统等。很多组织者在技术方面不是内行，又不愿花心思请教专门人员或自己学习相关知识，容易想当然地去安排这些问题。往往会出现一些令人失望或措手不及的局面和情况，影响会议的正常运行和最终效果及质量。

九、危机意识不强

做展览的场面较大、人流较多，易出问题，组织者对拥挤、踩踏等的人流管理，对场地的防火、展位安全等的管理，对餐饮卫生的管理等，大都比较重视和关注。而很多会议组织者往往以为会议规模不是特别大，人员流动性不强，在一个封闭空间容易控制，所以对会议的风险管理不够重视，缺乏相应的准备，预案安排跟不上。其实会议的风险管理内容很多，如火灾、恐怖袭击、游行示威、自然灾害、医疗突发事件等，尤其是国际性会议，必须在这方面做足够的事先准备。否则会使会议声名不佳。

十、善始不善终

会后会议评估与总结是会议运作中的重要内容。会议评估的目的是为了有效改善以后会议质量，并非是要奖励。可以对会议主持人、参会人和会议综合效率三个方面进行评估，每次评估后进行总结，找出成功与失败的方面，在以后的会议中加以改善。长此以往，会议将会越来越有成效。

会议的运作是一个环环相扣的系统工程，需要多个相关方面的协调与合作。任何一个环节出现问题，都会影响会议的效率与质量。因此，要提高会议运作的质量和效果，必须要科学、全面把握会议运作的特点、规律及流程，并注意避免其中的若干误区。

本章附录1

不同类别会议的运作流程分析

一、企业招商会议（省级）的运作流程

前言：

企业招商会是一种具有特别意义的营销公关工作，也是展示公司组织、控制、管理、产品等基本素质的活动，关系着公司整体招商活动的成败及区域营销运作工作的顺利展开。在每年的春季，都是各类厂家在各个省会召开招商会议的好时机；招商会议运作，对于品牌在省级市场的运作，具有至关重要的作用。运作得当，会吸引到各个地级市场的优秀终端商，为品牌的推广、销售做好了基础工作；反之，则会对品牌造成恶劣的影响，会影响到本年甚至未来数年的品牌形象和渠道推广工作。

（一）会议前期准备

1. 预先筹划，制订方案

招商会议筹划方案作为会议组织的纲要，主要围绕如下两个环节进行。

(1)确定会议时间、会场,邀请客商

与会议时间相关的会期安排,要根据紧凑、连续的原则进行,并制订详细的计划安排表,既要严格控制会议时间,力求高效,又必须使招商会议时间安排合理,让组织者有充足时间介绍情况,参会客商有充裕时间提问、洽谈,达到预期招商目的。

招商会议地点(即会场)的选择,应依据会议的规模及招商品牌的实力做出决策,会场座位通常以略多于到会人数为好。会场地点选择在交通便利、停车方便的地域为宜。

与会对象,需围绕本次招商会的目的来确定。除厂方、代理商各有关领导和招商人员外,邀请的客商应包括终端经营网点的老板及其代表、新闻界人士、协办组织的有关人员等。

(2)编制会议费用预算

通过编制会议费用预算,对于所需的总费用有一个大致的估算,并可有计划地分配会议的各项费用,防止超支和浪费。招商会议的费用通常包括场地租金、设计费用、工作人员费用、联络及交际费用、差旅费、住宿费、宣传费用、器材租金、运输和保险费用等。

筹划方案形成并取得批准后,下一步工作是尽快形成强有力的招商会务班子,以便形成具体细致的工作方案,分工协作予以实施。

2. 会务工作组的组建、分工和训练

会务工作小组的职责,主要是为会议提供会务服务,负责策划、制定和落实方案,起到上传下达的枢纽作用。包括确定开会时间、地点、中心内容、人员和邀请客商和与会宾客及相关机构,组织和编制会务资料、招商品牌资料,组织安排我方人员和邀请客商的食宿、会场布置、会议主持、来宾主持、新闻发布等多项工作。

会务工作小组的组建,应由主管、带队领导负责统筹安排,并以有相关经验的人员负责常务工作,通过详细分工,明确职责范围和工作标准,保证各成员富有成效地开展工作。

会议的主持人,必须在会议召开过程中,起到"起""承""转""合"的作用,因而必须对招商业务有足够的了解,具有较强的语言表达能力、思辨能力、组织驾驭能力以及良好的修养和礼仪知识,故通常应由招商品牌负责人或骨干,或由厂家相关部门素质较高的专门人员担任。在选择会议接待人员时,要求仪表端庄,善于交际,品牌业务知识丰富,同时需加强以下四个方面的训练:

(1)有关会议中心内容、展示内容的基本专业知识。

(2)公关方面的常识,接待和礼仪方面的训练。

(3)会议当地风俗习惯和概况的了解。

(4)各自的职责和对种种可能发生的突发性事件的处理程序和准则等。

3. 媒体宣传

选择当地有影响力的报纸作为传播媒体较为理想。同时,可在招商会议举办的前几天,在当地收听及收视率较高的电台、电视台进行广告宣传,加强轰动效应。

4. 对象邀约

为保证重点、表达诚意,达到既定目标,还应有目的、有选择地向有关单位或人士发出邀请函。

(1)向当地著名经销商、商会组织负责人士发出邀请函。

(2)向当地有影响力的报刊、电台、电视台记者发出邀请函。

必要时可随函附上宣传介绍材料和招商品牌项目简介。

5. 准备会议资料

会议文件、辅助材料、招商资料等。

6. 布置会场,准备视听设备

会务工作小组应在当地代理商或办事机构的大力协助下,组织好会场的布置工作,包括展牌的布置,主席台、宾客席、接待处、签约席的布置,横幅、照明、空调、录音辅助器材、视听设备、电话、传真机等设施的设置和测试。对附设酒会的场合,还需做好饮品、点心的准备、订购工作。会场接待处的两旁,应预留宾客送来花篮的摆放空间。

7. 其他事项

一般情况下,品牌招商会和品牌的商品秀同时举行。

(二)会议运作注意事项

会议中容易出问题的几个环节加以重要提示。

1. 入场阶段

做好来访宾客的签到、接待、座位引导工作;

及时收集来访嘉宾的名片,分类归放,做好整理工作;

仔细鉴别来访客户的身份,杜绝竞争对手人员、闲杂人员借机入场,造成不必要的麻烦;

调试所有要使用的视听设备,确保所有设备正常运行。

2. 会议召开阶段

注意会场气氛调节,做到有张有弛;

维持好场内秩序,劝阻来回走动的宾客;

及时做好加水、更换烟灰缸等服务工作;

杜绝中途退场的客户,可安排其在中场休息时退场。

3. 签约阶段

本阶段是招商会议最为重要的阶段,签约客户多少是招商会议是否成功的重要参考指数;

签约前的提问时间不宜过长,控制在15分钟以内,避免回答折扣、价格等敏感问题;

现场签约优惠政策一定要一步到位宣布,激发客户强烈签约冲动,刺激签约。

(三)会后跟踪

1. 媒体:应及时提供宣传用的新闻通讯稿、视频片断,并督促其尽快发布;

2. 签约客户:下一步的货品上柜、店面开张、人员培训等相关工作;

3. 其他客户:加强联系,了解其未签约的真正原因,有的放矢地展开市场拓展工作。

二、企业推广会的运作流程

推广会是一种集中的客户拜访、宣传、促销、销售手段。它可以实现拓宽销售渠道、挖掘市场潜力、快速消灭市场空白点的目的;它也是新品上市实现快速成长的有效推广手段;在旺季来临之际,抓住时机召开推广会,还可以实现有效打击竞争对手形成垄断销售促进快速上量的目的……

成功的推广会首先要目标客户选择准确,邀请的客户到场率高,利益点设置明确有吸引力,现场气氛热烈,促销到位,后期工作及时跟进、送货收款及时。

故此,必须认真组织活动。按照活动各环节的重要程度来分,在各环节投入的精力比例应有侧重点,推广会可以遵循613原则,即,前期准备:会中操作:后期服务 = 6:1:3。就是说,活动的筹备工作最重要,前期准备工作是繁杂的琐碎的,只有前期工作准备充分到位,整个活动才有成功的基础。只有准备工作做到位,客户的到场率才能保证,现场促销才可能水到渠成。后期服务同样很重要,要及时跟进,这样可实现货款及时回笼,货物礼品及时到位。

(一)会前筹备

1. 合作单位选择:合作单位的选择要具备以下条件,如客情关系良好、在目标市场有批发能力、有一定的客户网络资源、商业信誉度良好、对终端掌控能力强等。

2. 人员培训:根据推广会规模的大小,确定会务组成员人选并明确各自的岗位职责,就会议相关内容对会务组成员培训。制定明确的工作目标,根据安排把握会议进程。

3. 促销政策的制定:要充分考虑促销效果及利润空间,根据订货量制定极具杀伤力的促销政策。

4. 礼品设置及物资货物的准备:礼品设置前要做好调研,了解客户的需求,根据客户需求来定购，要有新意，与以往用过的、与竞争对手用过的要有差异。方案制订后，开始进行推广会所需物资的准备，尤其是货品要准备好。

5. 客户的邀请：方案敲定后，开始客户邀请，客户邀请可以通过以下途径完成：老客户、重点客户我方业务人员必须直接上门邀请；新客户可以通过合作单位邀请。在邀请客户时，必须带上邀请函及相关产品及订货奖励政策等资料，讲明推广会涉及的产品及产品介绍、奖品、奖励政策、时间、地点等，同时要与客户做深入的沟通，激发其对本次推广会的兴趣，征求其意见，以便及时对推广的品种、奖品作出调整。客户邀请后，业务人员要对当天邀请的客户做出评估分析，预计到场人数与订货量，以便及时调整相关工作。

（二）会中操作

1. 召开预备会

推广会实际操作的前一天，会务人员召开预备会，具体做以下工作：

（1）电话再次通知客户次日准时到场；

（2）清点货物、礼品及其他物品到位情况；

（3）进一步明确次日会议程序；

（4）明确各业务员负责接待各自邀请客户的责任；

（5）明确各业务员的促销责任，每桌必须有我方人员促销；

（6）统一说辞、进一步强化促销技巧；

（7）布置会场，会场显眼位置摆放礼品实物样品、张贴宣传品等。

2. 推广会程序

（1）客户签到，会务人员接待就座，发放本次订货会的产品资料、订货奖励政策资料、订单等，会务人员边接待可边与客户进行前期沟通（此段时间播放企业形象片）；

（2）主办方代表讲话；

（3）货品公司负责人讲话（讲话内容前期沟通）；

（4）客户代表讲话（客户前期筛选，讲话内容前期沟通）；

（5）主持人介绍订货会的产品，我方业务员做好产品演示，突出卖点与竞品的差异点（配合幻灯片、录像片）；

（6）主持人介绍本次推广会的奖励政策及奖品，介绍本次各奖项的规则；

（7）现场订货，促销人员做好现场促销工作；

（8）就餐（每桌安排促销员，带上样品在就餐过程中进一步促销，增加订货量，每桌可有意识地安排一名“铁杆”客户带动订货）。

3. 现场氛围营造

（1）就餐过程，促销员及时将各自客户的订货数量交主持人，结合各类抽奖，宣布中奖结果，与促销员的促销工作形成互动，营造现场氛围；

(2)主持人在每次抽奖后，可宣布礼品尤其是大件礼品的剩余情况，增加紧迫感，推动犹豫客户快速做出订货的决心。

(三)会后服务

推广会现场操作完毕后，后期服务极其重要，能否及时提货、能否及时拿到礼品、能否及时收回货款，都决定着整个推广会的最终成败。推广会的后期工作主要有以下方面：

1. 及时提货

及时将货物送到客户手里，是保证成交的首要条件。只有货物送到客户手中，才完成交易的第一步。如果推广会结束后货物迟迟不能到位，客户就会从推广会的兴奋状态中很快冷静下来，退货的可能性大大增加。保证货物及时到位，除现场保证货物充足外，还要对大客户的货物安排专人及时送货上门。

2. 及时送礼品

礼品及时到位送到客户手中，是对客户承诺的兑现，言而有信！另一方面，只要礼品到位，客户会自觉产生压力，往往会想办法积极销售产品。

3. 及时回款

货款实现回笼，是一个推广会真正完成的标志。因此，我们在促销、送货、送礼品等各环节中，一定要与客户积极沟通，始终要向客户表达货款及时回笼的要求，特殊情况可以延续但一定要有期限。

4. 会后继续跟踪促销

针对会上未订货的和未到场的客户，带上礼品继续跟踪促销，一方面深度挖掘销量，另一方面增加对客户的拜访次数。

5. 定期跟进回访

货物订到客户手中后，只有卖出去，才能增强客户的信心，逐渐培养成为优质客户。为此，要定期不定期地对客户进行回访，了解货物销售状况及销售中遇到哪些问题，以便及时协助其解决。比如，协助其操作促销活动，对确实滞销的货物进行调换等。确实为客户着想，逐渐培养“铁杆”客户。

本章附录2

提高会议效率的十二条措施

我们知道，会议是一种正式的沟通方式，也是最有效的沟通方式之一。然而，会议也是成本最高的一种沟通方式，是所有沟通方式中最厉害的“时间杀手”。

在我们身边，这样的会议屡见不鲜：如会议主题不明确、会议拖拉、会议议而不决、会议决而不行等，严重浪费了时间和成本，极大地影响了会议效率。

如何提高会议的效益，让会议所花的时间和成本真正“物有所值”甚至“物超所值”？这是比较多地困扰会议负责人的问题。本文结合作者这几年的工作经验，谈谈提高会议效益的十二条可行措施，期望能向我们广大会议主持人或会议负责人提供一些有价值的参考。

1. 做好充分的会前准备

俗话说“台上一分钟，台下十年功”，说明的是准备工作的重要性。其实会议也是一样，如果会议负责人能在会前花充分的时间进行会议议题和会议内容、材料的准备，则会在很大程度上保证会议的顺利进行。否则可能会由于情况考虑不周、材料准备不够等导致会议拖延或会议无法得到所期望的效果。

2. 提前将会议相关材料分发给与会者

为了节省会议时间、提高会议效率，会议负责人或会议主持人应该将会议相关材料提前分发给与会者，以便让与会者能有足够的时间在会前阅读和消化这些材料并形成自己初步的意见和结论。这样，正式会议讨论时，大家就能快速、完整地将事先准备好的意见和建议阐述出来，从而加快会议的进程，提高会议的效率。

3. 会议议题不要安排过多

我们知道，目标太多，就等于没有目标。因为目标太多就无法抓住工作的重点。

会议也是如此。每次会议，议题不宜安排过多，一般一到两个议题为宜，尽量不要超过三个议题。如果议题太多，则大家讨论时的注意力很可能会分散（因为每个人所重点关心的议题可能会不同），这样就会影响结论的达成速度，从而影响到会议效率；另外，议题过多，势必导致会议时间拉长，而过长的会议会让与会者感到疲倦，从而也影响到会议效率。

4. 会议时间不要安排过长

我们知道，一个成年人能聚精会神投入工作的时长大约是两小时左右。因此，我们举行会议时，会议的时间也不应该安排过长（实际上这也与安排的会议议题多少有关），会议的时长一般需要计划和控制在半小时到两小时之间。会议时间太短不利于大家充分沟通并达成最佳结论，会议时间太长则会让与会者“身心疲惫”从而影响会议效率。

5. 会议尽量安排在下班之前召开

我们知道，有些与会者时间观念不是很强或因为个性使然，他们往往不到会议最后很难果断、明白地表达出自己的观点，这种情况极易导致会议的拖延。

解决这一问题比较有效的措施是，将会议安排在上午或下午下班前的时段。

如会议的计划时长为一小时，则可以安排在上午 11:00 举行（假如 12:00 下班）或下午 5:00 举行（假如 6:00 下班）。安排在这样的时段，实际上已经给出了明确的时间期限，大家也就会尽快表达自己的观点和看法，从而有效地提高了会议的效率。

6. 不邀请与会议无关的人与会

邀请与会议无关的人参加会议，是一种极大的浪费，也是毫无意义的做法。我们经常看到一些会议，整个会议过程中有些人一言不发，其实这些一言不发的人，大部分是与会议无关的人。因此，作为会议负责人或会议主持人，一定要事先确定好哪些人需要且必须参加会议，一些参加也可不参加也可的人员，尽量不要邀请他们与会。

7. 准时召开会议

很明显，会议延迟召开是对时间和成本的浪费，其实这样的会议在我们日常工作中很常见。杜绝会议延迟召开的办法是：给会议迟到者适当的惩罚，时间一到即召开会议。

8. 尽量避免讨论与会议议题无关的内容

每次会议都已经计划好了需要讨论的会议议题。会议负责人或会议主持人需要注意控制并限制讨论本次会议没有计划的问题。否则一旦放开，则很难收回，结果不是该讨论的问题没有讨论到就是会议不得不拖延。

解决这一问题的有效办法：一定控制住不讨论与本次会议无关的议题。如在会议上确实发现了很重要的问题需要开会讨论，则可以先记录下来，另行安排一次会议。

9. 约定与会者的发言时长

有些与会者发言时口若悬河、滔滔不绝，完全没有时间观念。

解决这一问题的有效办法是：会议正式召开之前就和与会者约定好发言的时长，让大家在发言之前都做到“心中有数”。

10. 及时提醒发言者

对于某些“健谈”者来说，仅仅约定好发言时长还远远不够，因为他们谈兴正浓时，根本就将时长约定抛到了“九霄云外”。如果不及时提醒发言者，则他们很可能会占用过量的会议时间，从而影响会议的效率。

解决这一问题的有效办法是：在与会者发言时长过半时提醒一次；到与会者发言时长还剩两到三分钟时再次提醒，以便让发言者利用剩余的时间总结自己的意见、建议和观点。

11. 完备记录会议纪要并分发给与会者确认

有些会议开完后,没有任何的会议纪要,实际上这样的会议与没有召开没什么两样,因为没有会议纪要(书面结论)的会议,最终是没有人去关心和执行会议决议的。因此,我们需要整理完备会议纪要(纪要中需要约定决议的责任人、完成时限等),在分发给与会者的同时让相关责任人签字确认。

12. 安排专人跟进会议决议的落实情况

有些会议,虽然有会议纪要,但没有跟进会议决定是否被执行的相关办法和措施,这样导致了会议"决而不行",使会议没有发挥应有的效果。

解决这一问题的有效办法是:安排专人跟进会议决定的落实和执行情况并及时公布,将会议决定的落实和执行结果作为对相关责任人考评的指标之一。

一个有效和高效的会议,需要会议负责人和与会者共同的努力。从会议前期的准备到会议的召开再到会议决议的落实,我们都需要采取有效的措施来加以保障。

以上总结的这十二条措施,期望能对提高我们大家日后的会议效率提供可以借鉴的参考。

(资料来源:王树文. 希赛网:http://www.csai.cn 2006年7月3日)

本章附录3

会场设备简介

各种类型的会议都需要使用视听设备,尤其是国际会议,在视听设备方面的要求更是严谨,不管是音响、麦克风、放映机、银幕等等,都要保证质量,因此更需要专业人员的协助规划。

一、讲台

讲台即演讲人的讲坛,应可以放置文件和材料,并配有适当的照明。比较现代化的讲台有供演讲人调节照明和视听装置的控制器。

会议室应配有桌式、立架式和其他一些配有音响系统的优质讲台。讲台面应足以放置水杯和书写文具笔、纸、粉笔和雷射笔,讲台高度适中容易接近,走道要有一定照明,防止演讲者被电缆和其他障碍物绊倒,讲台的正面中央一般刻有会议的名字以及酒店的名称,这样在新闻媒介报道尤其是电视转播时便于向社会宣传。

二、放映设备

指在会议室内演讲时所用到的辅助器材，如展示台、幻灯机、投影机、动感投影机等。

（一）JVC 实物展示台：支持主流投影机及电脑显示器，清晰展示 A4 幅面上的 5 号字体。20 倍变焦的 360 度全方位遥控。胶片照片等物品图像快捷投影。可与 VCD、DVD 连接，有音视频功能。

（二）幻灯机：在会议的产业里，35mm 幻灯机最常被用作幻灯片投影。柯达爱影 AT－III 是 35mm 幻机中最耐操作的机器，此型机器提供了自动对焦、有线遥控、高亮度影像及背后更换灯泡等功能。

会议室中最常用“柯达”牌幻灯机，除了更换灯泡外，基本不需要其他维修和服务。备用灯泡、保险丝和延伸线应备齐。

幻灯机可以两台同时使用；有时可用幻灯机配录音带播放，放音节奏应与幻灯节奏一致。

（三）投影片投影机：是最简单的视听设备，它利用镜子折射方式将透明片的资料投射到最大 3 米×3 米的平面银幕上。

（四）实物投影机：其外形酷似手提型投影片投影机，主要构造包含一小型摄影机、光源及置物板；使用时，将一实际的物件，如商品样本、相片、印刷品等立体的物件放在置物板上，打上光源，透过实物投影机上的小摄影机将此物件拍摄下来，再连接影像投射器（如小单枪等），使物件放大投射到银幕上。

（五）反射式书写投影仪：3M－1700 和 3M－1720 型，适用于 A4 纸透明手写胶片投影。

（六）录像机：许多观众可以离开会议室，到有接收装置的地方收看电视。录像磁带在培训会议中广泛使用，这是声音图像的一种新结合体。录像机能将演讲稿、事件的声音和图像等录下，然后播放，并且可以重复播放。

（七）VCD/LCD/DVD 机：用于放映光盘，取代录像机。自身体积小，操作方便，所放的光盘小而薄，可压缩进大量图片、声像信息，而且清晰、保真，制作价格也不贵，比录像带好携带。

（八）多媒体投影机：可与台式电脑、手提电脑、录像机、VCD、DVD 连接，分辨率：600×800。

多媒体投影机是一种可与电脑连接，将电脑中的图像或文字资料直接投影到银幕上的仪器。其特点是：

一方面，无须将电脑中的资料打印出来制成幻灯、胶片，再使用幻灯机、投影仪放大给会议观众看，从而做到节约成本、减少中间环节，使用快捷。

另一方面，具有动感，可以通过电脑播放 VCD/CD－ROM，通过录像机放映录像带等。电脑中资料需要更改时,可使用电脑直接操作,如书写、画图、制表等,观众可以立即在银幕上看见,对于需要强调的部分可通过在电脑上进行局部字体放大,提示与会观众。

再者,多媒体投影机体积小,搬运、安装、储藏方便。

但是,要使用多媒体投影机必须要有与之相配的投影银幕和电脑设备。在会议开始前,一定要做好电脑的连接,与银幕的距离调试,保证投影效果清晰、不变形。因投影银幕的大小有限,多媒体投影仪不能使用于大型会议。

(九)液晶多媒体投影机:相关设备连接全部可使用。分辨率为 1 024 × 768,亮度为2 800ANSI。700:1 超高对比度。自动检测连接设备。有图像及音频效果。

银幕:选择了不适当的银幕材质投影影像,投影设备就形同虚设,使用银幕首先要决定的是银幕尺寸,而选择银幕尺寸则必须考虑到会议室的容量、尺寸和天花板高度。一旦决定了银幕的尺寸,那接下来则是要考虑形式、规格及材质三个关键项目。

(十)投影机架:要将投影设备置于适当的投影位置,必须置于经过精心设计过的架子或是升降机上。对于出租业而言,Safelock 架(最高的高度为 142 厘米)及活动式推车(高度最高可达 137 厘米)为最常用的两种基本设备。

三、视讯设备

音响设备对会议的质量具有相当大的影响。音响系统是大多数会议室内所具有的视听设备的一种。音响必须保证声音逼真,所有与会者能听清楚,麦克风架、音箱台和音箱是会议室最基本的音响设备之一,高质量的扩音系统是办好会议的关键,以保证演讲者在使用时不出现失真或发出尖鸣等现象,当音响设备和放映设备一起使用时,音响和屏幕应放在同一地点。研究表明,当声音和图像来自同一方向时,容易增加人们的理解程度。

音响必须保证所有观众都能听清楚。要事先检查室内音响系统的质量和可调性。音响系统通常能够将讲话声音传得足够大,但是,有时候音响也会出现问题,应提早解决所有可能发生的问题。将一个大厅分隔成若干小间的通风墙通常不是太合适,因为这样不能隔音,另外,要检查室内有无死角(即不能像室内其他位置那样听清传音的地方)。

(一)麦克风:是会议活动中使用最频繁、最重要的视听器材之一。麦克风可粗略分成有线麦克风和无线麦克风两种,当会议需要录音时,使用有线麦克风的稳定性通常会比无线麦克风高。

下列有 6 种麦克风选择方式:

(1)手持麦克风。是一种传统的扩音器,说话时麦克风必须距离嘴巴很近。

(2)固定桌面麦克风。固定安放在讲桌上的麦克风,演讲人讲话时不能离开讲桌,限制了演讲人的行动。

(3)桌面麦克风。将麦克风放在桌子上的架子上使用,一般在小组讨论、几位发言人坐下发言时使用。

(4)落地式麦克风。这种麦克风旋转在可伸缩的金属架上,引线很长,使得演讲人可以走动。

(5)漫游式麦克风。这是一种手持麦克风,电线可有可无。

(6)领夹式(俗称小蜜蜂)或肩挂式无线麦克风。适用于演讲者需走动且运用双手时,但需随身佩带一个接收器。同时使用两支以上的无线麦克风时,必须每支使用不同的频率才能发音,当然频率越多,产生相互干扰的情况越严重。

在一场重要会议中,最好准备“备用”的麦克风。

为保证声绝缘与吸声效果,室内地毯、天花板、四周墙壁内都装有隔音毯,窗户应采用双层玻璃,进出门应考虑隔音装置。

根据声学技术要求,一定容积的会议室有一定混响时间的要求。一般来说,混响的时间过短,则声音枯燥发干;混音时间过长,声音又混淆不清。因此,不同的会议室都有其最佳的混响时间,如混响时间合适则能美化发言人的声音,掩盖噪声,增加会议的效果。

(二)录音:如果在一场会议中考虑到录音,就必须要在演讲区增加麦克风或者是从会场的音效系统中收音,如果是全场录音就比较简单,只要与会场连接即可,通常会场都会提供这种协助。

(三)室内音响:大部分符合会议标准的场地都有室内音响系统,在决定是否要使用其音响系统前,一定要亲自身临其境地感受一下。当决定使用会议本身音响时,而你所使用的会议室仅仅是可分隔会议室中的一间,那么你一定要确定是否每一间有独立的音响系统,一流的会议场地都会特别留意可分隔会议室的隔音效果,提供最佳会议场地。

(四)扩音器:扩音器位置放在会议室前面比放在前几排或后排声大。

(资料来源:http://www. u - comtour. com/swlv/swlv_128. html)

第八章 展览的组织

◆学习目标◆

1. 了解展览前市场调研的主要内容
2. 熟悉展览题材选择的基本内容
3. 掌握展览会立项框架的主要内容
4. 掌握展览会招展的主要对象、内容和常用的招展手段
5. 熟悉开幕式的筹备和程序
6. 掌握开展后现场管理的主要内容
7. 熟悉参展商的现场管理
8. 掌握会展后续工作的主要内容

要成功举办一个展览会，从策划到现场管理，再到展后评估都至关重要，本章将从展览前期的准备工作、展览会的现场服务和管理以及展览会结束后的后续工作三个环节介绍展览的组织。

第一节 展览会的准备工作

展览前期准备工作是展览会举办的基础，展览会的题材选择是否得当，定位是否准确，招展对象是否有针对性，手段是否合适等都直接关系到展览会的成功举办，所以，展览会的前期准备工作要着重做好展览前的市场调研、展览题材的选择、展览会的立项、展览会的招展工作等。

一、展览前的调研工作

开发一个展览会，展览会主办机构应提前 2－3 年就开始进行市场调研。

通过调研，确定展题，找对主题，是展会策划的首要和关键的工作，是成功开发与经营展览会的前提。在策划一个新的展览项目之前，主办方必须进行广泛的市场调研，充分掌握各种市场信息和相关产业信息，全面认识市场，进行市场分析和预测，为举办展览进行科学决策提供依据。以市场信息的内容为标准，对展览市场信息的分析研究主要有三类，即目标客户方面的信息研究、市场开发方面的信息研究和会展技术方面的信息研究。

展览前的市场调研主要应着重于以下几方面：

（一）产业信息资料

产业作为会展业发展的基础，是展览会在展览策划时首要考虑的因素。对相关产业信息的收集与分析对于展会主题的选择、市场定位、战略管理甚至时间安排都有重要的参考价值。

产业信息包括产业性质（是投入期、成长期、成熟期和衰退期）、产业规模（生产总值、销售总额、进出口总额和从业人员数量等）、产业分布状况（产品的分布、地区的分布）、厂商数量（潜在参展商和专业观众）、产品销售方式（适合举办展览会的产业一般都是那些“看样成交”为主的行业；还得考虑产品的销售渠道模式及其成熟度，比如批发市场；还有季节性等）。收集这些信息的范围包括国内国外信息等。

一般情况下要根据本地、本区域的经济结构、产业结构、地理位置、交通状况和展览设施条件等特点，首先考虑本区域的优势产业和主导产业，其次考虑重点发展中的行业，再次考虑政府扶持的行业。

（二）市场信息资料

举办展览市场调研的重点一方面是有参展需求的参展商，另一方面是有了解这些展会信息的人群，即专业观众。是否具有较大的市场需求，决定了展会举办的可行性。需要收集的市场信息主要有：市场规模、市场竞争态势、经销商数量和分布状况、行业协会状况、市场发展趋势、相关产业状况等。

（三）相关法律法规

不管是产业还是市场，它们都不同程度地受到国家法律、法规的影响和约束，对展览会的主办单位而言，了解国家的法律、法规和相关条例对成功策划和举办展览会十分重要。一般而言，主办方需要了解的相关法律、法规和相关条例包括：政府的产业政策、产业发展规划；针对于某一产业的货物进出口政策、货物报关规定和关税等海关有关规定；对举办展会的企业或机构的市场准入规定；知识产权保护方面的法律法规，以及对交通、消防、安全等其他有关行业的规定。

（四）同类展会的信息

会展公司要使自己的品牌在市场中占有一席之地，就必须对同类展会的情况有一个详细的了解，包括同类展会的基本情况，如定位、办展机构、举办时间、频率、地点、规模、参展商及专业观众的数量及结构等；同类展会的数量和区域分布状况；同类展会的成功经验；同类展会之间的竞争态势。特别是本地、本区域，如果有同类项目的话，就须慎重考虑。一是要形成自己的特色；二是原则上要避开国内外同类展览项目的举办时间，避免冲突，特别是与该项目的品牌展览，两者的举办时间起码要相隔三个月以上。

二、展览题材的选择

在市场调研基础上，进行展览题材选择，其内容就是举办一个展览会所计划要展出的展品的范围。

(1)确定在哪个行业举办展会：需要将市场进行细分，考察的内容包括细分市场的规模和发展潜力、细分市场的盈利能力、细分市场的结构吸引力和办展机构自身的办展目标和资源。

接下来就得考虑选择展览会的具体题材，主要有新立题材、分列题材、拓展题材和合并题材。

(2)新立题材：指办展机构把从来没有涉及的产业作为举办新展览会的展览题材。一般来说，办展机构为确定新立题材进行市场调查的产业不止一个，而是有好几个，也就是说，同时对几个题材展开调查，以便经过分析后确定一个或几个可以进入办展的题材。办展机构可以从收集到的信息中选新立题材，亦可从国外已经举办的展览会的有关题材中选择新立题材。

(3)分列题材：办展机构将已有的展览会的展览题材再作进一步的细分，从原有的大题材中分列出更小的题材，并将这些小题材办成独立的展览会的一种选择展览题材的方式。当然，分列题材一般要满足以下几个条件：一是原有的展览会已经发展到一定的规模，某一细分题材达到一定的展览面积；二是由于场地限制等原因，这个细分题材的展览面积受限；三是细分出来的这个题材不会对原有的展会造成太大影响；四是这个细分的题材和原有展览会其他题材之间有相对的独立性；五是收集的信息表明可以细分的题材可以单独办展。

(4)拓展题材：就是将现有展览会所没有包含的，但与现有展览会的展览题材有密切关联的题材，或者是将现有展览会展览题材中暂时还未包含的某一分题材列入现有展览会展览题材的一种方法。拓展展览题材是扩大展览会规模的一种常用的有效办法。一是可扩大招展展品范围，二是可以扩大参展企业数量和观众来源。当然还须具备以下条件：一是计划拓展的题材与现有展览会的展览题材要有一定的关联性；二是计划拓展的题材的加入给现有展览会不会造成操作上的任何不便；三是现有展览会的专业性不会因计划拓展的题材的加入而受到影响。

(5)合并题材:就是将两个或两个以上彼此相同或有一定关联的展览题材的现有展览会合并为一个展览会,或者是两个或两个以上的展览会中彼此相同或有一定关联的展览题材剔除出来,放在另一个展览会里统一展出。

三、展览会的确立

展览题材确定了,即可根据相关信息的分析进入展览项目的立项阶段,规划展会的有关事宜,设计出展会的基本框架。主要包括以下几个方面的内容。

(一)展览会名称的选择

展览会的名称一般包括三个方面的内容:基本部分、限定部分和行业标志。如"第102届中国出口商品交易会",其基本部分是"交易会",限定部分是"中国"和"第102届",行业标志是"出口商品"。

(1)基本部分。用来表明展览会的性质和特征,常用词有展览会、博览会、展销会、交易会和"节"等。展览会是指以贸易洽谈和宣传展示为主要内容的展会,展览题材相对较少,一般具有较强的专业性。而博览会虽也以贸易洽谈和宣传展示为主要内容,但相对展览会而言,展览题材更加广泛,是综合的、内容较广、规模较大、参展商和观众较多、专业化程度相对较低的展览会。需要指出的是,展会的名称要慎用博览会。特别是专业展由于内容较集中专一,不宜用博览会。交易会通常以外贸或者地区间贸易为主;展销会则是以零售为主的展览,由一个或数个行业参与,规模多为中小型。

(2)限定部分。用来说明展会举办的时间、地点和展会的性质。展会举办时间的表示办法有三种:一是用"届"来表示,二是用"年"来表示,三是用"季"来表示。如第12届上海国际汽车工业展览会、第三届大连国际服装节、2008年德国法兰克福春季消费品展览会等。在这三种表达方法里,用"届"来表示最常见,它强调展会举办的连续性。那些刚举办的展会一般用"年"来表示。展会举办的地点在展会的名称里也要有所体现,如第12届上海国际汽车工业展览会中的"上海"。展会名称里体现展会性质的词主要有"国际"、"世界"、"全国"、"地区"等。如第12届上海国际汽车工业展览会中的"国际"表明本展会是一个国际展。

(3)行业标志。用来表明展览题材和展品范围。如第12届上海国际汽车工业展览会中的"汽车"表明本展会是汽车产业的展会。行业标志通常是一个产业的名称,或者是一个产业中的某一个产品大类。

(二)展览会地点的选择

策划选择展会的举办地点,包括两个方面的内容:一是展会在什么地方举办，二是展会在哪个展馆举办。

策划选择展会在什么地方举办，就是要确定展会在哪个国家、哪个省或者是哪个城市里举办。展会选择在哪一个城市举办取决于很多的因素，最主要的还是取决于展会的展览题材，展会的性质和定位。从展览会的题材上来看，展会最好选择在展览题材所在行业生产或销售比较集中的城市，或者是在其临近地区交通比较便利的地方举办，以使展会有充分的产业基础和市场基础；从展会的性质上来看，国际性的展会一般应在对外交通和海关比较便利的地方举办，以方便海外企业参展和观众参观。而全国性的展会则应在国内比较重要的中心城市举办；从展会的定位上来看，所选城市的区域优势应该和展会的定位相匹配，要注意城市的规模、现有的基础设施条件和接待能力。城市的风格也是选择城市时应该考虑的因素，所选的城市要具备符合展会活动的风格和气质。例如，文化类、生活类、休闲类的展会很适合在精致优雅的杭州举办。

策划选择展会在哪个展馆举办，就是要选择展会举办的具体地点。具体选择在哪个展馆举办展会，要结合展会的展览题材和展会定位而定。考虑的因素主要有以下几个方面：

交通是否便利：展览场馆通常都建在交通比较便捷的地点，国际展览会在选址时应考虑是否有国际直达航班。便利的交通将方便人员和物资快捷地到达或离开展览场馆。

展馆与展会面积：参展商预期需要的展位面积和附加面积、展览场馆可使用面积在很大程度上决定了租用展会所在地的哪个展览场馆。展览场馆最好是由较小展厅组成，这可降低场地空置的风险；最好在同一个展览场馆进行，即便于参观，也便于管理。

展览场馆设施：展品是否对展览场馆的空间有特别要求，如装修是否合适，是否有储藏空间，高科技设施设备如何；灯光、电力等基本条件如何；展览场馆内或附近最好要有会议室、餐厅、银行、商务中心、厕所等相应配套设施，是否有电话、煤气、空调、冷热水、蒸汽、上网设备等。

展览场地费用：展览场馆不同，租金价格也会有所不同。会展中心收费一般是根据实际使用展场面积或每天使用的净面积来确定。一些较高档的会展场所，则以每一个展位价或每天净面积价计算展会期间的租金，布展和撤展另计。

专业管理技能：展览场地的准备、货物的分发和运输、布展、入关手续、空运证明、开展仪式、演示、灯光和音响控制、当地及海外参展者的接待工作、紧急事故等相关事宜都需要得到及时而娴熟的处理。举办地的专业会议、展览组织者，展览中心的承包商，物流人员等都应具备出色的管理与协调才能。

展览安全条件：展览场馆形象、工作人员的服务水平是选择展览场馆时需要考虑的软件条件；此外，要了解展览场馆是否有损害参展商和观众权益的规定；展览场馆要提供足够的安全保障。

参展目标观众：能否有目标观众前来参加展览是一个极其重要的因素。

其他因素：当地是否拥有一定数量和档次的酒店、旅游景点等等。

(三)办展机构的选择

办展机构是指负责展会的组织、策划、招展和招商等事宜的有关单位。办展机构包括政府部门、行业协会、专业学会与商会、专业性展览公司、大型企业和会展中心等。

1. 办展机构的种类

根据各单位在举办展览会中的不同作用，一个展览会的办展机构一般有以下几种：主办单位、承办单位、协办单位、支持单位等。

主办单位：拥有展会并对展会承担主要法律责任的办展单位。主办单位在法律上拥有展会的所有权。

承办单位：直接负责展会的策划、组织、操作与管理，并对展会承担主要财务责任的办展单位。

协办单位：协助主办或承办单位负责展会的策划、组织、操作与管理，部分地承担展会的招展、招商和宣传推广工作的办展单位。

支持单位：对展会主办或承办单位的展会策划、组织、操作与管理，或者是招展、招商和宣传推广等工作起支持作用的办展单位。

2. 寻求支持单位

寻求支持单位是展览会成功的关键环节，其目的：一是可以提高展览会的档次、规格和权威性；二是扩大展览会的影响力，吸引媒体的广泛关注，便于展开新闻宣传和炒作；三是提高行业号召力，利于组织目标客户参展和目标买家参观；四是能代表行业的发展状况和趋势；五是能有效地形成项目的品牌效应，最终实现可持续发展战略。

3. 寻求合作单位

当地行业权威机构(如行业协会、组展单位的分支机构)、专业展览公司都可作为候选的合作单位。

(1)寻求合作单位的目的：一是能提高展览会的影响力，确保信息的有效快速传递；二是善用资源，优势互补，加快资源整合；三是最大限度挖掘新客户，壮大参展队伍；四是最大限度地降低招展成本。

(2)合作单位的条件：①能切实有效地开展组团工作；②在相关行业有较高的信誉和威望；③有一定的组团招展经济实力；④有专人负责相关工作；⑤有丰

富的招展组团工作经验。

(四)展览会时间的选择

办展时间是指展会计划在什么时候举办。办展时间有三个方面的含义:一是指展会的具体开展日期,二是指展会的筹展和撤展日期,三是指展会对观众开放的日期。

展览时间的长短没有一个统一的标准,要视不同的展会具体而定。有些展会的展览时间可以很长,如"世博会"的展期长达几个月甚至半年;但对于占展会绝大多数的专业贸易展来说,展期一般是 3 - 5 天为宜。展会的举办时间与展会展览题材所在行业特征密切相关。有些行业的生产和销售的季节性很明显,在确定展会办展时间时应尽量能符合这种特征。此外,还要合理安排办展时间,原则上尽量避免与国内外有重大影响的同类展会在时间上相冲突。

(五)展览会周期的选择

办展频率是指展会是一年举办几次还是几年举办一次,或者是不定期举行。从目前展览业的实际情况看,一年举办一次的展会最多,约占全部展会数量的 80%,一年举办两次和两年举办一次的展会也不少,不定期举办的展会已经是越来越少了。

办展频率的确定受展览题材所在产业的特征的制约。众所周知,每个产业的产品都有一个生命周期,产品的生命周期对展会的办展频率有重大影响。

产品的投入期和成长期是企业参展的黄金时期,展会的办展频率要牢牢抓住这两个时期。

(六)展品的范围选择

展会的展品范围要根据展会的定位、办展机构的优劣势和其他多种因素来确定。

根据展会的定位,展品范围可以包括一个或者是几个产业,或者是一个产业中的一个或几个产品大类,例如,"博览会"和"交易会"的展品范围就很广,如"广交会"的展品范围就超过 10 万种,几乎是无所不包;而德国"法兰克福国际汽车展览会"的展品范围涉及的产业就很少,就只有汽车产业一个。

(七)展览会的规模选择

展会规模包括三个方面的含义:一是展会的展览面积是多少,二是参展单位的数量是多少,三是参观展会的观众有多少。在策划举办一个展会时,对这三个方面都要作出预测和规划。

在规划展会规模时,要充分考虑产业的特征。展会规模的大小还会受到会观众数量和质量的限制。

(八)展览会的定位选择

展览会的定位要明确展览会的目标参展商和观众、办展目标、展会的主题等。通俗地讲,展览会定位就是要清晰地告诉参展企业和观众本展会“是什么”和“有什么”,具体地说,展会定位就是办展机构在剧烈的市场竞争中,明确市场竞争状况,根据自身的资源条件,找准自身差异化的竞争优势,给参展商和观众形成一个鲜明而独特的印象。

可在展览会定位选择时重点突出的几个方面:①突出新的功能。主要突出展览会的新功能,如展览题材的扩展等;②突出优势利益。强调展览会的举办能给参加者带来的具有一定优势的利益与品质;③突出竞争优势。从竞争对手的特性出发突出本公司的展会市场定位策略;④突出特色。强调不同于其他项目的方面,如项目有效观众的独特等。

知识链接8—1:

第十二届上海国际汽车工业展览会

主办单位

·中国汽车工业协会

·中国国际贸易促进委员会上海市分会

·中国国际贸易促进委员会汽车行业分会

承办单位

·世博集团上海市国际展览有限公司

·德国慕尼黑国际博览集团/IMAG国际交易会及展览会有限公司

展览会日期

·2007年4月22日-4月28日

·媒体日:2007年4月20日、4月21日

展览会地点

·上海新国际博览中心(上海浦东龙阳路2345号)

2007第十二届上海国际汽车工业展览会情况介绍

2007上海国际汽车展由中国汽车工业协会、中国国际贸易促进委员会上海市分会、中国国际贸易促进委员会汽车行业分会主办,世博集团上海市国际展览有限公司、德国慕尼黑国际博览集团/IMAG国际展览会与交易会有限公司承办,特别支持单位是中国机械工业联合会,中国汽车工程学会为支持单位。

2007上海车展使用上海新国际博览中心全部9个室内展馆和室外场地,总

规模超过14万平方米。其中7个展馆为整车馆(W1—W5,E1—E2),2个展馆为零部件馆(E3—E4)。同时,室外将搭建2个临时展馆用作零部件展厅,室外场地用作商用车展示区。从面积的划分来看,整车8万平方米,汽车零部件4万平方米,室外商用车2万平方米。

在展览会日程的安排上,为便于新闻记者对车展进行全面、翔实的采访,主办方将4月20、21日两天设为媒体日,仅对国内外新闻媒体开放。4月22、23日是专业观众参观日,4月24—28日对公众开放。展览会将集中展示各类轿车、商务车、客车及卡车、特种车、汽车设计及新概念产品、各类汽车零部件、汽车音响、轮胎、汽车检测维修设备、汽车用品等,体现了国际汽车工业最新成就及国内企业近年来的领先技术和产品,全面展现当代汽车工业的发展水平。

2007上海车展主题:"人、车、自然的完美和谐"

2007上海车展的主题定为"人、车、自然的完美和谐"。随着汽车工业的发展和技术的不断进步,汽车已不再是简单的代步工具。如今,车辆的生产工艺不断改进与提高,使得驾驶更为便捷、舒适和安全。而以人为本的操作设计和安全技术都让驾驶带给人们更多的享受,深切感受到人与车融为一体的和谐。当前,国际上各大汽车厂家越来越重视汽车的环保性能。低能耗、太阳能、无污染、零排放,这些都已成为近年来汽车技术研究中的重要课题。车展作为汽车最新技术的发布平台,环保型汽车每次都能成为车展的热点。人们通过汽车的改变,真正实现了人、车与自然的和谐。

(资料来源:http://www.sniec.net)

四、展览会的招展工作

(一)对象

1. 参展商

(1)参展目的

企业的参展目的不外乎展示实力、树立品牌形象、宣传产品、达成交易、物色代理商或批发商或合资伙伴、研究当地市场、开发新产品等。德国展览协会根据市场营销理论将参展目标归纳为:基本目标、产品目标、宣传目标和销售目标等类型。具体说来,参展商参展的目的在于以下几个方面。

把握市场趋势及动向:交换信息、把握产品或所属产业领域发展动向、了解市场需求、把握关于新产品的趋势。

分析竞争态势。

构筑顾客关系,保持与客户的联系:强化现有顾客的关系、开发新客户、接受客户反馈和意见、解决客户关心的问题和受理投诉。

销售产品或服务：发布新产品、与购买方面对面地接触、商谈和签约、捕捉出口机会、获得可能性评价、增大利润、确保抓住具有购买可能性的买家。

物色代理商、批发商或合作伙伴。

作为营销工具，打造品牌：提高企业形象、品牌定位和再定位、通过演示产品或新产品进行展示或教育、开拓新市场、建立并加强认知度。

支持流通渠道：构造合作关系、发展且深化个人接触、支持现有的贸易关系。

加强与传媒的关系：发布产品信息与相关评论、刊登产品记事、与传媒建立友好关系。

(2)如何选择参展商

吸引足够数量和质量的企业参展是关系到展览项目成功与否的关键因素之一，为此组展者需要开展针对参展商的宣传促销。

选择参展商的标准要根据展出目的、展览会的性质和内容等因素制定。标准可以有不同的形式和内容，最简单、容易的方法是制定产品标准。选择参展商宣传促销要注意以下几点：

①参展商名录。潜在参展商名录的建立（通过协会、工商行政管理部门、网络等，可获得潜在参展商信息）；老参展商名录的整理（每届展会结束后及时将参展商及潜在参展的企业汇总），可以开展针对性营销。

②已知参展企业营销。大多数展览项目需要对那些犹豫不决者继续营销，争取他们参加下一届的展览。对于那些已参加本届展览的参展商来说，最好的营销是让他们对本届展览满意，满意的参展商不仅将继续参加下一届的展览，而且可能带来新的参展商。

③发掘潜在参展企业。发掘潜在的参展企业的方式有三种，一是合作招展和组团，二是通过潜在参展企业比较熟悉的媒体发布展会信息，三是创品牌展览项目。

选择参展商时，一定要注意对名家、名品参展商的组织。这些名家、名品参展商是吸引专业观众的主要因素，是对展会档次、展会水平评价的重要依据。所谓“名家、名品”，是行业的领头羊、行业产品的代表品牌，它们具有一定的引领作用，会产生“名气”效应。它们的参展会引来一批同行厂家参展，很多参展商往往会视领头羊的动向来定夺自己的行动。在某种情况下，有“名家、名品”参加，则不愁其他参展商不来。名厂的参展，除了要带上“经典”作品外，一般都要推出新产品，或展示将要发展的概念产品，还要举行新产品发布会、推介会。专业观众最感兴趣的焦点就是产品的成熟度、经典性以及新产品的出现和发展趋势。能组织一大批、甚至涵盖整个行业的名家、名品参展商参展，是会展组织者有实力的表现。

其中值得一提的是组织对参展商的培训。目前，不少展览会还未认识到对参展商进行培训的重要性。展会组织者为了保证展会的成功，应该为参展商提供多种形式的免费培训。在国外，营销培训班一般定在展会开始的前六个月，主题集中在如何在展会上设置有价值的项目品和产品。展位事务上面的训练在展会之前提供，能够作为培养参展商展会销售技巧的绝妙机会。一些展会组织者甚至连续提供训练项目，以确保他们的参展商达到销售目标。如国际制造技术展览会每年在美国芝加哥举行一周时间，组织者在开幕前的几个月，为他们的参展商提供了两天的训练项目。参展商可以从两个方向选择，一个重点在营销上；另一个在展会综合运作上，如布展组织、现场指挥及入馆时间安排等。展会的组织者，国际制造协会的副主席彼德先生说，参加他们的展会的1 400家参展商中大约有25%参加了培训，在培训会上向参展商提供小型展示会，解释水、电、空调等服务方面的组织形式及其奥秘，并给予完成组织者各项要求的参展商一定的参展折扣价。

(3)参展商如何选择展会

在众多的展会中，企业必须有选择地参加。选择展会时主要考虑如下一些因素。

展会的目标市场：展会的目标市场包括主题定位、目的、观众结构等，企业参展前确定展会是否与企业的发展计划相吻合，能否促进企业达到预期的目标。这些情况可以从展览会的主办者那里了解到，在绝大多数情况下，他们备有参观者情况的详细资料。当然，企业还必须对这些资料的可靠程度作出判断。

展会的历史与影响及展会主办者的情况：在过去的几年中，参展商有哪些、展会的效果如何等，企业应选择有影响力、知名度高、参展商多且参展商的影响力强的展会；而且需要了解展会主办者的背景、主办能力和水平、信誉如何。选择有影响力、富有经验及对行业的认知度高的组织者。企业可以从其对外的招展函、广告以及各项组织计划等方面来评估组织者的策划能力和宣传推广能力。

会展的规模：成功的会展必然具备一定的规模，规模大的会展可以吸引更多的专业观众，而这正是保证参展商达到参展目的的最主要因素。评估展会的规模主要看参展商和专业观众的数量以及展览面积的大小。

参展的费用：在参展费用越来越高的趋势下，企业应根据自身的财力在预算内选择适合的展会，参展的费用不能对企业造成额外的负担。对于开支谨慎的中小企业来讲，更是如此。参展所需基本费用包括租用展览场地的费用；广告宣传费（包括展前吸引参展客商和参观者的各种媒介广告费用，展中发放各种广告宣传品如产品目录、产品使用说明书、产品广告传单、促销赠品、产品的试用样品的费用，展览会上录像播放、悬挂广告横幅和广告宣传画的费用，等等）；展品的运费、保险费、供现场示范表演的产品费用；展台的设计和建造费用（包括展台设计或再设计的费用，展台建造和装饰整理费用，展台建造材料的购买和运输费用，雇用专业公司或专业人员的费用，等等）；展览场地的声、光、电、水、电话、空调、清洁场地、摄影照相等多种设备的费用；展览场地的家具、地毯、花卉及其他环境装饰物的费用；公共关系活动的费用，如召开新产品新闻发布会的费用；招待记者对本企业产品及展位进行采访报道的交际费用；邀请知名人士出席开幕式剪彩仪式的费用；对重点客户迎来送往、请客吃饭、租用宾馆套房、安排旅游娱乐活动、预订返程票、馈赠礼品的费用；对于一般的潜在客户或目标观众开展联谊活动的费用，如赠送展览会入场券、戏票，邀请参加文娱活动等；在展览会期间举行产品技术研讨会的费用；聘请和培训展览礼仪模特及产品示范操作人员的费用等等；参展人员的吃穿住行、邮政通信、公关交际、工资津贴奖金等方面的费用；应付偶发事件的处理费用和其他杂支费用。

还需要考虑的问题有：其他的参展企业有哪些，这些企业的档次、规模、知名度如何；展览会举办的地点是否合适；举办的时机是否合适等。

(4)参展商如何成功参展

一般展览中通常会有上百个参展商，几百个展位。如何才能在参展商中脱颖而出，使参观者对自己印象深刻？提以下的几点建议。

①展位搭建有特色。现在，国内的标准展位几乎全部为白色展板。一般的选择是宣传画。建议宣传画最好画面简单、文字洗练、色彩艳丽统一、突出公司标志。这样，既可以吸引参观者、又能给人留下深刻印象。

②在展览会同期举办技术报告会和产品推介会。展览会的最大特点就是在短期内汇集全国各地的专业观众。如果能够抓住这一时机，以报告会和推介会的形式，及时全面而详细地介绍公司的最新技术和产品，不仅在最充裕的时间内向最广泛的客户作了宣传，而且也从另一方面提升了公司形象。

③宣传资料广告。每一次展览前，主办机构都会向全国各地的专业观众发送参观邀请函，介绍展览的内容和同期将举办的活动。一般情况下，参观邀请函的数量都会达几万份，甚至十几万份，与一些专业杂志的发行量不相上下。往往由于篇幅有限，主办方只会接受一家参展商的广告要求，这样，相对于一些专业杂志上铺天盖地的各家广告而言，独家广告的宣传效果不言而喻。类似可

以做广告的地方还包括胸卡、挂绳和会刊。

以上的几点建议只是起到抛砖引玉的作用。毕竟,厂商才是展览会的主体。只要能够积极开拓思路,同主办单位沟通、配合,相信各厂商一定会拿出更新、更好的方案,在展览会上大放异彩。

知识链接8—2:

参展商对展览项目的选择

展览会是展示企业形象、推广企业产品、促进产品贸易的舞台。选择合适的展览会,首先要确定企业的参展目标。参展商可能会同时抱有几种目标,但在参展之前务必确定主要目标,以便有针对性地制订具体方案。其次,确定了参展目标后,慎重选择将要参加的展会。主要考虑的因素有以下几个方面。

(1)展会性质:每个展览会都有不同的性质,按展览的目的分为形象展和商业展;按行业设置分为行业展和综合展;按观众构成分为公众展和专业展;按贸易方式分为零售展和订货展等。

(2)展会知名度:展览会的知名度越高,吸引的参展商和买家也越多,成交的可能性也越大。如果参加的是一个新的展览,则要看组办者是谁,在行业中的号召力如何。虽然参展费用较高,但如果展会知名度高,参展效果会远好于不知名的展览会。

(3)展览覆盖市场:考虑展览会是否覆盖了参展商所需的市场,是否能够吸引合适的观众群,是否与参展商的生产计划、广告和促销活动相吻合,选择时机是否恰当。如果答案是肯定的,则考虑参展。

(4)寻找价值展览:首先从UFI成员所主办的展览会中寻找有价值的展览会,其次,可以看看其他协会成员中是否有参展商所希望的展览会。

(资料来源:http://www.avepoch.cn/)

2. 观众

展会的成功与否很大程度上取决于会展观众的数量和质量。会展观众有专业观众(目标观众)和普通观众之分,展览不仅需要参观者,而且需要达到一定数量和质量的专业参观者。专业观众是构成对参展商吸引力的主要因素,因而专业观众是会展组织者宣传和吸引的主要目标。

专业观众参展的比例,是参展商衡量展会服务质量的首要参数,直接影响参展商的参展效益和以后再次参展的可能性。参展商的主要目的是扩大成交额,扩展新客户,扩大宣传。他们费心地将自己的产品筛了又筛、选了又选,反复包装，不惜重金设置展台，全部心思都是为了吸引目标观众，因为专业观众中有合作伙伴，有潜在客户。

另外，专业目标观众中的决策者的比例也是至关重要的。专业观众中如果缺少决策者，那么所进行的洽谈多数将是意向性的，能拍板定案的不多，这自然会影响参展效果。

选择观众主要有三个标准：一是行业，二是地区，三是企业规模。行业的选择主要根据展览的性质和展览内容而定，例如旅游资源博览会就要以旅游行业的各相关企业（如旅行社、饭店等）为目标。地区的选择主要受此行业在各地区的发展状况、市场分布、参展商业务范围的影响。企业规模取决于展览的档次、参展商的企业规模和交易要求等。总之要综合考虑各方面的因素，选择恰当的专业观众。

在组织专业观众的过程中，需认真了解参展商产品的用途和销售渠道，以便有目的地开展观众组织工作，一般可通过参展商提供的产品说明书、行业报纸杂志以及在与参展商的沟通过程中了解到；利用行政职能部门和行业协会的影响力来招展或组织观众，并力邀主协办单位的领导出席开幕仪式，以增强展会的权威性。在我国，往往只重视招展，而忽视组织专业观众。我们必须把组织观众作为展会运作过程中最为关键的工作来认真对待，因为展会的成功是建立在客户信任基础上的，而客户的信任取决于参加展会后有多大收获，只有这样，才能培育出具有号召力的品牌展会。如我国每年两届的广交会和国外的一些知名会展公司举办的展会，都成立了专门的部门对外招商，或者和国外的商会、协会及驻外使馆或外国驻展地国家使馆的商务参赞处一起合作组织招展、招商。

为了提高参展效果，一般展会将专业观众与普通观众在参观时间上作了分流，以便减少干扰，提供高质量的交流机会。这种做法受到了参展商与目标观众的共同欢迎。

3. 媒体

为了提高展览会的影响，吸引潜在的企业参展和潜在的观众参观，许多展览会都利用新闻媒体为自己造势。媒体宣传是吸引潜在参展商和观众的重要手段。许多组展者在招展时都向参展商说明自己的支持媒体。

（1）选择新闻媒体。组展者应确定专职或者兼职的新闻媒体负责人。媒体负责人需作选择媒体的决策。新闻媒体包括大众媒体和专业媒体，可以是报刊、电视、网络，政府机构也可视为媒体。

（2）提供新闻资料。组展者媒体负责人应积极主动地向媒体提供相关的新闻资料，新闻资料包括新闻稿、专稿、特写、新闻图片等。向媒体提供的新闻资料内容可以不必局限于展览会。

(3)记者招待会。记者招待会是组展者与媒体建立并发展关系的机会，是将展览项目广泛深入地介绍给多个新闻媒体的一种有效方式。

(二)宣传的内容

宣传资料包括展览会资料、市场资料、组展要求和安排、协议或合同等。资料的形式有新闻资料、情况介绍资料。

新闻资料主要用于宣传，其目的是让参展商和观众了解展出项目。新闻资料应包括展览会的基本情况，如时间、地点、内容、性质等；市场的规模、特点、潜力等；组织者联系地址、参展手续、申请截止日期等。新闻资料的特点是简短、全面。

情况介绍资料的基本范围与新闻资料相同，不过内容更为详尽，使潜在的参展商能够更为详细地了解展览会的情况，以便做出是否参展的决定。情况介绍资料包括参展申请表和参展的基本要求和手续等。

(三)招展手段

招展的目的是招揽到合适的企业(也包括专业媒体等潜在参展商)来参展，它是展览会取得成功的基础。招展主要工作有：一是准备工作，包括招展计划书的制定、招展函的设计与印刷、潜在参展商数据库的建立等；二是招展工作，包括人员拜访、代理机构的确定及电话招展等。招展的常用手段有：

1. 邮寄信函

邮寄信函就是将各种资料直接寄给潜在的客户，并发出邀请。这是会展业使用最广泛且成本效益比最佳的一种宣传方式。但要注意这也是一种单向的宣传方式。

根据分类邮寄对象如老客户、潜在参展商、专业观众、政府官员、演讲嘉宾、新闻媒体等，有针对性地邮寄相应资料，关键要突出展览会能给材料接收者带来什么利益。

(1)寄给参展商的资料，除了介绍参展程序外，应着重强调展览会的观众组织计划和配套服务。对于重要客户，还要附上展览会组委会主要负责人的亲笔签名。

(2)面向专业观众，应强调参展商的数量、档次以及主办方能提供的洽谈环境，同时寄送观展指南、邀请函和入场券。

(3)向媒体编辑或记者邮寄有新闻价值的材料，这里的新闻价值主要指展览会的技术创新之处或者在参展商人数及档次等方面的突破。

2. 电话销售

电话销售是双向的沟通方式，是加强宣传效果的有效措施。根据促销对象的不同，可以将电话促销分为两大类，即新顾客开发性促销和老顾客追踪性促销。一般来说，展览会主办者的电话促销更多的是为了开发新客户。电话销售对销售人员的沟通技巧要求较高。

3. 广告宣传

广告媒体较多，常用的有报纸、杂志、电视、广播、路牌、霓虹灯、海报、宣传条幅、彩旗、交通运输工具、气球等多种形式。除了要首先根据营销目标选择广告媒介外，在设计展览会广告时还应遵循明确性、经济性、新颖性和亲和性等原则。比如，某展览会属于消费性质，那么组展者就可以选择大众媒体，如大众报刊、电视、电台等。大众媒体面向大众，覆盖面大，影响力也是其他媒体所不能及的。如果是专业性质的贸易展览，就应该选择针对目标观众的专业媒体，包括专业报刊、内部刊物、展览刊物等。

4. 网络宣传

互联网是一种功能强大的营销工具，它兼具宣传推广、营销渠道、电子交易、适时服务以及市场信息收集与分析等多种功能。

通过各种媒体宣传本展览会的网址，让更多的参展商和专业观众了解展览会的情况；为参展商提供网上申请参展注册服务；提供相关资料或发布展览会的最新情况；提供线上咨询服务或与参展商进行双向沟通；在展览会网站上公布下一届展览会的举办时间和地点，以便参展商和专业观众提前制订好参展或观展计划；开发有关本次展览会的电子杂志、电子资料库等信息化产品等。

5. 新闻发布会

通过新闻媒体开展营销既能节省费用，又容易取得较好的宣传效果，因为新闻报道一般是免费的，而且在公众心目中的可信度高。展会组织者常用的媒体策略有举办记者招待会、提供新闻稿件、邀请记者采访等，其中，新闻发布会由于相对正式且影响力较大而被经常使用。

6. 公关活动

主办单位为扩大展会的影响，还采用各种公关手段，组织诸如会议、表演、评奖等公关活动。一般来说，会议能够吸引到真正对展出产品感兴趣的人，而且这些人大都是有决策能力的企业高层管理人员，所以会议作为一种公关手段，对展览宣传具有很大的促进作用。评奖一般由主办单位组织，参展商参加。可以对展品评比，也可以对展台设计评比。通过媒体公布评比结果能够起到很好的宣传效果。

知识链接8—3：

七招识别展览骗局

由于会展业法治的不健全，诸如骗展等类似事件在展览界已屡见不鲜，如何防范避免此类事件的发生是参展商讨论最多的话题。有专家指出，造成此类事件发生的一个重要原因在于参展商缺乏自我保护和防范意识。专家认为通过网络查询主办单位是否存在，是避免上当受骗的一个好办法，如未能查询到此类信息，此类展会应当慎重参与。目前国内展览主办单位主要有政府机构、行业协会、商会、政府部门下属企业、国家相关部门批准备案的集团性展览公司等等。展览会大多由主办、承办、协办、支持媒体单位组成。参展商除了要查清主办单位外，还应该注重承办单位相关信息检索，如通过工商部门来查询承办企业是否真实存在。具体要从以下几个方面做起：

一、鉴别批文真伪

大型的展览展示活动，必须有上级主管的行业部门或机构进行备案、批示，如您收到的大型展览信息中，无批准字样，请及时向发送信息的单位查询辨别批文的真伪。

二、核实场地

一些展会纠纷中，展览场地也是参展商讨论较为集中的话题，有的展览公司在运作项目时往往是还没有定制场地，却已经开始招商，最后由于场地的问题，展览意外流产。现在国内一些规模大的展览场馆均设置场地预定部门，参展企业可以通过电话查询展览会是否预定或是否交纳场地租赁费。

三、咨询判断

目前举办的大型展览，主办方大多会设立展会咨询处，咨询人员对展览内容都应有深入了解，参展商如在咨询中发现陈述含糊，应慎重考虑。

四、分段交费避免欺骗

大部分展览或会议都需要提前交纳相关费用，为了防止出现意外，参展商可选择现场交费或者先交定金，会议当天缴纳其他费用的方式。对于参加展览会的商家，可以通过其他途径的观察，根据企业发展的需求做出选择。

五、鉴别公章

参展商在参展前一定要检查公章印记的完整性，公章与批示单位名称是否一致，核实公章单位批示其他展会的文稿，对照公章印记。

六、委托书

凡大型的展览会议均设置招商委托单位，并办理委托证明。参展商可通过咨询查验招展单位资格并请对方出具委托的证明，如有疑问及时向组办方加以核实。

七、警惕跨年度预定陷阱

一些信誉较高的品牌展览或会议在展会举办期间，都会告知参展商下届举办时间、地点等相关信息。有些人会利用这些信息，策划同类型的展览会议项目，同期举办，以同样的名义或内容进行招商宣传，搅乱市场，给需求参展企业造成选择混乱。为了安全起见，参展商在进行跨年度预定时一定要直接与展览或会议的主办单位联系，避免选择错误。

（资料来源：中国展览网 http://www.zl360.com/news/）

知识链接8—4：

2007 中国（上海）国际乐器展

展品范围：

钢琴和键盘乐器、电声乐器、打击乐器、铜管乐器、木管乐器、弦乐器、民族乐器、乐器配件和加工机械、乐谱和书籍、音乐相关电脑硬件和软件、音乐相关服务、协会和媒体

2007 展位和广告报价：

（注：光地 27 平方米起订；标准展位 9 平方米起订）

区域 光地价格 标准展位价格

A 价：1 580 元／平方米；15 800 元/9 平方米

B 价：880 元／平方米；8 800 元 /9 平方米

C 价：680 元／平方米；6 800 元 /9 平方米

＊ 斜线部分展位面积价格 A 价另加收 10%，B 价、C 价另加收 20%（具体位置请参阅销售平面图），如有其他过道开口，需加收过道面积。

＊ (1)2007 年 3 月 10 日 前签订参展合同，可享受 5% 的价格优惠。

(2) 中国乐器协会会员可另外享受 5% 优惠。

展位类型：

光地展位：仅提供场地、展厅照明、公共场所清洁及现场管理与服务

标准展位：除上述服务外，另提供三面展板、地毯、一张问讯桌、两把折椅、二盏射灯、一个 13 安培电源插座、中英文公司名称楣板、废纸篓 1 个

参展办法：

贵司欲报名参展，请填妥“参展合同”，加盖公章后传真至 021－62780038/62953209 或邮寄至上海国际展览中心有限公司王蕾、戎晓娴、姚鸣、施先之、房

瑾收

地址:上海市娄山关路55号新虹桥大厦8楼801-804室

邮编:200336

详情垂询:021-62956677*3970 6149 1401 8366 1403

62953970 62096149 62951401 62958366 62951403

详细请点击 参展程序

展览平面图:

浏览展馆分布图和各馆平面图请点击 展馆平面图

展商名录:请点击2006展商名录

同期活动(2006):

节奏的力量——第二届中国国际鼓手节鼓与贝司组合完美演绎

聚焦行业热点,聚首业内精英——NAMM大学课程

民乐文化之旅——古代筝瑟实物展暨古筝工作坊活动

互动音乐体验日——"音乐·家"电脑音乐大揭秘、大型互动音乐会

国内外乐队精彩献演——现场品牌演示

欲了解更详细展会同期活动内容,请查看展会活动。

交通住宿:

详细情况请点击 交通住宿

展商登录:

若贵公司报名参加了2007中国(上海)国际乐器展,需进行上传公司资料(会刊登记)、申请证件、上传展品图片、查看观众信息、修改基本信息、下载参展手册等工作,请点击展商登录。

(资料来源:www.musicchina-expo.com)

第二节 展览会的现场服务与管理

展览会的现场管理主要包括以下内容:入场证件办理、观众注册、开幕式、安保管理、清洁服务、会刊销售、突发事件处理、发收相关调查表、撤展等。

一、证件办理和观众注册

为说明身份,便于管理,组展者需要提前或现场制作一些证件,如贵宾证、嘉宾证、参展商证、参观证、工作证、记者证、保卫证、车辆通行证、布展撤展证等。

专业观众是展会的重要的资源之一,办展机构一般对专业观众到会情况都

极为重视,并安排专门的程序对到会的专业观众进行注册登记。为做好专业观众注册及其相关服务工作,展会一般要准备展会参观指南、观众登记表、展会证件、门票和展会会刊等资料。

登记注册时,可以将观众登记台和通道分为“持有邀请函观众登记台”和“无邀请函观众登记台”,以减少现场工作量,提高工作效率;要有专人负责管理观众登记的现场事务,维持秩序;工作人员必须经过一定的培训,准确录入观众信息,妥善保管填写好的观众登记表、邀请函和名片等资料。

为了减少人们在登记处的等待时间,展会的主办单位可以在入口处设置展览活动及论坛议程牌,方便观众预先了解展会的总体情况和主要活动安排。

二、开幕式的举行

开幕式是展览会的重要仪式。举办开幕式的主要目的是制造气氛、扩大影响,提高展会的知名度,吸引更多的观众来参展。如果展览会已经有很高的知名度,就不一定要举行开幕式。

(一)开幕式的筹备

1. 前期准备

筹办工作的第一项就是要确定人员、事项、时间、预算等管理方面的因素以及开幕的时间、地点、规模、程序等基本事项。人员包括后台的筹办人员和前台的司仪、发言人、剪彩人等。

开幕式通常安排在展览会的第一天,但有时也可安排在其他时间。例如,如果邀请国家或地区的高级领导出席开幕式,就要根据重要人物的时间表安排开幕式。如果场地需要预约租用,就要尽早联系、协调。地点安排好之后,就可以开展其他工作了。

2. 邀请出席人员

开幕式一般邀请一些具有强大影响力和宣传价值的人物出席,如政府官员、工商名流、新闻人士、外交使节、公司领导等。一方面,这些人本身的影响力可以起到宣传展览的作用;另一方面,这些人物都有一定的购买决定权或建议权,这将对贸易展览效果产生直接或间接的影响。要先拟订邀请范围和名单,编印请柬。要根据当地的邀请出席率计算寄发数量;对于重要的邀请对象,可以在寄发请柬后用电话再次确认;根据需要和条件,在请柬上注明“请确认”或附上回执。

3. 现场布置

首先要准备开幕式的横幅。包括横幅的用词、尺寸、颜色等。然后,根据需要安排发言台、坐椅、茶具或饮料以及名牌等。席座牌位要事先商量好，坐椅上要做记号，以防坐错，最好在主席台上安排引座人员。饮料的提供要根据当地习惯和条件事先商定。现场设备主要包括扩音设备、照明设备、空调设备等，要安排专人负责控制。要准备好剪彩用具和礼仪小姐，用具主要有立杆、彩带、剪刀、手套、托盘等。

（二）开幕式的程序

开幕式的程序一般是司仪宣布开幕仪式开始，主宾按顺序发言致辞、剪彩和参观展台。参观展台的路线要事先安排好，计算好时间，并通知相关展台。参观过程中要安排引路、解说、陪同人员。重要人物都要有人陪同，但也不要冷落其他人。隆重的开幕式还会有表演、放烟花等节目，这些一般都由专业组织筹划，展览组织者要做好各方面的协调工作。

三、开展后的现场管理

参展商、观众等所有人员原则上须凭证件进出展览场馆，参展商和组展者工作人员比观众早半小时入馆，进行接待准备。

开展后，展览主办方主要起总体协调、控制的作用，另外还要提供完善的后勤服务。展览会应该设立大会控制中心，总体监控和协调整个展会的进行，随时处理各种问题、投诉和突发事件；维持整个会场的秩序，安排工作人员现场巡逻，帮助参展商和观众解决不时之需；加强保安工作，消除各种安全隐患，保护参展商和观众的人身和财产安全。另外，还要做好后勤配套工作。维护展馆的交通秩序，做好疏散工作，以使观众正常进出会场；提供充足的餐饮场所，并检查和监督餐饮卫生，以防食物中毒；保持会场的卫生工作，尤其是厕所的卫生，要有专人随时打扫。

除了这些常规工作外，作为展览的组织者应时时具备危机意识，建立危机应急机制。应急机制包括制定紧急情况应急预案，成立专门的危机管理机构，建立危机信息处理系统，设立风险基金等。

1. 紧急医疗

准备紧急医疗设施。展览会的参展商和观众可能会因为气候、饮食、疲劳和其他意外情况突然生病，对此组织者应有各种预防和应急措施。首先组织者应搞好饮食卫生和环境卫生。环境卫生一般不会有大的问题，而餐饮卫生要复杂一些，要慎重选择餐饮合作对象，并搞好卫生监督与检查，以防食物中毒或腹泻，否则将会给主办城市和主办单位带来负面影响。会展组织者还应当通过当地有关部门或机构协助成立一个紧急医疗救护系统，在展览会现场安排医疗人员，并与当地医院联系，一旦有紧急病人立即安排救护。

2. 火灾防范

火灾也是举办会展的大敌。由于会展活动的人流、物流的密集性，火灾发生后，如果灭火以及疏散措施不得力，将会造成很大损失。主办单位应做好展前和展中的消防检查，要重点检查其消防设施的配备和完好情况，如是否有自动灭火系统、灭火设备是否完好、安全出口是否通畅等。另外还要检查场馆的电路系统，有无易燃物品等，以消除火灾隐患。组织者还应该向与会者提供预防火灾方面的资料，告知火灾应对措施、逃生步骤和紧急逃生出口。可以编印活页手册，放在资料袋中提供给与会者。

3. 防范盗窃

防盗也是展览会应引起重视的问题，尤其是贵重物品如珠宝展之类的展会。为提高防盗能力，除加强防盗设备建设外，现场应配备高素质的安保人员，加强安全检查和巡视，并与当地公安系统协调工作。另外，应以书面形式向参展商告知相关的防盗事项。

四、参展商的现场管理

参展商的现场管理工作的目的就是最好地实现展出目的，它是所有展前准备工作效果的直接体现。

1. 确定展台工作人员

参展商现场管理的主要目的是通过展台工作人员的接待、宣传、产品介绍以及贸易洽谈等工作，与客户签订合同，销售产品。展台工作人员的整体素质是否满足展览现场工作的需要是展出目标能否实现的重要因素。因此，要根据展台工作的实际需要，确定展台工作人员。

一般来说，展台人员应该具有以下几方面的素质或能力：

(1)较强的业务知识。包括展出者的基本情况、展品或服务产品的基本情况及相关的技术问题、展品的市场需求及竞争态势等。

(2)有展览工作经验。有决断能力；有领导、鼓舞士气的能力；有组织、处理紧急事务的技巧；处事沉着、善于表达；有责任心；能够谈判、协调；积极的工作态度和娴熟的工作技巧。

(3)穿着整齐，举止端庄。

2. 展台接待

接待客户是展台现场工作的第一步，也是关键性的一步。大量参观者中只有一少部分是展出者的潜在客户或已有客户。如何使这些潜在客户或已有客户的潜在需求变为现实需求，这是展台接待所要解决的问题。作为展台接待人员来说，应该具备区分潜在客户和普通观众的能力。潜在客户和现有客户是展台接待工作的重点。

展台工作人员应该掌握一定的展台接待技巧,保持开放的心态,让参观者感觉到展台人员有交流的愿望,并使参观者有一种受欢迎的感觉。

(1)参观者进入展台后,先让其有足够的时间参观展台、展品。注意其对何种产品、服务感兴趣。如是熟悉的参观者,应立即接待。

(2)在参观者显示兴趣或有疑问时,便可以上前简单介绍参观者所感兴趣的产品,并迅速了解参观者的业务范围、寻找何产品以及其本人在订货方面的权力。在确认参观者需求之前,不要太多地介绍公司和产品。

(3)接待之后,必须将情况记录下来。参观者记录是后续工作的基本依据。

3. 贸易洽谈

经过展台工作人员有效的推销、介绍,参展人员对展出公司的产品、服务产生兴趣后,展台工作人员就应该积极与这些潜在客户进入洽谈阶段。洽谈是展出者建立新的客户关系的重要方式。通过贸易洽谈赢得新客户,巩固老客户。

4. 情况记录

对展台接待和洽谈情况所做的记录是参展商进行展览评估和展览后续工作的主要依据。很多展出者无法判断展出效果或无法取得很好的展出效果与没有做好记录有很大关系。记录可以采用多种方式,如收集名片、使用登记簿、记录表格、电子记录设备等。

展会结束后,参展商应按撤展时间要求有序撤展,特装展位由参展商自行撤出展览场馆。展会结束当晚,可通宵撤展,参展商应在规定的撤展结束时间前完成撤展。

知识链接8—5:

参展商易犯的小错误

以下是参展商在展会上易犯的一些错误,您可以对这些小错误付之一笑,但确实有人在展会不断地重复这些错误,使参展效果大打折扣,失去不少宝贵的机会。

镜头一:参展公司职员手拿着咖啡在摊位里谈笑风生。其实也许他们有很多其他机会聊天,但在展会里,他们的“上帝”是走在走道里的参观买家。

镜头二:不要在展位上双手抱胸地站着,这样只会传递一个信息:“别过来,滚开!”

镜头三:不要在展位上吃东西。一来并不礼貌,二来,当您在吃东西时来往的客人大多都不好意思走进摊位打搅，本来想走进摊位的也只会改道。

镜头四：在每天展会即将结束时，不到最后一刻不要急着收拾东西，这样同样会失去很多机会。

（资料来源：中国展览展示网）

第三节 展览的后续工作

展览的后续工作是展览实体活动之后所开展的一系列工作，是展览的组织者与参展商、参展商与客户之间在展览期间关系的延续。其目的是巩固和发展客户关系、实现展览目标和价值，最终达到营销目的。展览后续工作的主要内容包括：展后信息跟踪、展后评估和展后总结。

一、展后信息跟踪

为扩大展会影响，打造展览品牌，展后的信息跟踪服务是不容忽视的。因为展览刚结束不久，参展商和专业观众对展览还有一定的印象，如果能及时抓住机会进行跟踪服务，客户对展会的印象就会更深。有美国机构专门对参展商和专业观众记忆率的变化进行过研究，发现参展商和专业观众在展览会闭幕后5周对展览情况的记忆从100%迅速下降到约60%，之后记忆有所反弹，研究人员认为反弹的原因可能是主办单位的跟踪服务开始起作用。

由此不难看出，展后的信息跟踪服务不仅能有效加深目标客户对展览的印象，树立展览会品牌形象，同时也能为下一届展览会作预告宣传。

展后信息跟踪主要的工作有：

（1）对参与展览会的各方深表谢意。展会的成功举办离不开各方的大力支持和参与，应对他们表示感谢。感谢的对象主要有：所有的参展企业、重要的专业观众、支持单位、合作单位、支持的媒体、政府部门领导和演讲嘉宾等。对于重要的客户，可以采取登门致谢，甚至通过宴请方式表示谢意。

（2）利用媒体进行跟踪报道。主要是对展览会进行回顾性报道，进一步扩大展览会的影响。报道内容涉及：展览会的有关情况、各类统计数据如：①展览环境：参观人数、专业含量、平均参观时间等；②展览效果：展位布局、成交额、展商和观众的反馈意见等。

（3）及时发布下届展览信息，让参展商能尽早计划，做好准备。

（4）发放展览后的意见征询表，以求下一届改进提高。

二、展后评估

展后评估是指对展览环境、展览工作及展览效果进行系统和深入的评价。展览结束后,无论是主办单位还是参展商都应该对所组织的展览或所参加的展览进行评估,以了解展览整体情况,是否达到展出目的等。展后评估可分为主办单位展后评估和参展商评估两种。

(一)主办单位展后评估

主办单位展览评估主要对展览整体情况、参展商以及观众的整体情况进行评估。展览的整体情况主要包括主办单位的前期准备工作、展览现场管理工作,这些情况可以通过对参展商、展台工作人员以及参观者进行调查获得。比如可对参展商进行调查,从而了解参展商对展馆环境及组展者的组织管理工作是否满意,展出者的展览效果是否理想,接待客户情况、参观展台的客户质量、展览期间的成交情况等,再如通过对展台工作人员调查,也可获得展出者对组织工作的评价,接待新老客户情况,实际成交额,成本效益比等,对参观者的调查可获得其对组织工作的评价情况以及他们是否在展会上获得了相应的信息并实现了观展的目的等。展览整体情况评价可以说是主办单位通过相关主体的反馈来了解自身的工作情况。

对参展商的评估主要是评价参展商在行业中或参展企业中的地位,通过这项评估主办单位可以了解所举办展会的档次、规模等,是否有行业内的知名企业参展,参展商在行业内的影响如何等。对观众的评估主要了解国外的观众比例以及专业观众的比例。对参展商和观众的评估结果是主办单位工作效果的间接反映,一般来说,主办单位实力越强,展会的品牌效应越强,越能吸引到高质量的参展商和观众。

(二)参展商展后评估

参展商主要是对展览工作和展出效果进行评估。

展览工作主要包括前期准备工作以及现场管理工作。在前期准备工作中,评估内容主要包括:所确立的展览目标是否合适、会展宣传是否到位、展台人员的工作态度、展台整体工作效率、展品的制作运输情况、管理工作情况等。

展出效果的评估包含一些经济指标:平均成本指标、成本效益、利润、成本利润及客户接待成本效益等。

一般来说,平均成本指标越低,而成本效益、利润、成本利润及客户接待成本效益越高,展出效果越好。

无论是主办单位还是参展商所做的评估都是以所收集的信息为依据的。收集信息是评估工作中工作量最大,也是最关键的一个环节。如果所收集的信息不准确,那么会展评估就不具有科学性。收集信息可以采用多种方式,如收集已有资料、实况记录、组织会议、座谈、发调查问卷。其中,组织专家召开会议或座谈所获得的信息通常是定性的,这种方式能够比较迅速地获得对展会的一个整体、大概的评价,而发调查问卷所获得的信息通常是定量的,这种方式以概率论为依据,采取抽样调查的方式,具有一定的科学性,所获得的信息可作为具体项目评估的依据。因此,设计科学、合理的调查问卷也是会展评估中的重要工作。

三、展后总结

展后总结是指通过对工作资料的统计整理,通过对已做工作的评估,形成总结报告,以期为未来工作提供数据、资料、经验和建议。一般展后总结分三部分:①从筹备到开展中的各项工作总结;②效益分析和成本核算;③项目市场调查——本展览会在市场同类项目中所占的市场份额、优劣势比较、竞争情况等。

在展后总结中要注意客观的数据、资料的总结和对主观的经验、教训、意见、建议的总结的有机结合。

客观数据、资料的总结主要包括以下内容:

(1)展览会概况:展览会名称、日期、地点、规模、性质、内容、参观者数量和质量、展出者数量和质量等。

(2)市场和竞争对手情况:竞争者数量、展台面积、展示内容、展示活动等。

(3)展台情况:展馆面积、展馆环境等。

(4)管理工作:整体组织和管理工作、展品的运输、设计和施工、宣传和广告等。

展览主观评价的对象也是上述这几个方面,是通过客观数据和资料所做的主观评价。

知识链接8—6:

2005世界客车博览亚洲展览会观众分析报告

由世界客车联盟、中国土木工程学会城市公共交通学会和VNU亚洲展览集团联合主办,上海商业展览办公室协办的2005世界客车博览亚洲展览会(Busworld Asia 2005)于3月15日至3月17日在上海新国际博览中心隆重举行。

专业或境外观众数据分析的目的与意义

针对展览数据具有独立、片断、不连贯性的特点，如何通过对专业或境外观众数据分析（如参观人数、观众分布区域、观众部门、观众职位、观众的兴趣、观众参观目的、观众对展览的评价等）将展览数据或信息进行整合，使各种数据能够有效地为展览组织机构所利用，这也是展览组织机构长期需要研究的课题。

观众数据分析的目的与意义：针对展览组织机构与目标客户对不同展览的数据要求和展览选择所提供客观数据信息来提升展览组织工作中的透明度与标准化，是以"事实为依据，用数据说话"的重要举措。展后数据统计分析，为展览组织机构与目标客户消除了后顾之忧。本着展览组织机构对目标客户积极、热情的态度，有效延伸展览组织工作的服务，真正体现展览组织机构对目标客户始终不变的服务态度，是展览组织机构满足目标客户个性化需求并视其为一条基本服务准则贯彻到展览服务工作中的具体体现。对展览品牌的创立与接轨国际具有重要的现实意义。

观众数据分析是将先进的管理思想、成功的展览经验与现代 IT 技术成功进行融合，提出有效针对展览组织机构自身展览项目特征、提高展览效率、展览质量和展览满意度的一体化展览系统工程解决方案。通过相关的展览调研来深刻地分析、评价当前的展览市场环境和走向，经过持续性的展览经验总结、积累与持续改进，及时调整展览发展方向、运作管理方式来完善展览品牌的建设与维护。

观众分析报告

● 国内观众来源区域统计：

按照行政区域分析（除展览本地外），可以看到，来自展览邻近地华东地区的观众占了 69.91% 的较高比例，其他的华中占 9.50%，华北占 8.01%，华南占 5.70%，东北占 3.39%，西南占 2.14%，西北占 1.36%。展览会的举办可以带动展览本地及周边地区的旅游、交通、餐饮等各相关行业的发展。同时也可以看出下届展览还要加强在其他区域的宣传力度。

● 海外观众来源区域统计：

从单独对海外观众进行的分析来看，亚洲的观众所占的比例较大，占到了 63.95%，欧洲占 24.37%，北美洲占 8.38%，非洲占 1.78%，大洋洲占 1.02%，无法判别的占 0.51%。

● 观众部门分类统计

来源最多是管理类观众，占相对比例的 35.35%，可以看出管理人员对此次展览的重视，同时也说明本展览得到了专业观众的肯定和认可。其次是技术类观众，说明来自生产商的观众较多，我们作为参展商和观众的沟通桥梁，建议下届展览能为他们提供更直接、更方便的洽谈交流条件。

● 观众职位统计：

作为工作的具体实施者，中级职员（往往对企业的决策具有影响力）占了64.14%，而具有决策权的观众、高级职员也占了16.47%。

为了把下届展览办得更加完善，吸引更多的专业观众，我们必须了解观众对我们的需求。以下是在展览现场对264位观众进行有效抽样问卷调查的结果。

● 观众的兴趣统计：

从数据中可以看出，以整车为参观目标的观众还是占大多数，约43.37%，其次是配件类和公交客运类，分别为24.31%和16.85%。

● 观众参观目的统计：

许多观众关心客车行业的发展趋势，说明我们的观众比较专业，多为业内人士；而“寻找新产品”和“建立新客户”也是展商最希望看到的。

● 观众对展览的评价：

总体来说，观众对展览的评价比较高，满意率达75%。

（资料来源：www.91fair.com）

附录

"会展策划与实务"岗位资格考核方案

一、项目说明

会展有经济发展和社会进步"助推器"之称。现代会展业发端于国际化大都市和著名旅游胜地。据专家预测:随着中国申奥、申博成功,上海将成为21世纪亚太地区的重要会展中心。会展人才日益成为上海经济和社会发展的紧缺人才之一。

根据《上海紧缺人才培训工程》的要求,由上海市旅游事业管理委员会牵头,会同有关部门,设立了"会展策划与实务"岗位资格考核项目。

"会展策划与实务"岗位资格考核项目设助理会展师、会展师、注册会展师和高级会展师岗位资格,参照国际上通行的行业规则和知识技能体系,结合上海的实际情况,针对不同的岗位设置了会展策划、会展经营决策、会展法律法规、会展概论、会展实用英语、会展文案、会展运营管理、会展市场营销、会展接待管理、会展礼仪、会展接待实务、会展展示实务等考核科目。考核合格者可获得《上海紧缺人才培训工程"会展策划与实务"岗位资格证书》。通过专业化培训和考核,为正在蓬勃兴起的会展产业,为2008年北京奥运会和2010年上海世博会培养输送会展行业紧缺的策划、管理、营销、接待、设计等方面的各类专门人才及实用人才。

上海紧缺人才培训工程"会展策划与实务"考核办公室设在上海市旅游培训中心。上海市旅游事业管理委员会直属的上海市旅游培训中心,为上海十大紧缺人才培训中心之一,负责实施"会展策划与实务"岗位资格考核项目任务。

二、会展岗位与考核要求

(一)助理会展师

1. 职业要求:会展行业中,掌握实际操作的各类技能型、应用型、实务型专业人员。

2. 报考条件:高中、中考或中职毕业,及其以上学历。

3. 考核科目:

(1)会展基础知识

(2)会展礼仪

(3)会展实务X模块(可选以下任一或多个专业方向)

X1 会展接待实务

X2 会层展示实务

(专业方向今后将不断拓展)

(二)会展师

1. 职业要求:会展行业中,掌握一定专业知识和能力的初、中级经营管理人员或专业技术人员。

2. 报考条件:具备相当于国家四级英语水平并符合以下任一条件者均可报考:

(1)大专(高职)毕业及其以上学历。

(2)获得助理会展师资格证书2年及以上。

(3)大学本科二年级、高职(大专)二年级在校生(以当年考试月份为基准)。

3. 考核科目:

(1)会展概论

(2)会展实用英语(①笔试+听力;②口试)

(3)会展文案

(4)会展专业X模块(可选以下任一或多个专业方向)

X1 会展运营管理

X2 会展市场营销

X3 会展接待管理

(专业方向今后将不断拓展)

注:凡1964年12月31日前出生,已在会展行业工作满5年,参加会展师资格考试的人员可以申请免试会展实用英语。

三、考核形式

1. 一般每年上半年和下半年各开考1次,单科累计,要求在3年内通过全部科目。

2. 提倡考前接受系统化、专业化培训,符合相应报考条件者,也可以依据大纲自学相关内容,参加考试。

四、证书颁发

全部科目考核合格者可获得由中共上海市委组织部、上海市人事局、上海市教育委员会、上海市成人教育委员会统一印制颁发的《上海紧缺人才培训工程"会展策划与实务"岗位资格证书》(证书上写有专业方向及通过科目名称)。单科通过可获得《单科合格证明书》(证书上写有通过科目名称),待全部科目合格可以调换《上海紧缺人才培训工程"会展策划与实务"岗位资格证书》,并进入人才库。

五、考试咨询

地址:上海紧缺人才培训工程"会展策划与实务"考核办公室(上海市旅游培训中心)

上海市静安区海防路429弄100号1号楼(近西康路)

邮编:200040

电话:61322154 61322151 61322152 61322153 传真:61322171

项目网址:上海紧缺人才培训网 http://www.shtraining · net

上海旅游网 http://www.shanghaitour.net

(以上信息以每年对外公布的为准)

上海紧缺人才培训工程

"会展策划与实务"考核办公室

参考文献

1. (美)JeAnna Abbott, Agnes DeFranco. 会展管理. 王向宁译. 北京:清华大学出版社,2004.

2. (美)Mary Munter, Michael Netzley. 会议指南. 陈凌宁译. 北京:清华大学出版社,2003.

3. (美)Deborah Robbe. 如何进行成功的会展管理. 张黎译. 北京:高等教育出版社,2004.

4. 刘大可,王起静. 会展活动概论. 北京:清华大学出版社,2004.

5. 马勇,肖轶楠. 会展概论. 北京:中国商务出版社,2004.

6. 金辉. 会展概论. 上海:上海人民出版社,2004.

7. 马勇,冯玮. 会展管理. 北京:机械工业出版社,2006.

8. 王云玺. 会展管理. 上海:上海交通大学出版社,2004.

9. 卢晓. 节事活动策划与管理. 上海:上海人民出版社,2006.

10. 胡平. 会展管理. 北京:高等教育出版社,2004.

11. 俞华,朱立文. 会展学原理. 北京:机械工业出版社,2005.

12. 张以琼. 会展场馆管理与服务. 广州:广东经济出版社,2007.

13. 过聚荣. 会展导论. 上海:上海交通大学出版社,2006.

14. 任国岩,骆小欢. 会展组织与管理. 北京:高等教育出版社,2004.

15. 苏文才. 会展概论. 北京:高等教育出版社,2004.

16. 王春雷. 会展市场营销. 北京:旅游教育出版社,2007.

17. 马洁,刘松萍. 会展概论. 广州:华南理工大学出版社,2005.

18. 吴信菊. 会展概论. 上海:上海交通大学出版社,2004.

19. 刘宏伟. 中国会展经济报告(2002). 上海:东方出版中心,2003.

20. 丁萍萍. 会展实务. 北京:高等教育出版社,2004.

21. 龚平,赵慰平. 会展概论. 上海:复旦大学出版社,2005.

责任编辑：孙延旭　孙春艳　安艳艳

图书在版编目(CIP)数据

会展基础知识/“会展策划与实务”岗位资格考试系列教材编委会编. —北京：旅游教育出版社，2008.7 (2022.6重印)

上海紧缺人才培训工程

ISBN 978 - 7 - 5637 - 1756 - 9

Ⅰ.会… Ⅱ.会… Ⅲ.展览会—基本知识—技术培训—教材 Ⅳ.G245

中国版本图书馆 CIP 数据核字(2008)第 100480 号

“会展策划与实务”岗位资格考试系列教材

上海紧缺人才培训工程

会展基础知识

“会展策划与实务”岗位资格考试系列教材编委会　编

主编　卢　晓　副主编　傅国林

编写　丁　蓉　卢　晓　李　萌　傅国林

出版单位	旅游教育出版社
地　　址	北京市朝阳区定福庄南里1号
邮　　编	100024
发行电话	(010)65778403 65728372 65767462(传真)
本社网址	www.tepcb.com
E - mail	tepfx@163.com
印刷单位	北京虎彩文化传播有限公司
经销单位	新华书店
开　　本	787×960　1/16
印　　张	17
字　　数	252千字
版　　次	2008年8月第1版
印　　次	2022年6月第6次印刷
定　　价	35.00元

(图书如有装订差错请与发行部联系)